Rahm
Einführung in die Theorie der Schulentwicklung

Die Reihe »Beltz Studium« wird herausgegeben von Jürgen Oelkers und Klaus Hurrelmann.

Sibylle Rahm

Einführung in die Theorie der Schulentwicklung

Beltz Verlag · Weinheim und Basel

Dr. *Sibylle Rahm,* Universitätsprofessorin an der Otto-Friedrich-Universität Bamberg, Lehrstuhl für Schulpädagogik.
Schwerpunkte: Schulentwicklungsforschung; Professionsforschung.

Lektorat: Peter E. Kalb

© 2005 Beltz Verlag · Weinheim und Basel
www.beltz.de
Herstellung: Anja Renz
Druck: Druckhaus Beltz, Hemsbach
Umschlagfoto: Image Bank, München
Umschlaggestaltung: Federico Luci, Köln
Printed in Germany

ISBN 3-407-25396-6

Inhaltsverzeichnis

Einleitung

Der Wandel pädagogischer Institutionen, gebündelt in der Vorstellung von der ›Reformwerkstatt Schule‹, die sich aus eigenem Antrieb kontinuierlich weiterentwickelt, ist im öffentlichen Bewusstsein fest verankert. Verantwortlich für diese Orientierung sind vor dem Hintergrund offenkundiger Steuerungsprobleme der Schulverwaltungen vor allem Ergebnisse internationaler Vergleichsstudien der OECD, die zu verstärkten Reformaktivitäten führen. Ziel ist eine Optimierung von Bildungs-Outputs unter Ausnutzung bestehender Ressourcen. Dabei ist die einzelne Schule in ihren Entfaltungsmöglichkeiten in den Mittelpunkt des Interesses gerückt. In zahlreichen Beiträgen zur Theorie und Praxis der Schulentwicklung werden seit Beginn der 90er-Jahre des 20. Jahrhunderts Wege zur Guten Schule skizziert. Schulverwaltungen tun ein Übriges, um Schulen mit Hilfe von Verfügungen und der Entwicklung innovativer Steuerungsverfahren in ihrer Qualitätsentwicklung zu unterstützen. In Evaluationsstudien werden Schritte der Bildungsinstitutionen dokumentiert und bewertet. Lehrerbildungskonzepte greifen Überlegungen zur selbst verantworteten Qualitätsentwicklung an Schulen auf und formulieren neue Lehrerleitbilder, in denen Umrisse neu gedachter Professionalität von Lehrkräften aufscheinen. Orientierung sind in diesem Zusammenhang Bildungsstandards, über die Qualitätsentwicklung gesteuert wird. Im Zentrum aller bildungspolitischen Maßnahmen steht die Gestaltung der Einzelschule, die im Hinblick auf Bildungsziele zu gestalten ist. Gleichzeitig etabliert sich eine umfassende Schul- und Unterrichtsqualitätsforschung, die Schulentwicklungsarbeit und Leadership sondiert. Forschung und Bildungsadministration widmen sich damit gemeinsam dem Thema ›Qualitätsentwicklung im Bildungsbereich‹. Schulentwicklung stellt eine komplexe und anspruchsvolle Antwort auf Herausforderungen im Bildungssektor dar.

Dass Schulen veränderbar seien, wenn man ihnen das nötige Know-how zur Verfügung stelle, scheint gewiss. Vermutet wird darüber hinaus, Wandel sei ein Prozess, der Bildungsinstitutionen erst ihre Stabilität verleihe. Eine solche Betrachtungsweise wurzelt vor allem in fernöstlichen Lebensphilosophien und hat auch in Managementschulungen Platz gewonnen (Joschke/Stemmann 1995; Senge 2000). Die Vorstellung von schulischem Wandel als verlässlicher Orientierung drückt sich in der Metapher von der ›Lernenden Schule‹ aus (Schratz/Steiner-Löffler 1999). Angenommen wird: Schulen seien nicht perfekt, doch sie lernten, was heißt, sie könnten sich noch verbessern, sie könnten eine vorbildliche Qualität entwickeln. In der Schulentwicklungsliteratur wird die Möglichkeit, Bildungsinstitutionen als Learning Communities zu betrachten, unterstrichen. Schulen, verstanden als Motoren der Entwicklung, können demnach eigene Kulturen entwickeln und über die Herausbildung einer eigenen Identität in Bildungslandschaften die Qualität ihres Angebotes verbessern (Rahm/Schröck 2005). Dabei behauptet das Konzept der Schulentwicklung, über die Aktivierung institutioneneigener Ressourcen sowohl eine Input- als auch eine Output-Optimierung zu erreichen. Gleichzeitig erhöhen sich Ansprüchlichkeiten an Professionelle: Die professionellen Lehrerinnen und Lehrer sind Fachkräfte, die in einem Professionalisierungskontinuum stehen und die in der Lage sein müssen, nicht nur eine reflexive Haltung zum Entwicklungsgeschehen einzunehmen, sondern auch im gemeinsamen Handeln Schule zu verbessern. Überhöht werden Forderungskataloge an Mitglieder der professionellen Lerngemeinschaften durch Metaphern, die den Bildungsinstitutionen Wachstumsprozesse im Sinne einer Identitätsbildung nahe legen; zum Beispiel mit dem Ziel, vom Problemraum in den Lösungsraum zu gelangen (Schratz/Steiner-Löffler 1999, S. 65). Die autonome Schule mit Entscheidungskompetenzen ist in dieser Diktion ein Entwicklungsmodell mit Schlüsselqualifikationen. Sie besitzt eine Vergangenheit und eine Zukunft, kann sich neu orientieren, ihre Bedürfnisse erkennen und befriedigen.

Solche Zuschreibungen müssen wissenschaftlich untersucht werden. Ist der Wandel pädagogischer Lernwerkstätten erziehungswissenschaftlich begründet? Können wir im Kontext einer Internationalisierung der Bildungsgeschäfte erklären, warum, mit welchem Ziel, mit welchen Mitteln und mit welchen Akteuren Schulentwicklung zu betreiben ist? Gibt es eine empirische Grundlage, auf der argumentiert werden kann, wenn Schulentwicklung als das Nonplusultra aller Schulreform gepriesen wird? Sind damit die neueren Steuerungsansätze im Erziehungssektor haltekräftig? Diese Fragen sind in einer Theorie der Schulentwicklung zu beantworten.

Die in der Schulreformbewegung um die Wende zum 20. Jahrhundert behauptete Möglichkeit einer Alternative zur verwalteten Regelschule, vorrangig durchgesetzt an alternativen Bildungseinrichtungen (Dühlmeier 2004), wird im Schulentwicklungsansatz zum Regelfall. Schulen als lernende Systeme gehen vom Einzelfall aus, sie erschließen Zielorientierungen diskursiv, übertragen der Schulleitung Managementaufgaben, bedienen sich des Instrumentariums der Organisationsentwicklung (vgl. 2.2), setzen sich Qualitätsprüfverfahren und internationalen Standards aus, und sie evaluieren ihre Entwicklungsprozesse (Oelkers 2003a). Damit setzen sie einige der Vorstellungen, die sich an autonome Schulen als Hoffnungsträger knüpften, in die Tat um (Beetz 1997). Entgegen den kritisierten Zuständen des 19. Jahrhunderts (Becker 1954) werden sie nicht länger verwaltet, sie verwalten sich selbst und entwickeln – so die Programmatik – Schulqualität.

Angeknüpft wird hierbei an internationale Kontexte. Die deutsche Schulentwicklungsdebatte orientiert sich auch vor dem Hintergrund der Ergebnisse von TIMSS und PISA an Erfahrungen anderer Länder, die gute Leistungsergebnisse aufweisen können (Burkhard/Eikenbusch 2003). Gelernt wird an Strategien und Instrumenten der Schulentwicklung, der Praxis erweiterter Selbstständigkeit der Schulen, der Setzung von Kerncurricula und Bildungsstandards, von zentralen Output-Recherchen und internen Evaluationen, von Evaluationskulturen und Inspektionssystemen, Professionalisierungsprogrammen und Unterstützungssystemen. Empirische Schulentwicklungsforschung weist auf die Notwendigkeit starker professioneller Lerngemeinschaften mit ausgeprägt kooperativen Strukturen hin (Fullan 2000). Die Transformation von Schulen in Gute Schulen ist in der Perspektive der Schulentwicklung machbar. Sie ist ein aufwändiges, bildungsstrategisch förderungswürdiges Entwicklungsprojekt, das zu messbaren Erfolgen führen kann. Was ist jedoch mit dem historischen Erfahrungswert schools change slower than churches (Lehberger 2004)? Was ist mit den Antinomien im Bildungsgeschäft (Ackermann/Rahm 2004)? Was ist mit dem Beharrungsvermögen von Verwaltungsstrukturen, die durch Verordnung von Autonomie nicht einfach aufzulösen sind? Was ist mit den Lehrerinnen und Lehrern, denen attestiert wird, sie verspürten nach einigen Jahren Praxis Lust am Verwaltetwerden (Becker 1954)? Was ist mit den ausgebrannten Lehrerinnen und Lehrern, die kaum Interesse für Innovationen im Schulbereich aufbringen (Kretschmann 2000)? Wo bleiben die Aversionen des pädagogischen Sektors gegenüber der Organisationstheorie, gebündelt in der These von der Unvereinbarkeit von Erziehung und Organisation (Brohm 2004)? Überdeckt das Erziehungssystem mit seiner immanenten Produktion von Reformvokabeln und Lernsemantiken nicht vielleicht den Fortbestand bürokratischer Verhältnisse und deren Konsequenzen (Fuchs 2004)? Und: können wir die Folgen der neuen Perspektiven auf Organisationen mit Hilfe gängiger Managementtheorien in ihrer Wirkung auf die Profession des Lehrers/der Lehrerin überhaupt messen (Tacke 2004)? Schulentwicklungstheorie behandelt die skizzierten Anfragen unter Berücksichtigung der Geschichte der Schule. Erst auf der Basis bildungstheoretischer Diskurse um staatliche Bildungseinrichtungen können die angeführten kritischen Anfragen an aktuelle Schulreform in komplexen gesellschaftlichen Verhältnissen beantwortet werden.

Einerseits dokumentieren empirische Untersuchungen Qualitätsveränderungen im Bildungsbereich (Holtappels 2003). Der systemische Blick auf Schulen etwa eröffnet in Schulreformdebatten neue Zugangsweisen, die als ›Revolution‹ in der Weiterentwicklung wissenschaftlicher Perspektiven betrachtet werden könnten (Kuhn 1978). Der fortschrittliche Ansatz, Schulentwicklung als eigenverantwortlichen Prozess der Aktivierung institutioneneigener Kräfte zu betrachten und diesen optimal zu organisieren in Richtung problemlösender Schulen (Dalin 1991), erhebt den Anspruch, einen Paradigmawechsel darzustellen (Rolff 1991).

Tradition und wissenschaftliche Neuerung in der Schulforschung sind jedoch auch vor dem Hintergrund einer nicht zu leugnenden Nähe der Reflexionstheorien zu den Gegenständen ihrer Betrachtung zu diskutieren. Zu unterscheiden wäre, wo Programmatik und die ihr zugeordnete Schulentwicklungsforschung anfängt und wo Beobachtung von außen – sofern als Perspektive überhaupt denkbar – anfängt (Luhmann 1999). Damit ist auch deutlich, dass in der erziehungswissenschaftlichen Reflexion des Schulentwicklungsphänomens auch ein Moment der Selbstvergewisserung steckt, denn Schulreform ist innerhalb der Disziplin nur als historisch entwickelte denkbar.

Es besteht also die Notwendigkeit, den Perspektivenwechsel auf Schulen auch auf der Ebene einer Theorie der Schule zu überprüfen. Damit ist gleichzeitig festzustellen: Schule ist eine behäbige Einrichtung, und die Professionalität von Lehrerinnen und Lehrern ist nur sukzessive zu verändern. Zwar hat die Schulentwicklungsdebatte den Charakter einer neuen disziplinären Matrix, auf deren Basis selbstverständlich kommuniziert wird (Kuhn 1977; Dalin 1997). Die Schulentwicklungsperspektive, die mit organisationstheoretischem Know-how daherkommt, eröffnet auch durchaus einen neuen Blick auf Schulreformen als Bottom-up-Prozess, und es ist ihr Verdienst, auf die Gestaltungskraft einzelner Bildungsinstitutionen hingewiesen zu haben. Doch bei genauerer Betrachtung zeigt sich, dass Schulentwicklung keineswegs einen Traditionsbruch innerhalb der Schulpädagogik bedeutet. Fortgeschrieben wird Schulreform mit innovativen Methoden. Entsprechend die Erwartungssemantik der Schulentwicklungsliteratur, die durchaus in der Tradition klassischer Schulreform steht. In einer Theorie der Schulentwicklung müssen die historisch entwickelte Stabilität von Bildungsinstitutionen genauso wie die Erfahrungsspuren entwickelter Professionalität in Rechnung gestellt werden. Dies mag als Korrektiv auch gegenüber einer Reformeuphorie wirken.

Die Theorie der Schulentwicklung ist innerhalb einer Theorie der Schule zu verorten und bildet einen komplexen Theorienverbund zur Schulreform. Einerseits schließt sie an Theorien der Schule an, andererseits leitet sie durch die Einführung organisations- und systemtheoretischer Perspektiven eine grundlegende Neuorientierung ein. In der Erweiterung des Theorienhorizontes behebt sie Defizite, die in der historisch tradierten Überhöhung von Reformzielen und den damit verbundenen Versprechen begründet liegen. Als komplexer Aussagenverbund legt die Theorie der Schulentwicklung die Basis für eine erziehungswissenschaftliche Fundierung der Schulreform. Dabei verhält sie sich kritisch zu ihrem Gegenstand und reflektiert seine widersprüchlichen Orientierungen, die in differenten bildungstheoretischen Konzepten ihren Niederschlag finden.

Die Einführung in die Schulentwicklungstheorie unternimmt eine Klärung ihres Gegenstandsbereiches, indem sie die vorgelegten Modelle und Ansätze zur Schulentwicklung sowie empirische Ergebnisse dokumentiert, ordnet und theoretisch kontextualisiert (Kapitel 2–5). Auf der Basis eines solchen Ordnungsversuches wird die Theorie der Schulentwicklung umrissen (Kapitel 6 und 7).

Der vorliegende Band setzt zunächst an bei Dilemmata einer Theoriebildung, die in der Komplexität des Schulentwicklungsdiskurses begründet liegen (Kapitel 1). In der Verankerung der Reformdebatte in historischen Kontexten liegt eine Möglichkeit der Herausarbeitung von Begründungszusammenhängen für das Modell einer Lernenden Schule. Schulentwicklung ist ein historisch entwickeltes und wissenschaftlich begründetes Reformprojekt. Als bildungstheoretisch fundiertes Vorhaben ist Schulentwicklung empirisch gestützt und eröffnet neue Perspektiven für eine Professionalisierung der Lehrkräfte. Auf der Basis systemischer Ansätze eröffnen sich veränderte Sichten auf Steuerungsmöglichkeiten im Erziehungssektor. Schulreform kann in diesem Zusammenhang als ressourcenorientiertes Innovationsspiel sozialer Systeme betrachtet werden. Beiträge der Bezugswissenschaften wirken bereichernd auf die Theorie der Schulentwicklung, indem sie Theorienhorizonte aufmachen, die in der Geschichte der Pädagogik bislang wenig Beachtung fanden. Gemeinsame Orientierung finden Theorieangebote in Bildungskonzepten, die den Diskurs um Gute Schulen in seinen Normativitäten tragen und theoretisch verdichten können. Die Auseinandersetzung um die Verwirklichung von Bildungsideen in lernenden Systemen eröffnet Perspektiven einer Kritischen Schulentwicklungstheorie, die das Aufklärungspotenzial von Theorieangeboten vor dem Hintergrund schultheoretischer Erkenntnisse überprüft.

1. Ausgangspunkt: Dilemmata einer erziehungswissenschaftlichen Theoriebildung

Theorien der Erziehungswissenschaft verfügen über unterschiedliche historische Kontexte, sie entwickeln differente Thesen, bedienen sich unterschiedlicher Forschungsmethodiken und leiten aus ihren Ergebnissen jeweils tragende Orientierungen für die pädagogische Praxis ab. Die Erziehungswissenschaft lässt sich verstehen als normative Disziplin, als empirische Verhaltenswissenschaft, als hermeneutischer Zugang oder auch als systemtheoretische Betrachtungsweise (König/Zedler 2002). Die erziehungswissenschaftliche Theoriebildung wird erschwert durch die Vielzahl der Angebote als Beiträge zu wissenschaftlicher Erkenntnisbildung (Oelkers/Tenorth 1987). Systematische, widerspruchsfreie Aussagen über Wirklichkeit sind demnach immer im System des jeweiligen Ansatzes, also beispielsweise der normativen Pädagogik, der verhaltenstheoretischen Pädagogik, der Hermeneutik oder der Systemtheorie, zu betrachten.

Die theoretische Reflexion von Schulentwicklungsprozessen hat innerhalb einer Theorie der Schule mit allen angeführten Perspektiven umzugehen. Der Schulentwicklungsdiskurs in der Erziehungswissenschaft stellt eine normativ hoch aufgeladene, gleichzeitig empirisch fundierte, in historischer, geisteswissenschaftlicher Tradition stehende sowie systemtheoretisch orientierte Debatte dar. Hinzu kommen Angebote aus der Organisationstheorie beziehungsweise der soziologischen Organisationsforschung. Die Frage nach der ›richtigen‹ Perspektive scheint angesichts der Komplexität des Gegenstandes obsolet. Dennoch muss in einer Theorie der Schulentwicklung aufgrund des Wandels des begrifflichen und konzeptuellen Verständnisses eine Paradigmendiskussion geführt werden (König/Zedler 2002, S. 210ff.). Aufgrund der Nähe wissenschaftlicher Konzepte der Erziehungswissenschaft zur Reformpraxis bestehen Dilemmata einer Theoriebildung nicht nur in der Heterogenität möglicher wissenschaftlicher Zugänge, sondern auch in der Schwierigkeit, Theoriearbeit aus einer Position der Distanz heraus zu entwickeln (Tenorth 1987). Solche Unvereinbarkeiten sind systemtheoretisch und historisch/strukturtheoretisch zu besprechen.

1.1 Autonomiepostulate in der Pädagogik

In der Schultheorie spielt die Frage der Autonomie der Bildungsinstitutionen eine wesentliche Rolle (Diederich/Tenorth 1997). Diskutiert werden Fragen der staatlichen Kontrolle von Schulen, der Mitbestimmungsmöglichkeiten der beteiligten Träger und Abnehmer von Bildungsangeboten, der Input- und Output-Steuerung sowie der Professionalisierung der Lehrkräfte. Steuerungsversuche heben ab auf die Möglichkeit, Schulen die Verantwortung für Entwicklungsprozesse zu übertragen und ihnen eine Selbstverwaltung zuzugestehen. Das internationale Bemühen um eine Dezentralisierung im Schulwesen ist getragen von dem Gedanken, autonome Bildungsinstitutionen könnten aufgrund eines erhöhten Engagements der Professional Communities zu einer Qualitätssteigerung gelangen (Kreienbaum et al. 1997). Je nach Niveau der länderspezifischen Evaluationskultur wird dabei auf interne und externe Evaluationsprozesse gesetzt (Heyer/Sack/Preuss-Lausitz 2003).

Das Autonomieargument ist so alt wie die pädagogische Reflexion selbst. Gedacht wird über die Möglichkeit, autonome Subjekte in arrangierten Erziehungsmilieus zu bilden und sich dabei der Potenziale der freien Erzieher in selbst verwalteten Institutionen zu bedienen (Oelkers 1987). Das Autonomiepostulat ist in der Pädagogik in zahlreichen Varianten diskutiert und in Reformpraxis umgesetzt worden. Dabei unterscheidet sich die reformpädagogische Debatte mit ihren Idealisierungen und der Einrichtung von Reformnischen (Beetz 1997) von gestaltungstheoretischen Impulsen der Bildungsverwaltung, die an einer Steuerung des Schulsystems interessiert ist. Die Unbestimmtheit pädagogischen Handelns vor Ort soll unter dieser Perspektive durch verordnete Autonomie in qualitätsorientiertes Handeln der Professionellen überführt werden. Der historische Autonomieansatz wird damit durch Verfahren der Organisationsentwicklung ergänzt. Mit der Behauptung der Lernfähigkeit von Schulen als Einrichtungen mit Gestaltungsautonomie wird grundlegender Wandel in Anspruch genommen (Rolff 1994). Die Übertragung einer soziologischen Perspektive auf Bildungsinstitutionen scheint für die Erziehungswissenschaft in Anbetracht der hiermit verbundenen Distanzierungsmöglichkeit zu ihrem Beobachtungsgegenstand ein Gewinn. Die hiermit verbundenen Differenzen zwischen organisationssoziologischen Ansätzen und Managementperspektiven auf der einen Seite und pädagogischen Reformtraditionen auf der anderen Seite werden in der Disziplin jedoch auch als Dilemma gesehen und geschlichtet (Tacke 2004). So assimilieren organisationstheoretische Modelle Lern- und Entwicklungssemantiken des pädagogischen Sektors genauso wie Reformmodelle mit organisationstheoretischem Vokabular operieren.

Ergänzend dazu wird in der erziehungswissenschaftlichen Debatte um Kontinuitäten gestritten. Das Modell ›Pädagogische Schulentwicklung‹ knüpft an historische Reformpostulate an und akzentuiert Veränderungspotenziale in professionellen Lerngemeinschaften (Bastian 1998). In Anknüpfung an historische Reformpostulate zur erweiterten Autonomie der Schulen und des unterrichtenden Personals wird die Reform der Unterrichtspraxis unterstrichen. Es gehe um Fortschreibungen schulkritischer Dialoge als genuin pädagogischer Perspektive und weniger um aufwändige Organisationsentwicklungsschritte, die ihre Nähe zu betrieblichen Weiterentwicklungsmaßnahmen nicht leugnen könnten.

Das Autonomieargument, das im Erziehungssystem historisch entfaltet und damit stabil verankert ist, wird insofern durch die Organisationstheorie beim Wort genommen und in die Praxis umgesetzt. Es sind jedoch nicht die Reflexionen aus dem Managementbereich, die das Erziehungssystem verändern, sondern verändern kann sich das System nur selbst (Willke 1999, S. 30). Damit stellt sich die entscheidende Frage, ob die organisationssoziologischen Reflexionen in den Dienst historisch entwickelter Autonomiepostulate der Disziplin gestellt werden oder ob sie als disziplinfremde Überlegungen abgewiesen werden. Damit zusammen hängt die Frage, ob Managementkonzepte im Bildungsbereich als Professionalisierungsangebot oder als potenzielle Deprofessionalisierung des Berufsstandes verstanden werden (Tacke 2004).

1.2 Beiträge der Bezugswissenschaften

Die Schulentwicklungsdebatte greift vielerlei (erkenntnis-)theoretische Reflexionsangebote aus Nachbardisziplinen der Erziehungswissenschaft auf und bindet sie in ihre Argumentationen ein. Die Theoriedebatte zur selbst organisierten Profilbildung einer Einzelschule innerhalb staatlicher Vorgaben wird getragen von soziologischen Ansätzen, die den Lernprozess von Organisationen erhellen. Unter den Beiträgen der Bezugswissenschaften beziehungsweise der Erkenntnistheorien sind vor allem zu nennen die Perspektiven

- der Organisationstheorie,
- der Soziobiologie,
- der Systemtheorie,
- des Konstruktivismus.

Die Organisationstheorie liefert Modelle, die vom Bürokratieansatz bis hin zu Modellen selbst organisierten Lernens in sozialen Systemen reichen (von Saldern 1998). Die Soziobiologie beschäftigt sich mit der Organisation des Lebendigen und bringt mit der evolutionären Perspektive autopoietische Hervorbringungen von Systemen ins Spiel (Maturana/Varela 1984; Willke 2000). Die Systemtheorie schließlich eröffnet als Begriffssystem Möglichkeiten einer Beschreibung komplexer Prozesse und greift damit den Ansatz einer Theorie selbst referenzieller Systeme auf (Willke 2000; Luhmann/Schorr 1999). Neben soziologische Theorieangebote treten erkenntnistheoretische Anfragen des Konstruktivismus, der in seiner radikalen Variante die Möglichkeit einer vom Betrachter von Wirklichkeiten unabhängigen Perspektive bestreitet (Maturana/ Varela; Watzlawick 1992). Zu den genannten soziologischen und erkenntnistheoretischen Theorieangeboten sind bildungstheoretische, kommunikationstheoretische, handlungstheoretische oder auch anthropologische Modelle zu addieren; diese fügen sich im Zuge der Weiterentwicklung des didaktischen Diskurses in die systemisch orientierte Schulentwicklungsdebatte ein. Der Mehrzahl neuerer Theorien zur Schulreform gemeinsam ist die Annahme, dass Systeme evolutionär veränderlich sind und damit über veränderte Verknüpfungen der Elemente neue Qualitäten erzeugen können. Sie sind also fähig zu Innovationsspielen. Ganzheitliches Denken wird dabei als Voraussetzung für Innovationen betrachtet (Senge 1999).

Das hiermit in Anspruch genommene systemische Management ist dem Bereich der Organisationstheorie zuzuordnen. Es stellt ein Konzept dar, das auf die Lernfähigkeit von Organisationen setzt. P. Senge, breit rezipiert in der Schulentwicklungsliteratur, formuliert die Kunst und Praxis der lernenden Organisation und expliziert das Systemdenken als Fünfte Disziplin (Senge 1999). Systemische Organisationsentwicklung basiert auf einer kritischen Auseinandersetzung mit klassischen Bürokratietheorien. Ausgangspunkt ist die Beobachtung einer Auflösung haltekräftiger hierarchischer Steuerungsmodelle zugunsten abgeflachter Hierarchien, die neue betriebspädagogische Reflexionen erfordern (von Saldern 1998). Die Erwartung organisatorischen Lernens führt damit zum Rückgriff auf Managementkonzepte, die dem wirtschaftlichen Sektor entstammen.

Die Soziobiologie liefert Erkenntnisse zu den biologischen Wurzeln menschlichen Erkennens. Als Disziplin der Verhaltensökologie erforscht die Soziobiologie Verhaltensweisen als von der Auslese geformte Anpassungen (Weber 2003, S. 8). Dabei werden die Bedeutungen von Anpassungen reflektiert. Evolutionstheoretische Ansätze begreifen die Entwicklung von Systemen als eigengesetzliche Prozesse, bei denen im Zuge von Adaptionen Eigenschaften herausgebildet werden können, die mehr sind als die Summe ihrer Teile (Willke 2000, S. 131). Systementwicklung und die Entwicklung der Natur werden damit im weitesten Sinne analogisiert. Dies lässt sich als naturalistische Perspektive auf Organisationen begreifen (Bätz 2003).

Die Systemtheorie stellt ein Begriffssystem zur Beschreibung sozialer Prozesse zur Verfügung. Anliegen ist die Entwicklung von Modellen, die in der Lage scheinen, komplexe Abläufe in Systemen zu analysieren. Dabei interessieren die Prinzipien und die Elemente in ihrem Funktionszusammenhang; damit erfolgt eine Analyse der Kräfte, die Systeme bewegen. N. Luhmann, der eine soziologische Systemtheorie vorlegt, begreift Systeme als autopoietisch beziehungsweise selbst referenziell und komplex (König/Zedler 2002). In seinen Betrachtungen zum Erziehungssystem der Gesellschaft analysiert er Reflexionsformeln im Bildungssystem und diskutiert sie als Formen der Selbstvergewisserung (Luhmann 2002).

Die konstruktivistische Perspektive schließlich begründet letztlich mit ihrer Skepsis gegenüber der Möglichkeit, Wirklichkeit als vom Beobachter getrennte Welt zu erkennen, Methodenvielfalt in der Erziehungswissenschaft. Da Erkennen kein Abbild von Wirklichkeit sein kann, sind viele Begriffssysteme möglich. Konstruktivistische Perspektiven erhöhen damit die Möglichkeit einer Vernetzung unterschiedlicher Theorieebenen. Dies kann dann zu Lasten argumentativer Stringenz gehen, wenn erkenntnistheoretische Annahmen mit Argumenten aus unterschiedlichen Wissenschaften, zum Beispiel der Systembiologie, vermengt werden (König/Zedler 2002, S. 237).

1.3 Theorieprobleme

Die Interdependenzen zwischen organisationstheoretischen, soziobiologischen, systemtheoretischen und konstruktivistischen Modellen und das Eindringen der vernetzten Ansätze in die Schulreformdebatte führen zu hoher Komplexität des Schulentwicklungsdiskurses. Die Heterogenität soziologischer Perspektiven, erweitert durch sozialwissenschaftliche Zugriffe auf Schulreformpraxis, erschwert eine Theoriebildung. Dies zumal Theorien der Erziehungswissenschaft in der Historie ohnehin in einem Nebeneinander weiterentwickelt werden. Prioritäten sind hier nur schwer zu setzen (König/ Zedler 2002, S. 240ff.). Gerade auch deshalb erscheint Schulentwicklung gelegentlich als »Schlängelkurs zwischen programmatischen Sollensforderungen, begrifflicher Unschärfe und Theorie-defiziten« (Schönig 2003, S. 3).

Darüber hinaus kann nicht geleugnet werden, dass die in die er-ziehungswissenschaftliche Debatte eingeführten Perspektiven diffe-rente Deutungsmuster mitbringen. So mag aus schultheoretischer Sicht das Bürokratiemodell Max Webers durchaus Erklärungskraft besitzen (Fuchs 2004); bislang disziplinfremde Deutungsmuster der neueren Organisationsforschung mögen dagegen an Schulwirklich-keiten vorbeigehen beziehungsweise diese idealtypisch überhöhen. Damit würde eine Erhöhung des Anspruchs an die Profession statt einer analytischen Durchdringung des pädagogischen Feldes ein-hergehen.

Des Weiteren muss das Besondere der erziehungswissenschaftli-chen Forschung im Auge behalten werden. Anders als in anderen Disziplinen ist in der Erziehungswissenschaft mit der unaufhebba-ren Differenz zwischen Theorie und Praxis genauso wie mit der unvermeidbaren Nähe der beiden Bereiche zu rechnen (Kiper 2002, S. 23). Gerade für die Schulpädagogik ist das Miteinander von an Praxis orientierter Reflexion und wissenschaftlicher Erkenntnis unumgänglich. Ziel ist es, durch wissenschaftliche Erkenntnis prak-tisches Handeln verlässlich zu leiten (König/Zedler 2002, S. 241). Daraus folgt die Schwierigkeit der Disziplin, eine klare Unterschei-dung zwischen Idealen und Wirklichkeiten vorzunehmen (Oelkers 2001, S. 3). Luhmann führt den Begriff der ›Reflexionstheorie‹ für den Erziehungssektor ein; er akzentuiert das Systemspezifische er-ziehungswissenschaftlicher Reflexion (Luhmann 2002, S. 201). Da-lin konzipiert eine Veränderungstheorie auf dem Weg zu einer Theorie der Schule. Sie stellt den Versuch einer Zusammenschau vieler theoretischer Perspektiven, die auch politische Aspekte um-fassen, dar (Dalin 1999).

Das Bedürfnis nach Systematik in der erziehungswissenschaftli-chen Theoriebildung ist legitim und unerlässlich. Für die Schul-entwicklung muss dabei jedoch im Auge behalten werden, dass Dif-ferenzen in Denktraditionen der Theorieanbieter ausgehalten wer-den müssen; die Formel von der Schulpädagogik als Integrations-wissenschaft nimmt diese Perspektive auch für den Bereich der Schulentwicklung auf (Apel/Sacher 2002).

1.4 Theorieangebote als Chance

Die Theorienvielfalt in der Schulentwicklungsdebatte ist bemerkenswert. Schulentwicklung mag aus organisationstheoretischer Perspektive systemisches Management, aus soziobiologischer Perspektive Adaption an sozialen Wandel, aus systemtheoretischer Sicht eine Reformvariante des Erziehungssystems, aus konstruktivistischem Gesichtswinkel eine begriffliche Verabredung zur Beschreibung von Wirklichkeiten, vom bildungs- und handlungstheoretischen Standpunkt aus ein Streben nach historisch entwickelten Zielen innerhalb jeweils entwickelter gesellschaftlicher Strukturen sein; welche Perspektiven längerfristig tragfähig für die erziehungswissenschaftliche Theoriebildung sind, muss dabei geprüft werden.

Die Dilemmata einer erziehungswissenschaftlichen Theoriebildung im Schulentwicklungssektor lassen sich nur über eine verstärkte theoretische Aufklärungsarbeit lösen. Gerade wenn es sich um heterogene, komplexe Theorieangebote aus Nachbardisziplinen handelt, die differente Paradigmata mitbringen, zwingt dies den erziehungswissenschaftlichen Diskurs zur Musterung der Offerten. Zu prüfen ist: welche Ansätze sind kompatibel mit historisch entwickelten Theorieangeboten der Pädagogik? Sätze über Organisationsentwicklung und die Dynamik von selbst organisierten Systemen sind entsprechend danach zu überprüfen, inwieweit sie kompatibel mit dem Erziehungssektor sind. Eine bloße Überlagerung etwa mit Lern- und Entwicklungssemantiken reicht hier noch nicht aus. Beiträge der Bezugswissenschaften werden demnach im Zuge ihrer Assimilation an den erziehungswissenschaftlichen Theoriebestand auf ihre Anschlussfähigkeit hin überprüft.

Dilemmata einer erziehungswissenschaftlichen Theoriebildung werden nicht gelöst, indem sie zugunsten eines disziplinfremden Paradigmas vereinfacht werden. Dies würde gewachsene Theorielagen und ihre Problematiken unzulässig vereinfachen. Diese ruhen auf praktizierter Reform und der Kommunikation der Professionellen über das Anzustrebende. Solche Reden sind in der Theorie der Schule verbürgt und stellen den Kernbestand des pädagogischen Entwicklungsdiskurses dar. Dieser handelt von Schulreform im Dienst von Bildung, die als Orientierungsgröße der Erziehungswissenschaft Struktur verleiht (von Hentig 2004). Hinzu kommen erziehungswissenschaftliche Untersuchungen, die ohne ideale Setzungen nicht auskommen. Die Auseinandersetzung mit der Vielzahl von Theorieangeboten in der Schulentwicklungsdebatte besteht in der Betonung der Heterogenität der Perspektiven auf Schulreform. Gerade in der Differenz liegt der Gewinn, schärft sie doch den Blick auf das innerhalb einer Theorie zu Erkennende. Dies kann im Sinne einer Selbstvergewisserung der Disziplin, die sich ihrer Genese und damit ihres bildungstheoretischen Anliegens bewusst ist, verstanden werden. Theorieentwicklung beginnt mit historisch-systematischen Reflexionen innerhalb der Disziplin und erweitert in einem zweiten Schritt die Perspektive, ohne Theoriebestände ungeprüft aufzugeben. Mit Watzlawick:»Plus ça change, plus c'est la même chose.« (Watzlawick 2001, S. 19).

Zusammenfassung: Die Theorie der Schulentwicklung ist Teil einer komplexen Theorie der Schule. Ausgehend von historischen Reformpostulaten um die Autonomie der Bildungseinrichtungen trifft sie unter Anleihe bei Theoriebeständen der Nachbardisziplinen Aussagen über Schulen und ihre Entfaltungsmöglichkeiten. Die Theorie der Schulentwicklung definiert Schulen als lernende Organisationen. Sie benennt Ziele und Verfahren einer empirisch begründeten Selbststeuerung der Bildungsinstitutionen.

2. Schule als historisch verankerter Reformauftrag

Bezüge der aktuellen Schulentwicklungsdebatte zur historischen Reformdebatte um Schulen werden regelmäßig konstatiert (Tillmann 1995; Beetz 1997; Rahm/Schröck 2004). Hingewiesen wird auf argumentative Analogien und semantische Übereinstimmungen, die Theorie und Praxis der gegenwärtigen Schulreform als Fortsetzung der im 19. Jahrhundert begonnenen Reformgeschichte erscheinen lassen. In der Tat sind ideengeschichtliche Orientierungen wie die Kindzentrierung, die Schulkritik oder auch die Orientierung an Entwicklungsmetaphern (Oelkers 1992) aus der Reformgeschichte im Schulentwicklungsansatz wieder zu entdecken. Die Schule als ›Haus des Lernens‹, wie sie Mitte der 90er-Jahre gedacht wurde, ist beispielsweise mit ihrer Orientierung am Modell ›Schule als Lern- und Lebensraum‹ insofern ein reformpädagogisches Konstrukt, als dass hier die Schule als bloße Unterrichtsanstalt, wie die Reformpädagogiken sie als Lern- und Buchschule kritisierten, in Frage gestellt wird (Bildungskommission NRW 1995). Schulentwicklung schreibt unter dieser Perspektive die im 19. Jahrhundert begonnene Reform der Bildungsinstitutionen fort. Sie steht in der Tradition einer auf Schulkritik basierenden pädagogischen Bewegung, die auf strukturelle Reformen und eine Professionalisierung des Lehrpersonals drängte (Benner/Kemper 2003, Bd. 2, S. 21ff.). Entscheidend für die Skizze einer Schulentwicklungstheorie ist dabei die Frage, was in historischen Kontexten unter dem Stichwort ›Autonome Schule‹ diskutiert wurde und welche pädagogischen Reformversprechen sich mit der Vorstellung eigenverantwortlich gestalteter Reformräume verknüpften.

Schulentwicklung bedarf damit einer Verankerung in der Schultheorie. Diese basiert auf einer Betrachtung der Geschichte der

Schule. Die Rekonstruktion von historischen Bildungsansprüchen der Schule bietet einen Rahmen für die Verortung des Reformansatzes ›Schulentwicklung‹. Gleichzeitig verhindert sie die Verkürzung der Schulentwicklungsdebatte auf nützliche Entwicklungskonzepte, die in der Schulberatung Sinn machen. Schule entwickeln ist ein historisches Anliegen, das sowohl in staatlicher Bildungspolitik als auch in programmatischen pädagogischen Schriften seit Jahrhunderten eine Rolle spielt. Dabei wird das Autonomieargument vor allem von der pädagogischen Reformbewegung genutzt.

Die Verankerung der Schulentwicklungsdebatte in der pädagogischen Bewegung wird durch die Verwendung des Begriffs ›Entwicklung‹ nahe gelegt. Dieser muss aus erziehungswissenschaftlicher Sicht expliziert werden. In der Geschichte der Erziehungswissenschaft spielt der Entwicklungsbegriff eine wesentliche Rolle. Auf der einen Seite wird in der pädagogischen Fachliteratur die Auffassung vertreten, dass Menschen verschiedene Phasen ihres Lebens nach einer Art innerem Bauplan durchlaufen und in der Erziehung bei der Entfaltung ihrer inneren Anlagen lediglich begleitet werden müssen (Gärtner-Modell); andererseits gibt es die im Empirismus vertretene Auffassung, der Mensch lerne durch Erfahrungen und sei insoweit in seiner Entwicklung von Einflüssen der Umwelt abhängig. Entwicklungsmodelle, die Phasen beziehungsweise Stadien postulieren, sind an der Systematisierung und Erklärung menschlicher Entwicklung interessiert. Entwicklung bezieht sich in der erziehungswissenschaftlichen Debatte damit ursprünglich auf Einzelbiografien, »... sie beschreibt Werdegang und Entwicklungsstand der Persönlichkeit aus vergangenen Ereignissen und in die Zukunft gerichteten Erwartungen und Zielsetzungen des Individuums« (Oerter 1995, S. 380). Als erklärende Kategorien werden Anlage, Umwelt und selbst regulierende Aktivitäten des Individuums genannt. Dabei liegt erziehungswissenschaftlichen Studien die Auffassung von Entwicklung als lebenslangem Prozess, der bildungspolitische Interventionen herausfordert, zugrunde (Oerter 1995).

In Reformpädagogiken fungiert ›Entwicklung‹ als pädagogischer Leitbegriff. Er signalisiert eine durch die Natur vorgegebene Höherentwicklung des Menschen, die durch Erziehung beeinträchtigt werden kann. Die Autonomie der Natur des Kindes und ihre

Entwicklung stehen im Zentrum reformpädagogischer Ansätze. Das eigentliche Wesen des Kindes ist dabei Mythos, um den herum pädagogisches Mühen kreist. Dabei widersetzt die reformpädagogische Diskussion sich der Präzisierung des Zieles; das autonome Kind ist ein Rätsel und Wunder, und es kann nur als solches gefördert werden (Oelkers 1992, S. 96ff.).

In der Kombination des Entwicklungsbegriffs mit Schule als einer sozialen Organisation, die zielgerichtetes Lehren und Lernen beabsichtigt mit dem Vorsatz, junge Menschen in gesellschaftlich-kulturelle Kontexte einzuführen (Ipfling 2002), werden Erwartungshaltungen aufgebaut. Mit der Wendung zur Mikroperspektive und der Fokussierung der einzelnen Schule gehen nämlich der Glaube an Problemlösekapazitäten von Organisationen einher (Rolff 1991). Schulen sind aufgefordert, auf gesellschaftlichen Wandel zu antworten und initiativ zu werden. Sie sollen sich entwickeln und, so legt es der Begriff nahe, sie sind auf dieser Ebene vergleichbar mit Individuen, die sich entwickeln. Schulentwicklung wird demnach konsequent zu einem Lernprozess, innerhalb dessen die Institution sich in interaktiver Vernetzung mit ihrer Umwelt verändert, sprich: Qualität entwickelt. Dies ist zunächst vage, zumal staatliche Interventionen auf die Aktivierung institutioneneigener Ressourcen gerichtet sein müssen. Denn, so der Schulentwicklungsjargon, Schulen sind ›Motoren der Entwicklung‹ (Dalin 1991); sie sind damit mehr als bloße Ausführungsorgane.

Auf dieser Ebene hat die Formel von der Schulentwicklung Beschwörungscharakter. Sie bindet im Begriff Hoffnungen auf Optimierung des Angebots über die Entfesselung von Organisationskräften, die implizit als durch staatliche Gängelung unterdrückte verstanden werden. Lernende Systeme, so die Botschaft, haben ihre Fesseln abgelegt, um in partnerschaftlicher Atmosphäre Qualität zu entwickeln. Qualität, die schon in der Institution schlummerte, und nun über den gemeinsamen Lernprozess freigelegt wird (Bayerisches Staatsministerium für Unterricht und Kultus 2001). Dies ist der genuin reformpädagogisch verankerte Erwartungsdiskurs, der in der Vokabel der ›Schulentwicklung‹ kulminiert und auf dieser Ebene kritisch gelesen werden muss. Denn: neue Begrifflichkeiten versprechen Neues, sie sind es aber noch nicht.

Diese Beobachtung lässt sich auch auf die Schulentwicklung in Westeuropa und den USA übertragen. Trotz höchst unterschiedlicher kultureller, historischer und politischer Aspekte lassen sich gemeinsame Erwartungshaltungen, die insbesondere im Drängen auf Einrichtung demokratischer gesellschaftlicher Strukturen durch Schule bestehen, konstatieren. Tragend sind Vorstellungen von sozial gerechten Gesellschaften, auf die Schulen hinwirken könnten. Schulentwicklung kann damit im weitesten Sinne als Instrument einer Gesellschaftsentwicklung im Sinne sozialer Veränderung verstanden werden. Dies gilt auch und vor allem für die progressive education (J. Dewey) in den USA. Wissenschaftlich fundierte Schulentwicklung und Entwicklung der Gesellschaft werden international in einem Zusammenhang gesehen. Dass dabei über Visionen und den Glauben an die Wirkungskraft partizipativer Bildungsinstitutionen noch keine gesellschaftlichen Veränderungen erreicht sind, liegt in der komplexen Aufgabe von Schule sowohl in Europa als auch in den USA und der Wechselwirkung zwischen Schule und Gesellschaft.»In beiden Kontinenten gibt es die feste Überzeugung, dass die Schule gesellschaftliche Probleme lösen kann, während zugleich offenkundig ist, dass eben diese Schule in hohem Maße von der Gesellschaft abhängt.« (Dalin 1999, S. 30)

2.1 Historische Verortung der Schulentwicklung

Der Aufbau des staatlichen Schulwesens könnte unter historischer Perspektive bereits auf seine Weise eine Schulentwicklung darstellen. Die Humboldtschen Schulpläne geben mit den Hinweisen auf Curricula, Ziele, Inhalte, Methoden, die Organisation des Unterrichts eine Antwort auf Zustände, die in Visitationsberichten des 18. Jahrhunderts noch als unhaltbar geschildert werden (Diederich/Tenorth 1997). Grundoptionen der Erziehungs-, Bildungs- und Schultheorie des 19. Jahrhunderts diskutieren die Rolle und Funktion staatlicher Schule als Ort systematischer Bildung von Heranwachsenden. Sie fundieren staatliche Reform, und sie treiben Theoriebildung genauso wie die Planung und Gestaltung von Schule voran (Grunder/Schweitzer 1999). Die Humboldtschen

Schulreformen basieren auf der bildungstheoretischen Frage nach einer umfassenden Bildung des Menschen über geburts- und berufsständische Schranken hinweg. Mit Fichte, Herbart, Humboldt und Schleiermacher werden Diskussionen um vernünftige Entscheidungen im Bildungswesen geführt und haben die Herausbildung einer differenzierten Erziehungs-, Bildungs- und Schultheorie zur Folge. Diese reflektiert die Rolle der Schule als die Familienerziehung transzendierende, Bildung eröffnende Einrichtung und entfaltet didaktische, curriculare, professionelle, gesellschaftspolitische, schulorganisatorische sowie bildungstheoretisch-anthropologische Dimensionen (Diederich/Tenorth 1997, S. 31ff.; Benner/Kemper 2003, Teil 1, S. 16ff.). Hier werden Weichen für Planungs- und Handlungsstrategien beim Aufbau des staatlichen Schulsystems gestellt – ein Modernisierungsimpuls, in dem Bildungsreformen vor dem Hintergrund staatlicher Reformmaßnahmen diskutiert werden. Aus dieser Perspektive werden Bildungseinrichtungen Aufgaben übertragen, es werden Strukturen erzeugt, die nicht den einzelnen Bildungsinstitutionen überlassen werden können. Sie bilden das Fundament des deutschen Schulsystems und sind damit der Ausgangspunkt der heutigen Debatte über Schulentwicklung.

Mit der Konsolidierung des staatlichen Schulwesens radikalisiert sich die Kritik an staatlicher Schulentwicklung und es entsteht ein stabiler, zu staatlicher Bildungspolitik kontroverser Reformdiskurs, der seine Haltekraft bis in die Gegenwart hinein behauptet. Bei aller Variationsbreite der Reformpädagogiken der Jahrhundertwende zum 20. Jahrhundert kann festgestellt werden, dass alle Ansätze der Reformpädagogik bei der Autonomie der Kinder und Jugendlichen ansetzen (Oelkers 1995, S. 50). Die neue Perspektive auf Kinder und Jugendliche, eingeleitet durch E. Keys ›Das Jahrhundert des Kindes‹ (1902), beinhaltet den Vorsatz der Erwachsenen, Kinder und Jugendliche als autonome Menschen wahrnehmen zu wollen. Europäische Schulreformmodelle basieren in zahlreichen Varianten auf dieser pädagogischen Haltung. Genährt durch aufklärerische Grundpositionen, wie etwa der Jean-Jacques Rousseaus, der in seinem ›Émile‹ die Möglichkeit einer Erziehung des Mannes zur Autonomie diskutiert, werden in der ›Neuen Erziehung‹ schulische Kontexte entwickelt, die autonome Entwicklung der Zöglinge ermöglichen sollten. Die Reformansätze der pädagogischen Bewegung in Deutschland, die von Landerziehungsheimen über Hauslehrerschule, Jenaplanschule, Landschule bis hin zu Arbeitsschulen und Versuchsschulen der 20er-Jahre reichen, behaupten die Möglichkeit, über die Bereitstellung offener Lernsituationen und über ein partnerschaftliches Verhältnis zwischen Lehrenden und Lernenden freie Entfaltung der Heranwachsenden zu ermöglichen (Scheibe 1994). Autonome Entwicklung ist demnach denkbar in autonomen Einrichtungen mit eigenverantwortlich agierenden Lehrerinnen und Lehrern (Beetz 1997). Wohin dabei der Entwicklungsprozess führt, d.h. welche ideale Konstellation erreicht werden kann, bleibt diffus. Bildungsreisen der Heranwachsenden haben unter dieser Perspektive zunächst einmal die Entfaltung von ›Natur‹, dem ›Eigentlichen‹, ›Wesenhaften‹ zum Ziel. Aktuelle reformpädagogische Projekte, wie etwa das Unternehmen ›High Seas High School‹, einem Angebot der Lietz-Schulen, demonstrieren die Haltekraft des Reformarguments im Kontext einer Persönlichkeitsbildung. Neben schulkritischen Argumenten werden Orientierungen der Arbeitsschul- und Erlebnispädagogik übernommen. Die Argumentation basiert auf einer Abgrenzung gegen staatliche Bildungspolitik und demonstriert die Verpflichtung ganzheitlichen Ansätzen gegenüber (Hermann-Lietz-Schulen: Die ersten hundert Jahre, Broschüre 1998).

Die reformpädagogische Debatte gewinnt dabei ihre Stabilität durch die Abgrenzung gegen staatliche Schulpolitik, die sie als Reglementierung schulischer Intervention zum Schaden ursprünglich kreativer Kinder und Jugendlicher verstehen möchte. Sowohl die ideale Orientierung als genuin pädagogische Haltung als auch die Beharrlichkeit der Schulkritik verleihen den Reformansätzen der pädagogischen Bewegung Konturen. Sie sichern darüber hinaus die Wiederholbarkeit des Arguments, denn die Kindorientierung von Reformschulen kann niemals vollendet sein, ist sie doch Imperativ in sich wandelnden gesellschaftlichen Verhältnissen.

Mit dem pädagogischen Engagement für Reformschulentwicklung in Nischen geht ein Defizit an erziehungstheoretischer, bildungstheoretischer und schultheoretischer Reflexion einher (Benner/Kemper 2003). Empirisch-experimentell orientierte Zugänge zur Reformpraxis, wie etwa die Tatsachenforschung Petersens oder die experimentelle Didaktik Lays (Lay 1920) und die experimentelle Pädagogik Meumanns (Meumann 1914), unternehmen demgegenüber die Analyse von Lehr-Lernprozessen und stellen damit die Annahme einer Selbsttätigkeit von Schülerinnen und Schülern als bloßem Wachsenlassen ohne Steuerung seitens des Lehrers/der Lehrerin in Frage.

Auch in der Bildungstheorie gibt es Defizite, was etwa das Aufgreifen bildungstheoretischer Grundbegriffe anbelangt. Die in der Aufklärung diskutierte offene Bildsamkeit des Menschen wird weitgehend ersetzt durch den Verweis auf die Natur des Menschen, gelegentlich überhöht durch mystische Vorstellungen vom Kind als Genius oder Messias (Beetz 1997). Seitens der geisteswissenschaftlichen Pädagogik werden diese Defizite erkannt und bearbeitet (Benner/Kemper 2003).

Im schultheoretischen Sektor lassen sich schließlich ebenfalls Versäumnisse konstatieren. Diese liegen in der Vernachlässigung einer theoretischen Auseinandersetzung mit den Postulaten einer die Trennung von Familie, Schule und Arbeitswelt überwindenden ganzheitlichen Einrichtung. Schule als Ort systematischen Lehrens und Lernens wird dabei als tendenziell zu überwindendes Übel postuliert; die Abschaffung der Schule durch Schule jedoch unzureichend theoretisiert (Benner/Kemper 2003).

Die historische Verortung der Schulentwicklung weist Parallelen zwischen Argumenten der Schulreformbewegung der Jahrhundertwende zum 20. Jahrhundert und der Schulentwicklungsdebatte der 90er-Jahre des 20. Jahrhunderts auf. Dabei geht es in den Diskursen um Schuldemokratie und pädagogische Entwicklung, ergänzt durch betriebswirtschaftliche und managementtheoretische Überlegungen (Tillmann 1995, S. 33). Die Umsetzung einer Teilautonomie in Reformschulen, tragendes Element der Schulentwicklungspolitik der letzten Jahrzehnte, greift Modelle der Demokratisierungsschulpolitik der 70er-Jahre des 20. Jahrhunderts auf und verspricht weitgehende Selbstständigkeit der Schule im pädagogischen, ökonomischen, administrativen und personellen Sektor (Tillmann 1997). Damit wird Tradition gestiftet, die von reformpädagogischer Theorie und Praxis um die Jahrhundertwende über die

Versuchsschulen der 20er-Jahre des 20. Jahrhunderts bis hin zur Kritik an verwalteter Schule und Demokratisierungsbemühungen der 70er-Jahre reicht. Über die dezidierte Anknüpfung an aufklärerische Bildungs- und Erziehungsdiskurse werden Vagheiten der reformpädagogischen Debatte überwunden und in staatliche Partizipationsmodelle überführt.»Die alte Schule überwinden« (Amlung et al. 1993) ist Programm, und die Realgeschichte der Versuchsschulen der Weimarer Republik sowie die Kontroversen um ihre Programmatik haben entscheidenden Einfluss auf Theorie und Praxis der Alternativschulbewegung in Deutschland (Beetz 1997).

In der Denkschrift der Bildungskommission NRW erfolgt eine explizite Auseinandersetzung mit Schulorganisationsdiskussionen der 70er-Jahre sowie den Zeitsignaturen, die Schulentwicklung unabdingbar erscheinen lassen: der Pluralisierung der Lebensformen und der sozialen Beziehungen, der Veränderung der Welt durch neue Technologien und Medien, der ökologischen Frage, der Bevölkerungsentwicklung und den Auswirkungen der Migration, der Internationalisierung der Lebensverhältnisse sowie dem Wandel der Wertvorstellungen und Orientierungen (Bildungskommission NRW, S. XII). Das von der Kommission entwickelte Haus des Lernens stellt eine Antwort auf die skizzierten Herausforderungen dar. Es handelt sich um eine selbst gestaltete und weitgehend autonome Bildungseinrichtung, die sich als Lern- und Lebensraum versteht. Die Schule der Zukunft, so die Perspektive der 90er-Jahre, ist eine lernende Organisation, die eine eigene Schulkultur entwickelt und eine Profilbildung vornimmt. Im Haus des Lernens sind alle Lernende, und aufgrund einer ausgebildeten Lernkultur wird den Mitgliedern Zeit zum Wachsen und Entfalten gegeben (Bildungskommission NRW, S. 86ff.). Die Schule als Lern- und Lebensraum knüpft an Bildungsdiskurse an und treibt sie weiter, auch indem sie sie kombiniert mit Überlegungen professions-, betriebs- und organisationstheoretischer Natur. Die Akzentuierung von Entwicklungs-, Lern- und Wachstumsmetaphern signalisiert eine Nähe zur reformpädagogischen Betrachtungsweise von Schulentwicklung.

Damit scheint staatliche Bildungspolitik in den 90er-Jahren die Argumente ihrer engagierten Gegner übernommen zu haben. Die von Hellmut Becker in den 50er-Jahren vorgetragenen Argumente

gegen die verwaltete Schule (Becker 1954) werden von den Kultus-
ministerien vorgetragen: Die Schule möge Mut zu mehr Autonomie
aufbringen, sie möge Eigenständigkeit beweisen und ihre Entschei-
dungs- und Handlungsspielräume vergrößern; angesichts der Skepsis der Lehrerorganisationen ein Spiel mit vertauschten Rollen also
(Tillmann 1995, S. 31). Klammert man betriebswirtschaftliche und
managementtheoretische Ansätze aus, so ergibt sich in der Tat eine
pädagogische Argumentationslinie, die verblüffende Konstanzen in
wechselnden gesellschaftlichen Konstellationen aufweist. Die Schulentwicklung der 90er-Jahre des 20. Jahrhunderts wäre damit eine
Variante kontinuierlicher Schulreform, die nunmehr sowohl die
Subjektebene (Mikroebene) als auch die Organisationsebene (Me-
sosystem) und die Bildungssystemebene (Makrosystem) umfasst.
Die im 19. Jahrhundert eingeforderte Autonomie der Bildungseinrichtung zum Wohle des Kindes, in der Weimarer Zeit in staatlichen Versuchsschulen als Selbstverwaltung praktizierte und in den
70er-Jahren des 20. Jahrhunderts unter dem Stichwort ›Demokratisierung der Schule‹ durchgeführte Reform wird nunmehr in staatlicher Schulentwicklungspolitik zum Regelfall erklärt und nach-
drücklich gefördert.

Die damit verbundene Unschärfe in der Funktionsbestimmung
der Bildungsinstitution wird unter dem Stichwort ›Pädagogische Illusionen‹ diskutiert (Giesecke 1998). Die Anknüpfung an Orientierungen der pädagogischen Reformbewegung, verknüpft mit der
Expansion des Erziehungsgedankens, wird als Absage an Bildungsansprüche der Schule gedeutet. Eingefordert werden dagegen historisch entwickelte Bildungsansprüche, die über Antworten auf gesellschaftlichen Wandel hinausgehen. Die Kontroverse zielt ab auf
die Klärung von Vagheiten, die dem reformpädagogischen Diskurs
mit seiner pathetischen Zuwendung zum Kind innewohnen. In der
Behauptung bildungstheoretischer Ansprüche an Schule wird auf
historische Bestimmungen der Aufgaben von Schule zurückgegrif-
fen. Damit ergibt sich gleichzeitig die Anfrage an Schulentwicklung
der Gegenwart: Ob sie nämlich mit den reformpädagogischen
Lern- und Entwicklungsmetaphern die Theoriedefizite der Reformpädagogik übernommen hat.

2.2 Neuorientierungen durch organisationstheoretische Modelle

Die frühen Veröffentlichungen zur Schulentwicklung in Deutschland zeigen, dass die Schulentwicklungsdebatte eine organisationstheoretisch fundierte ist. Als betriebliches Verfahren in den 50er-Jahren in der Industrie entwickelt, gelangt die pädagogische Organisationsentwicklung als universitär begleitetes Projekt in den 60er-Jahren in den Bildungsbereich und wird als Strategie zur Verbesserung des Wohlbefindens und der Leistungsfähigkeit der Mitglieder einer Organisation praktiziert (Dalin 1986). Die Schulentwicklung der 90er-Jahre unterscheidet sich von Reforminitiativen der 70er-Jahre des 20. Jahrhunderts, wie sie sich etwa in den Empfehlungen des Deutschen Bildungsrates von 1970/1973 niederschlagen (Deutscher Bildungsrat 1972; Deutscher Bildungsrat 1973), vor allem dadurch, dass die Entwicklung der Einzelschule im Vordergrund aller Reformmaßnahmen steht. Während in den 70er-Jahren im Zuge der Diskussion um bildungsökonomische und bildungssoziologische Problemfelder, wie etwa die ausreichende und rentable Qualifizierung der Arbeitskräfte oder die Gleichheit der Bildungschancen, das Gesamtsystem betrachtet wurde, gelangt nunmehr die einzelne Bildungsinstitution in den Fokus.

Schulentwicklung betreibt damit Mikropolitik (Rolff 1991, S. 865). Dieser Wechsel in der Perspektive von der Makro- zur Mikropolitik wird schon zu Beginn der deutschen Reformdebatte als Paradigmawechsel betrachtet (Rolff 1991, S. 866). Kuhn unterscheidet beim Begriff des Paradigmas zwei verschiedene Bedeutungen: »Einerseits steht er (der Ausdruck, d. Verf.) für die ganze Konstellation von Meinungen, Werten, Methoden usw., die von den Mitgliedern einer gegebenen Gemeinschaft geteilt werden. Andererseits bezeichnet er ein Element in dieser Konstellation, die konkreten Problemlösungen, die, als Vorbilder oder Beispiele gebraucht, explizite Regeln als Basis für die Lösung der übrigen Probleme der ›normalen Wissenschaft‹ ersetzen können.« (Kuhn 1976, S. 186) Mikropolitische Ansätze werden von Fachleuten der Schulentwicklung als allen gemeinsame Betrachtungsweisen akzeptiert und können deshalb in ersterem Sinne als Paradigma bezeichnet werden. Daneben stehen allerdings makropolitische Verfahrensweisen, die Gültigkeit behalten. Insoweit geht es eher um eine Erweiterung des Spektrums von Paradigmen, die Gültigkeit besitzen.

Im Hintergrund der Mikropolitik steht die Überlegung, dass Schulen als pädagogische Handlungseinheiten und nicht als formale Gebilde, die bürokratietheoretisch zu beschreiben wären, betrachtet werden können (Weber 1976). In Schulen würde demnach nicht nur regelgebunden, unter Einhaltung von Hierarchien, arbeitsteilig und spezialisiert, leistungs- und zielorientiert gearbeitet, sondern Schulen wären zu verstehen als lebendige Systeme, die permanent in Bewegung seien und die ihre Stabilität durch Bewegung erreichten (Rolff 1991, S. 869). Das neuere Verständnis von Organisationen (Türk 1989) akzentuiert

- Herarchie statt Hierarchie,
- Komplexität statt Simplizität,
- Holograhie statt Mechanik,
- Wechselseitige Beeinflussung statt linearer Determination,
- Gestaltwandel statt Statik,
- Perspektivität statt Objektivität.

Damit wird die Typologie legitimer Herrschaft, wie Weber sie denkt, mit den Zielen Willkürvermeidung, Gleichbehandlung und Objektivität, Dokumentation des Verwaltungshandelns, Trennung von Amt und Person, Loyalität, gestufte Entgelte, Beförderung nach Leistung, regelhafte Orientierung des Handelns, Amtsdisziplin und Kontrolle, in Abrede gestellt (Fuchs 2004, S. 210). Demgegenüber werden in neueren Organisationstheorien Schulen als begrenzt technologisierbare Veranstaltungen, getragen von professionellem Handeln weitgehend autonom arbeitender Lehrerinnen und Lehrer, ein mit hoher Kontrollunsicherheit und Ungewissheiten behafteter Tätigkeitsbereich, der sich durch zellulare Strukturen und gefügeartige Kooperation auszeichne, betrachtet (Rolff 1991, S. 871ff.). P. Dalin nennt fünf Hauptdimensionen einer Organisation: 1. Werte, 2. Strukturen, 3. Relationen, 4. Strategien, 5. Umgebung.

Die Umgebung einer Schule stellt eine wichtige Rahmenbedingung dar. Gemeint sind sowohl formale Beziehungen, etwa zu vorgeordneten Institutionen, als auch informelle Beziehungen zu Personen und Organisationen, die eine Schule zu ihrem Umfeld aufnimmt. Dabei kann sich Schule als Non-Profit-Unternehmen nicht nur nach dem Markt richten, sie hat als Sache des Staates gesellschaftliche Funktionen zu übernehmen, etwa die Wahrung eines gleichen und vergleichbaren Bildungsangebotes für alle. Die Werte einer Schule stellen eine wichtige Orientierung für die Gestaltung des Schullebens dar. Sie prägen das alltägliche Verhalten aller Beteiligten und liefern Anlässe für Auseinandersetzung um Sinnhaftigkeiten, die der Schule eine Orientierung für das Zusammenleben der Beteiligten liefern.

Die Strukturdimension lässt sich ausdifferenzieren in Aufgaben, Entscheidungs- und Kommunikationsstruktur. Während einerseits zu klären ist, wer welche Aufgaben in welcher Funktion zu übernehmen hat, besteht andererseits die Notwendigkeit, Entscheidungszuständigkeiten und -kompetenzen zu klären und eine Regelung darüber herbeizuführen, in welchen Bahnen formale und informelle Kommunikation in der Schule verläuft.

Die Dimension ›Relation‹ betrifft die Qualität zwischenmenschlicher Beziehungen, was etwa die Zusammenarbeit von Gruppen und Einzelpersonen, Motivation, Zufriedenheit, Vertrauen der Mitglieder untereinander anbelangt. Hier kann die Organisation über spontane Kontakte hinaus den Rahmen für gemeinsames Handeln in vorgegebenem Rahmen eröffnen.

Schließlich die Dimension ›Strategie‹: Sie eröffnet eine Perspektive auf Schulleitungshandeln, das Methoden der Schulentwicklung ebenso wie Ansätze zur Problemlösung und Weiterentwicklung der Institution berücksichtigen sollte. Damit kann seitens der Schulleitung beigetragen werden zur Ausnutzung der vorhandenen Ressourcen.

Werte, Strukturen, Relationen und Strategien werden in der schulischen Umgebung gestaltet; sie sind eingebettet und damit geprägt durch außerschulische Einflüsse. Gleichzeitig wirken sie auf die Umgebung. Mit der Betonung von Interdependenzen wird Schule sichtbar als komplexes, sich permanent wandelndes System, in dem Veränderungsprozesse alle Elemente der Organisation berühren (Dalin 1999, S. 154ff.).

Die Schulentwicklungsdebatte diskutiert im Zuge der Propagierung einer teilautonomen Schule die Verantwortung und Steuerung im Schulwesen und damit die Frage der Übertragung von Verantwortlichkeiten auf die einzelne Bildungsinstitution. Eigenverantwortung wird als fachlich und bildungspolitisch erwünschtes Ziel betrachtet. Gleichzeitig wird auf rechtliche Rahmenbedingungen, die auf Verantwortlichkeiten der Regierung und der Aufsichtsbehörden verweisen, gesetzt (Bildungskommission NRW 1995, S. 151). Vor dem Hintergrund von Überregulierung in Detailfragen, der Beobachtung fehlender Evaluation und mangelnden Wettbewerbs, der Dominanz von Verwaltungshandeln und der damit verbundenen Reibungsverluste, die eine Ressourcennutzung vor Ort erschweren, wird auf die Übernahme von Verantwortung vor Ort gesetzt. Schulen sollen sich selbst organisieren; dies schließt die Pflicht zur Rechenschaftslegung ein. Die Selbstgestaltung der Einzelschule betrifft die Bereiche:

- Inhalte/Angebote,
- Organisation,
- Personal,
- Bewirtschaftung,
- Qualitätssicherung,
- Evaluation und Entwicklung,
- Berichterstattung.

Im Zuge der pädagogischen, organisationalen, personellen und wirtschaftlichen Ausgestaltung der Schule kommt der Schulleitung eine zentrale Rolle zu – die Schule mit Gestaltungsfreiräumen ist keine basisdemokratische, sondern eine geleitete Schule (Dubs 2003, S. 6). Sie soll ihre Aufgaben so wahrnehmen, dass die pädagogische Führung einer Schule zu einer gemeinsamen Aufgabe aller am Schulleben Beteiligten wird (Bildungskommission NRW, S. 164). Die Integration verschiedener Theorieansätze bei der wissenschaftlichen und empirischen Erforschung von Führungshandeln bilden die Grundlage einer Erfassung des Organisations- und Führungsverständnisses von Schulleiterinnen und Schulleitern. Schulleiterinnen und Schulleiter haben komplexe Führungsaufgaben wahrzunehmen; der Akzent liegt bei der Mitarbeiterführung (Bonsen 2003, S. 186). Unter der Perspektive, dass auch die Verantwortung für Schulprogramm, Stundentafeln, Unterrichtsorganisation, Personalführung, Personalauswahl, Eigenbewirtschaftung, Erschließung zusätzlicher Mittel, Entwicklungsplanung und Evaluation übernommen werden soll, erscheint die Schule darüber hinaus als zu führender Betrieb (Grimm 1997). Richtig ist, dass Schulen und Betriebe einiges gemeinsam haben. Unter Kombination von Arbeit, Kapital und Führung erbringen sie Dienstleistungen, die erkannten Bedürfnissen gerecht werden. Sie sind zielorientierte, produktive soziale Systeme (Dalin 1999, S. 104). Andererseits lassen sich elementare Unterschiede zwischen Schulen als Non-Profit-Organisationen und Marktorganisationen feststellen: Schulen machen Bildungsangebote, sie sind nicht gewinnorientiert, sie orientieren sich an den Bedürfnissen (Bildungsansprüchen) der Schülerinnen und Schüler, sie sind demokratisch orientiert, richten sich an eine Öffentlichkeit, werden aus öffentlichen Mitteln finanziert, und ihr Nutzen liegt nicht in Marktanteilen und Profit, sondern im Erreichen von Bildungszielen, die zu definieren sind (Dalin 1999, S. 106).

Ein Blick auf internationale Entwicklungen im Öffentlichen Dienst zeigt, dass in der gesamten westlichen Welt vor dem Hintergrund von Haushaltsdefiziten eine breite Diskussion um die Effektivität des öffentlichen Sektors geführt wird. Angesichts einer Kostenexplosion im Öffentlichen Dienst sind die OECD-Staaten interessiert an Effizienzsteigerung, Teilprivatisierung, Demokratisierung und Autonomisierung, Verbesserung des betrieblichen Managements und einer Steigerung der Produktivität (Dalin 1999, S. 107). Eine Reorganisation der Schule beinhaltet die Auseinandersetzung mit Schwachstellen im Zusammenhang mit der Unklarheit von Zielen, mit der Abhängigkeit der Schulen von gesellschaftlicher Zustimmung und Unterstützung, mit der schwachen Integrationsleistung, mit dem relativ geringen Kenntnisstand bezüglich der Qualitätsentwicklung und mit der fehlenden Konkurrenz. Erst mit der empirischen Ermittlung von Zielen einer Schule können Entwicklungsprogramme für Schulorganisationen fundiert implementiert werden.

2.3 Systemische Perspektiven

Neben der historischen Kontextualisierung der Schulentwicklung im Sinne kontinuierlicher Schulreform sowie einer organisationstheoretischen Verortung des Schulentwicklungsansatzes steht die systemische Betrachtungsweise der Schulentwicklung. Unter systemischer Perspektive ist Schulentwicklung ein strukturierter, komplexer Lernprozess im Systemzusammenhang. Schulentwicklung entfaltet sich im Zusammenspiel von Organisationsentwicklung, Personalentwicklung und Unterrichtsentwicklung.

Unter Organisationsentwicklung wird ein strukturiertes Verfahren zur Weiterentwicklung einer Organisation verstanden. Im Organisationsentwicklungsprozess werden die Potenziale der Mitglieder einer Organisation mobilisiert und zur Verbesserung des organisationalen Gefüges innerhalb eines gesellschaftlichen Systems eingesetzt. Der gemeinsame Lernprozess ist offen und gleichzeitig zielorientiert. Er mobilisiert sowohl persönliche wie auch soziale Ressourcen und dient einer Leistungsoptimierung.

Die Reformprozesse im Schulsektor betreffen drei Ebenen: die Organisation, das Personal und den Unterricht.

Auf der Ebene der Organisation geht es um die Erreichung integrativen Handelns im pädagogischen Feld. Angestrebt werden

- die Formulierung eines von der Schule gemeinsam getragenen Schulleitbildes und Schulprogramms;
- Teamarbeit;
- die Einrichtung einer Steuergruppe;
- gemeinsames Lernen und Kooperieren;
- Bewirtschaftung der Einrichtung;
- Umsetzung organisatorischer Ziele und Vorgaben.

Das Schulmanagement umfasst dabei sowohl organisatorische als auch betriebliche und verwaltungstechnische Ressourcen.

Auf der Ebene des Personals handelt Schulentwicklung von Qualifizierungen der Lehrkräfte:

- Fort- und Weiterbildung;
- Schulung der Führungskräfte;

- schulinterne Veranstaltungen zur Teamentwicklung;
- Supervision;
- Kommunikationstraining;
- Mitarbeitergespräche;
- Einweisung neuer Mitarbeiter und Mitarbeiterinnen;
- Umschulung.

Auf der Ebene des Unterrichts stehen die Lernfortschritte der Schülerinnen und Schüler im Mittelpunkt. Dieser Imperativ orientiert das unterrichtende Personal auf Qualitätsverbesserung im Sinne des Aufbaus eines guten Unterrichtsklimas, einer elaborierten Fehlerkultur, einer Individualisierung des Lernens sowie einer Schülerorientierung, eines Umgangs mit Heterogenität, eines Angebots von Hilfestellungen für selbst organisiertes Lernen; des Weiteren im Sinne einer Ermunterung zu Teamteaching, Hospitationen, Einsatz neuer Unterrichtsmethoden, Evaluation des Unterrichts.

Die Verbesserung des Unterrichts bildet den Fokus aller Initiativen der Schulentwicklung. Diese Akzentsetzung hängt mit der Funktionsbestimmung der Schule als Lernort der Heranwachsenden zusammen; eine hohe Qualität des Unterrichtsangebotes zu erreichen ist vorrangig. Das Drei-Wege-Modell der Schulentwicklung (Kempfert/Rolff 1999, S. 21) lässt jedoch offen, wo Organisationsentwicklung, die immer auch im gesellschaftlichen Umfeld eingebettet ist, beginnt. Dahinter steht die Einsicht in die Interdependenz organisationaler Zusammenhänge. Veränderungen in einem Bereich der Organisation führen notwendigerweise zu Modifikationen in den anderen Bereichen. Schulen müssen demnach als komplexe Gebilde, die nicht nach Input-Output-Mechanismen funktionieren, sondern die sich in differenzierten Gefügen jeweils neu modellieren, betrachtet werden. Unterscheiden lassen sich (Kempfert/Rolff 1999, S. 22):

- **Intentionale** Schulentwicklung: Bewusste, systematische Weiterentwicklung von Einzelschulen (Schulentwicklung erster Ordnung).
- **Institutionelle** Schulentwicklung: Etablierung Lernender Schulen, die sich selbst organisieren, reflektieren und steuern (Schulentwicklung zweiter Ordnung).

- **Komplexe** Schulentwicklung: Steuerung des Gesamtzusammenhangs von sich selbst entwickelnden Einzelschulen, Unterstützungssystemen, Koordination und Evaluation der Gesamtentwicklung (Schulentwicklung dritter Ordnung).

Schulentwicklung intendiert eine datengestützte Verbesserung der Qualität von Schulen. Diese entwickeln:

- **Schulprofile:** Im Zuge der Entwicklungsarbeit entfaltete Schwerpunktsetzungen, die eine Schule von der anderen unterscheidet.
- **Schulleitbilder:** Normative Vorstellungen der Schulgemeinschaft für die Gestaltung des schulischen Zusammenlebens und -arbeitens (Zielvorstellungen).
- **Schulkonzepte:** Pädagogisch-organisatorische Gesamtkonzeption, Bausteine planvoller Schulentwicklung, Arbeitsformen, Lern- und Erziehungsansätze.
- **Schulprogramme:** Schriftliche pädagogische Konzepte, Konkretisierung von Leitbildern, zukunftsorientierte Programmatiken und Entwicklungsziele; dabei Angabe von Zielen, Entwicklungsperspektiven und Arbeitsprogrammen für die planmäßige Weiterentwicklung von Schulen (Strategien). Sie sind Anknüpfungspunkt für **Evaluation**, die datengestützte Überprüfung der Qualität von Schule.

Die systemische Betrachtungsweise der Schulentwicklung basiert auf einem konstruktivistischen Systembegriff. Unter dieser systembiologisch fundierten Perspektive wird Erkennen als Tun sowie Tun als Erkennen definiert (Maturana 1987, S. 31). Der Prozess der Schulentwicklung kann verstanden werden als Konstruktionsleistung. Die Veränderungen auf den Systemebenen im Schulentwicklungsprozess sind damit eine Form der Ko-Konstruktion oder Ko-Evolution körperlicher, psychischer und sozialer Systeme (Huschke-Rhein 2003, S. 13). Im Sinne einer Selbstorganisation der Systeme betrachtet entfalten sich Schulentwicklungsprozesse bezogen auf ihre sozialen und ökologischen Umwelten und können auch deshalb nicht musterhaft verlaufen. Entscheidend ist demgegenüber die Anschlussfähigkeit der Maßnahmen an die jeweils existierenden Umwelten. Systemische Schulentwicklung fokussiert die Selbstorganisation des Systems. Ihr gilt die Selbststeuerung als Bildungsziel, und sie arbeitet damit an Bedingungen, die geeignet scheinen, selbst organisiertes Lernen der Heranwachsenden zu ermöglichen. Sie optimiert Bildungskontexte (Huschke-Rhein 2003, S. 16).

Die Fremdsteuerung kann in diesem Zusammenhang nur als Anregung für das selbst organisierte System verstanden werden. Verstanden als Beratung kann sie Impulse setzen, die die Kommunikation innerhalb des sozialen Systems beeinflussen, ohne das System direkt zu lenken. Damit erübrigen sich Machtfragen, die angesichts der Kritik schulischen Verwaltungshandelns zu beantworten sind. Mit dirigistischen Ansätzen ist aus systemischer Sicht angesichts der Komplexität des Gegenstandes, der Vernetztheit der Systeme sowie ihrer autopoietischen Organisation vor dem Hintergrund historisch erworbener Skepsis gegenüber Steuerungsansätzen wenig zu erreichen. Systemische Modelle bearbeiten mit ihrem Anspruch auf Ganzheitlichkeit, verbunden mit einer Mythenbildung um ganzheitliche Sichtweisen (von Saldern 1998, S. 56ff.) und dem Vertrauen auf organisationale Steuerungskompetenzen, Unwegsamkeiten zentraler Steuerung.

Das Eindringen systemischen Denkens in Schulentwicklungsmodelle ist unbestritten. Es prägt die Programmatik der Schulentwicklung und hat insofern für Schulverwaltungen und andere Steuerungsinstanzen entlastende Funktion, da Schwierigkeiten bei der Steuerung und Kontrolle von Subsystemen mit dem Hinweis auf deren Eigendynamik beantwortet werden können. In einer Theorie der Schulentwicklung können systemische Perspektiven Engpässe der Reform explizieren und die Kritik des Verwaltungshandelns transzendieren.

Mit dem systemischen Umdenken der Schulreform im Sinne einer ganzheitlichen Betrachtung von Welt, wie dies in Managementansätzen mit dem Ziel einer Profitoptimierung betrieben wird, werden auch Ideologien transportiert. Das Systemdenken im betrieblichen Sektor, eines von fünf Disziplinen der lernenden Organisation, beinhaltet die Fähigkeit, die Geschäftswelt und andere menschliche Unternehmungen als zusammenhängende Handlungen, die in ihren Wirkungszusammenhängen betrachtet werden müssen, zu erkennen. Zugrunde liegt eine Weltanschauung, die als intuitiv eingeschätzt und auch Kindern zugeschrieben wird (Senge 1996, S. 15). Es geht im Kern um eine veränderte Einstellung zur Welt: Sich nicht mehr als getrennt von anderen wahrzunehmen, sondern zu begreifen, dass Welt ein selbst erzeugtes Produkt darstellt. Das Umdenken soll Veränderungspotenziale aktivieren; als Weltanschauung im Unternehmensbereich ist es ideologieträchtig. Wie Simulationsspiele zeigen, ist Systemdenken jedoch nicht als eine grundlegende Positionierung zur Welt, als eine bloße Einstellung zu betrachten. Der Umgang mit Krisensituationen erfordert die Schärfung einer Sensibilität für das Besondere einzelner Situationen. Dabei sind die Kontexte immer unterschiedlich und erfordern differente Antworten; dafür wird ›gesunder Alltagsverstand‹, der Nebenwirkungen gesetzter Handlungen vorausdenkt und sich in Systemen bewegen lernt, benötigt. Dies ist kein Denkstil, sondern ein Lernprozess: »Man kann Denken lernen, man soll aber nicht der Meinung sein, dass dies leicht ist.« (Dörner 2003, S. 298)

2.4 Didaktische Anfragen

Internationale Schulleistungsvergleichsstudien wie TIMSS und PISA zeigen, dass die Leistungen deutscher Schülerinnen und Schüler deutlich hinter denen anderer OECD-Staaten zurückliegen. Die Lesekompetenz, die mathematische und die naturwissenschaftliche Kompetenz der 15-Jährigen lassen zu wünschen übrig; sie weisen auf deutliche Mängel im Bildungssystem hin und zeigen Gefährdungen von Risikogruppen auf (Deutsches PISA-Konsortium 2001 Bildungsbericht 2003). Das schlechte Abschneiden deutscher Schülerinnen und Schüler im internationalen Vergleich hat zu Diskussionen über die Notwendigkeit einer Setzung von Bildungsstandards ebenso wie zu Nachfragen bezüglich der Notwendigkeit verbesserter Lehr-Lern-Arrangements geführt. Schule, die nicht nur zur Lösung von Routineaufgaben anleitet, sondern die Interesse weckt und Problemlösekapazitäten aktiviert, setzt Umdenken im didaktischen Feld voraus. Es gilt, Lehrkräfte zu komplexen Lehr-Lern-

Arrangements zu ermuntern und damit den fragend-entwickelnden Unterricht als Normalsituation in deutschen Klassenzimmern zu überwinden.

Die Entwicklung und Gestaltung der Schule ist damit auch Anfrage der neueren Didaktiken, die Lernarrangements unter veränderten gesellschaftlichen Bedingungen vordenken. Schule entwickeln und Unterricht neu gestalten werden damit zu eng miteinander verwobenen Aktivitäten. Das Innovationsfeld Unterricht mit seinen Potenzialen für die Eröffnung eigenverantwortlichen Lernens und Arbeitens (Klippert 1998) verspricht dabei neben einer zeitgemäßen Qualifizierung der Schülerinnen und Schüler eine Entlastung der Lehrkräfte. Die Umgestaltung des Unterrichts zielt ab auf den Aufbau von Kompetenzen, die zwar fachlich gebunden sind, die jedoch auch auf übergreifende Schlüsselqualifikationen, wie etwa das Kooperieren, das Kommunizieren, die Informationsbeschaffung, die Problemlösefähigkeit verweisen.

Neuere Didaktiken heben ab auf die Notwendigkeit eines Arrangements von Lernmöglichkeiten, die den Lernenden mentale, motorische und emotionale Verknüpfungsmöglichkeiten in der Situation zur Verfügung stellen. Sie unternehmen eine radikale Abwendung von Input-Output-Modellen und setzen demgegenüber auf die Modellierung von Lernwelten (Kösel 1997). Ausgehend von systemischen und konstruktivistischen Perspektiven verstehen sie Lernende als selbst organisierte Systeme, die über Interaktion strukturelle Koppelungen herstellen können, jedoch grundsätzlich autopoietische Wesen sind (Beetz 2000). Damit werden die Konstruktionsleistungen der Subjekte in sich wandelnden Umwelten akzentuiert. In offenen Lehr-Lernwelten erzeugen sie Wahrheiten eher als dass sie sich diese über Vermittlung im didaktischen Arrangement aneignen.

Elementare Kenntnisse und Fertigkeiten, wie sie von tragenden gesellschaftlichen Gruppen gefordert werden, sind mit solchen Reflexionen, um die Relativität von Wahrheiten neu zu fundieren. Die OECD-Studie PISA löst das Problem einer Redefinition der Bildungsziele über ein Grundbildungskonzept, das curriculare Fragen in den Hintergrund treten lässt und dafür Basiskompetenzen wie die Lesekompetenz, die mathematische und naturwissenschaftliche

Grundbildung, bestimmt. Diese werden als basale Kulturwerkzeuge, die einen kommunikativen Umgang mit Welt ermöglichen, verstanden (Deutsches PISA-Konsortium 2000, S. 19ff.).

Damit werden an Schulen, die sich entwickeln, mehrere Ansprüche, die sich zum Teil in Spannungsverhältnissen zueinander befinden, formuliert. Sie sollen nämlich grundlegende Kenntnisse ebenso wie Verhaltensweisen, die zu einer kompetenten Lebensführung beitragen, vermitteln, ohne die Selbstorganisiertheit des Lernens zu vernachlässigen. Was Kinder und Jugendliche lernen sollten variiert demnach zwischen Standards und umfassendem Problemverständnis in komplexen Situationen, zwischen arrangierten Milieus und Herausforderungen, die sich durch gesellschaftliche Entwicklung ergeben (Dalin 1997, S. 113ff.). Schulentwicklung bewegt sich damit im Spannungsfeld von Unterrichtsentwicklung im Sinne offener Lernarrangements mit dem Anspruch, das Lernen zu lehren, und internationalen Diskussionen um Standards und Best Practice, die Eckwerte guten Unterrichts liefern. Sowohl Merkmale guten Unterrichts als auch Bildungsziele der Schule sind empirisch fundiert zu bestimmen und bringen Bildungsinstitutionen in das Dilemma, Raum und Zeit für individuelle Lernerfahrungen zu geben und gleichzeitig auf hohem Niveau Unterrichtsangebote zu offerieren und diese über Evaluation zu verbessern (Helmke 2003).

Die Schule der Zukunft, wie sie in der Denkschrift der Bildungskommission NRW entworfen wird, setzt in diesem Zusammenhang auf das Selbstmanagement der Lernenden. Didaktische Arrangements sollten schrittweise hinführen auf Selbstwahl und Selbstdefinition von Aufgaben sowie die Selbstkontrolle der Zielerreichung (Bildungskommission NRW 1995, S. 91). Lernarrangements sollen dabei günstige Lernumwelten, die produktives, individualisiertes Lernen ermöglichen und Feedback-Möglichkeiten geben, beinhalten. Das Haus des Lernens versteht sich als Stätte zum Erwerb intelligenten Wissens, das inhaltlich gut strukturiert und flexibel anwendbar ist und damit die Anschlussfähigkeit für lebenslanges Lernen sichert. Gefordert werden die Nutzung eines vielfältigen Methodenrepertoires ebenso wie in der Situation begründete Lernarrangements, die widersprechende Imperative an Lehrerhandeln ausbalancieren (Helmke 2003, S. 65ff.).

2.5 Bildungstheoretische Begründungszusammenhänge

Die Entwicklung und Gestaltung der Schule als historisch veranker-
ter Reformauftrag involviert die Frage danach, was Schülerinnen
und Schüler in Bildungsinstitutionen lernen sollen. Im bildungstheoretischen Diskurs wird dabei nach Verbindlichkeiten gesucht,
die sich etwa in Kerncurricula formulieren lassen. Der Versuch einer Formulierung alles dessen, was man wissen muss (Schwanitz
1999), behauptet die Möglichkeit eines Kanons im Wissens- und
Könnensbereich, der in einer sich rasch wandelnden Welt Orientierung (unter den Gebildeten) bietet. Dabei hat Bildung, die in historischen Konzepten Anspruch auf Erhellung von Welt erhebt, ihre
Verbindlichkeit eingebüßt. Der Überfluss medialer Informationen
und die Durchmischung inhaltlicher Bereiche erschweren Orientierungen über die Ziele des Lernens und bergen die Gefahr einer Be-
liebigkeit dessen, was in Schulen erworben werden könnte. Bildung
als Problemlösungsinstanz hat ihre Glaubwürdigkeit eingebüßt
(Gruschka 2001).

Die Modellierung der Schule als Reformprojekt setzt eine Auseinandersetzung mit Bildungsfragen voraus. Internationale Leis-
tungsvergleichsstudien und die Qualitätsentwicklungsforschung
bestimmen dabei zunächst die Richtung der bildungstheoretischen
Debatte der Gegenwart. Gefragt wird weniger danach, wie Lernende komplexe Bildungsprozesse in Schulen durchlaufen könnten,
um wahre Sichten auf Wirklichkeiten zu entwickeln und zur Problemlösung von Gegenwartsfragen beizutragen, als vielmehr danach, welche Kompetenzen Kinder und Jugendliche erwerben müssen, um im Bildungssystem und in der Welt bestehen zu können.
Bildungspolitische Reflexionen der Gegenwart optieren damit für
klare Rahmenvorgaben, die vor Ort gestaltet, aber zentral abgeprüft
werden können. Das Ziel besteht in der Versorgung mit Bildungs-
abschlüssen, die als Instrumente der Lebensplanung verstanden
werden (Fend 2001, S. 45).

In der gegenwärtigen Schulreformdebatte geht es darüber hinaus aber auch um eine grundsätzliche Diskussion des Bildungsbegriffs. Die Schulentwicklung im 21. Jahrhundert versteht sich dezi-
diert als Antwort auf gesellschaftliche Herausforderungen, die sich

im Zusammenhang mit verstärktem sozialen Wandel ergeben und die als Revolutionen im Bereich der (Informations-)Technologien, des Bevölkerungswachstums, der Globalisierung aller Entwicklungen, dem Wandel gesellschaftlicher Strukturen und der Geschlechterverhältnisse, wirtschaftlicher Engpässe und Neuorientierungen, der Schärfe ökologischer Fragestellungen, den Potenzialen ästhetischer Möglichkeiten, der Trends in politischen Verhältnissen sowie der Auseinandersetzung um bleibende Werte gedeutet werden mögen (Dalin 1997, S. 56ff.). Die nordrhein-westfälische Bildungskommission akzentuiert als Zeitsignaturen die Pluralisierung der Lebensformen und der sozialen Beziehungen, die Veränderung der Welt durch neue Technologien und Medien, die ökologische Frage, die Bevölkerungsentwicklung und die Auswirkungen der Migration, die Internationalisierung der Lebensverhältnisse und den Wandel der Wertvorstellungen und Orientierungen (Bildungskommission 1995, S. 23ff.). Schule, verstanden als Haus des Lernens, ist der Ort, an dem geantwortet wird auf Herausforderungen der Moderne. Die Antwort lautet: Bildung.

In der Schule, definiert als lernendes System, findet Bildung als Lern- und Entwicklungsprozess statt. Ziele sind laut Kommission Selbstbestimmung für alle, Mitbestimmung und demokratisches Miteinander (Bedürfnisabgleichung). Gerade im Aufwachsen in einer offenen Gesellschaft wird die Chance einer Orientierung durch Kulturaneignung gesehen. Dabei wird der Bedeutungsverlust der Schule im Kontext neuer Technologien und Medien mit dem Bedeutungszuwachs im Sinne eines Orientierungsrahmens für Selbststeuerungen im sozialen Kontext hervorgehoben. Der Bildungsbegriff wird damit zum Orientierungsbegriff; er signalisiert ein Sich-Auskennen und ein Können in der Welt (Bildungskommission 1995, S. 30ff.).

Schulentwicklung, in der die Institution das tut, was von den lernenden Subjekten verlangt wird, nämlich nach Orientierung in sich wandelnden Verhältnissen zu suchen, vollzieht die Veränderung auf ein Gewünschtes hin. Sie verdoppelt die Behauptung von Bildungsmöglichkeiten: sowohl die Organisation als auch die Individuen können lernen und sich entwickeln. Dabei beinhalten die Ziele im Kern klassische bildungstheoretische Vorstellungen (Klafki

2002, S. 19ff.). Die Ausweitung der Bildungsansprüche auf die ganze Schule hat demnach nicht der Bildungsidee, sondern der Umsetzung der Bildungsidee neue Gestalt verliehen. Dies mag als normatives Element im Sinne der Behauptung einer Möglichkeit sinnstiftender Welterschließung gedeutet werden.

Für die Niederlande formuliert Theo Liket erziehungswissenschaftliche Gründe für die Entwicklung eines neuen staatlichen Handlungsrahmens im Bildungssektor. Die größere Freiheit der Schulen bei der Formulierung einer Philosophy of Education wird im Zusammenhang mit der Pluriformität der Gesellschaft betrachtet. Schulen werden demnach als Problemlösungseinrichtungen vor Ort gekennzeichnet; in gesellschaftlichen Problemlagen verhalten sie sich ›gebildet‹; sie übernehmen die Verantwortung für Entscheidungen, die zentral nicht angemessen zu treffen sind. Aus erziehungswissenschaftlicher Sicht reduzieren sie Belastung durch Erhöhung der Verantwortung der Lehrenden (Liket 1993, S. 30ff.). Wie im angelsächsischen Bereich leisten Schulen der in der Feststellung ›Time for a change‹ enthaltenen Aufforderung mit den ihnen zur Verfügung gestellten Mitteln Folge. Damit verstehen sie Bildung für alle auch als nationales Anliegen (Rahm 2002). Die bildungstheoretischen Begründungszusammenhänge haben sich damit im internationalen Kontext der Schulentwicklung ausgeweitet und verfestigt.

Zusammenfassung: Schulentwicklung greift reformpädagogische Vorstellungen von autonomen Bildungsinstitutionen auf. Sie überführt historisches Reformdenken in organisationstheoretisches Know-how und stellt damit das Lernen der Bildungsorganisation auf eine theoretische Basis. Der Lernprozess der Schule wird im systemischen Zusammenhang betrachtet und auf den Ebenen der Organisations-, der Personal- und der Unterrichtsentwicklung betrieben. Systematiken einer Modellierung der Schule als Reformprojekt zielen auf optimierte Lernkontexte in komplexen, offenen Umwelten.

3. Datengestützte Wege zur Guten Schule

Die Suche nach Spitzenleistungen im Bildungsbereich ergibt bemerkenswerte Ergebnisse der OECD-Länder im Vergleich. Länder, die sowohl bei den Schülerleistungen als auch bei der Entkoppelung von sozialer Herkunft und Schulerfolg überdurchschnittlich abschneiden wie Finnland, Kanada, Irland, Schweden, Island, Norwegen, Korea, Japan, zeichnen sich aus durch (Heyer/Preuss-Lausitz/Sack 2003, S. 103):

- hohes gesellschaftliches Ansehen schulischer Bildung, der Schule als Institution sowie des Lehrerberufs;
- Wertschätzung früher (auch vorschulischer) Lernphasen;
- späte oder gar keine Aufteilung in getrennte Bildungsgänge;
- weitgehende Autonomie der Einzelschule;
- Ganztagsbetrieb;
- Anerkennung und Förderung der einzelnen Schülerinnen und Schüler;
- spät einsetzende Zensurengebung;
- elaborierte Beratungssysteme für Schülerinnen, Schüler und Eltern;
- hohe Leistungsstandards.

Für eine Theorie der Schulentwicklung ist neben Hinweisen auf zweifelhafte Wirkungen hoher Selektivität in Bildungssystemen die Betonung leistungsbegünstigender Autonomie der Einzelschule von Wichtigkeit. Gute Schule, die hohe Schülerleistungen bewirkt, scheint unter anderem Niederschlag fundierter Selbstorganisation der Schule als Betrieb. Schulentwicklung, die aus der Erfahrung heterogener Verhältnisse heraus betrieben wird, befördert demgemäß die Entfaltung von Potenzialen (Klemm 2003).

Internationale Schulleistungsvergleichsstudien schärfen den Blick auch für Schwächen in den Bildungssystemen der Mitgliedsstaaten. Empirische Forschung kann Veränderungen anregen, auch wenn für Schulen wie für Unternehmen, festgestellt werden muss, dass eingefahrene Strukturen und Verhaltensweisen zählebig sind (Peters/Waterman 2003, S. 25).

3.1 Qualitätsentwicklung im Bildungsbereich: Impulse der Bildungsforschung und der Schulentwicklungsberatung

Spitzenleistungen im Bildungsbereich sind im Gegensatz zum privatwirtschaftlichen Sektor nicht an tatsächlichen Gewinnen des Unternehmens abzulesen. Wie in der Betriebswirtschaft spielen zwar auch hier Fragen der Anpassung der Organisation an veränderte Umweltbedingungen oder der Aufbau einer organisationalen Kultur eine große Rolle. Die Effizienz des deutschen Schulsystems kann auch angesichts knapper Ressourcen unter wirtschaftlicher Perspektive überprüft werden. Marktorientierte Qualitätsvergleiche können darüber hinaus Leistungsdaten der Länder in Vergleich setzen und beurteilen. Doch die Bestimmung der Indikatoren für gute Leistungen ist nur diskursiv zu erreichen; so ist die Erfassung von Basiskompetenzen, wie der Lesekompetenz, der naturwissenschaftlichen und mathematischen Grundbildung, eine normative Verabredung, die auf didaktischen und bildungstheoretischen Grundannahmen beruht. Dass hier auf der Basis der angelsächsischen Literacy-Konzeption eine internationale Verständigung über basale Kulturwerkzeuge, die über bloße Alphabetisierung hinausweisen, erreicht wurde, ist in diesem Zusammenhang als Fortschritt im internationalen bildungstheoretischen Diskurs zu werten (PISA 2001, S. 19ff.).

Mit der Diskussion um die Gestaltungsautonomie der Bildungseinrichtungen beginnt eine lebhafte erziehungswissenschaftliche Debatte um die Frage: ›Was ist eine gute Schule?‹ (Tillmann 1994). Die Übertragung von Gestaltungsrechten an die Schule geht einher mit der Suche nach Orientierungsfiguren, die die Entwicklungsarbeit vor Ort plausibel machen. In der Schulentwicklungsberatung wird die Verantwortung für schulische Qualität im Wesentlichen an die einzelne Bildungsinstitution verlagert; sie soll mittels Verfahren der Organisationsentwicklung in die Lage versetzt werden, Qualität zu entwickeln. Qualität wäre demnach Ergebnis eines Entscheidungsfindungsprozesses der Schule – »Was eine gute Schule ist, entscheidet die Schule letztlich selbst.« (Rolff 1993, S. 171)

Die Schulqualitätsforschung orientiert schulische Entwicklungsprozesse mittlerweile durch diverse Forschungsbefunde. Sie benennt Merkmale wirksamer Schulen ebenso wie Wirkungen strukturierter Schulentwicklungsarbeit (Holtappels 2003). Elaborierte Evaluationsverfahren stellen vor diesem Hintergrund die Qualitätsentwicklungsarbeit vor Ort auf eine empirische Basis; Wege zur Guten Schule sind datengestützt und als solche keine bloße pädagogische Denkaufgabe.

Im erziehungswissenschaftlichen Diskurs wird darüber hinaus Qualität als philosophischer Begriff diskutiert. Je nach Standort des Betrachters und seinen Vorstellungen von möglichen Verhaltensweisen der Individuen in der Gesellschaft unterscheiden sich Definitionen von Qualität. Es gibt keine allgemeingültige Definition der Kriterien, die ein Gegenstand erfüllen muss, um hohe Qualität zu erreichen. Die Beobachterperspektiven unterscheiden sich. Während auf der einen Seite hohe Qualität als Erfüllung vorgegebener Standards definiert wird, kann andererseits Qualität als Transformation im Sinne eines qualitativen Wandels verstanden werden. Da Qualität interessengebunden ist, müssen wir unterschiedliche Qualitäten einräumen (Harvey/Green 2000). Qualität ist also keine Eigenschaft, sondern Resultat einer Bewertung der Beschaffenheit eines Objektes; sie existiert nicht außerhalb der Perspektive des Betrachters (Heid 2000, S. 41).

Qualität von Schule kann unter erkenntnis- und bildungstheoretischer Perspektive nicht mit der Erfüllung von Merkmalskatalogen erreicht werden. Sie ist bezüglich der normativen Prämissen der Gutachter zu diskutieren (Dubs 2003, S. 14). Die Beobachtung von Unterricht etwa erfolgt auf der Basis von Beobachtungskriterien, die erziehungswissenschaftlich entwickelt und begründet werden müssen. Erst die Reflexion der Beobachtungskriterien bildet die Grundlage einer Plausibilitätsprüfung der Qualitätsurteile. Das Expertenurteil über Schule und Unterricht ist damit angewiesen auf Bildungstheorien, in denen Normativitäten diskursiv entfaltet werden. Dabei ist die eingeschränkte Marktlichkeit von Erziehung und Bildung zu berücksichtigen: pädagogische Qualität wird öffentlich verantwortet und unterliegt nicht uneingeschränkt den Marktkräften (Arnold/Faber 2000, S. 19). In der Schulentwicklungsdebatte wird mit pragmatischen Antworten auf komplexe Qualitätsfragen reagiert. In frühen Veröffentlichungen zur Schulentwicklung finden sich zum Beispiel Auflistungen von Merkmalen guter und schlechter Schulen. Demnach zeichnen gute Schulen sich u.a. aus durch tragende Beziehungen zwischen Lehrerinnen/Lehrern und Schülerinnen/Schülern, durch geordnete Verhältnisse, eine gute Atmosphäre, hohe Wertschätzung und Offenheit der Beteiligten (Fend 1994, S. 18ff.).

Untersuchungen zur Qualität im Bildungsbereich gehen aus von der Notwendigkeit einer optimalen Lernförderung der einzelnen Schülerin/des einzelnen Schülers und erweitern den Blick auf das System und seine Angebote an die Lernenden. Schule wird danach beurteilt, ob sie mit ihren Angeboten und Lernarrangements alle Lernenden erreicht und die Heranwachsenden in ihrer persönlichen Entwicklung voranbringt. Auf der Unterrichtsebene geht es um eine Pädagogik vom Lernenden aus, wie wir sie aus reformpädagogischen Kontexten kennen (Fend 2000, S. 57). Auf der Systemebene werden Bildungseinrichtungen danach beurteilt, ob und inwieweit sie Strukturen und Formen des Umgangs miteinander vorgeben, die dazu angetan scheinen, optimale Lernkontexte für alle Beteiligten bereitzustellen. Auch hier handelt es sich um ein historisch verbürgtes Postulat, das in der Geschichte der Schule im Spannungsfeld von staatlichen Rahmenvorgaben diskutiert wurde. Reformpädagogische Versuche bezweifeln die Notwendigkeit strikter staatlicher Kontrolle von Leistungsniveaus oder differenzierter curricularer Vorgaben. Aus Sicht der Schulkritik scheinen diese eher dazu angetan, das lebendige Miteinander in Schulen zu verhindern. Die gesetzlich festgeschriebene Gestaltungsautonomie der Schule erhöht die Variationsbreite auf der Systemebene, ohne den Blick auf das Kind zu verlieren. Damit gibt sie den Weg frei für ein induktives Verfahren von der Ebene der Unterrichtsentwicklung hin zur Systementwicklung. Auf internationaler Ebene lassen sich Bemühungen um die Formulierung übergreifender Qualitätsstandards beobachten. Sie sind Niederschläge gesetzlicher Rahmenbestimmungen, gesellschaftlicher Erwartungen, empirischer Befunde der Schul- und Unterrichtsforschung sowie pädagogischer Ziele und Vorstellungen zur Verwirklichung Guter Schule. Dimensionen von Schulqualität lassen sich folgenden Bereichen zuordnen (Holtappels 2003, 42ff.):

- Qualität der Lehr- und Lernkultur in Unterricht und Schulleben;
- Qualität des Lebens- und Erziehungsraums der Schule;
- Qualität der Organisationskultur und des Schulmanagements;
- Qualität der Partizipationsstrukturen und Außenbeziehungen;
- Ergebnisqualität in Lernwirkungen, Schülerleistungen und Fachkompetenzen;
- Psycho-soziale Wirkungen;
- Qualitätsentwicklung und -sicherung.

Schulwirksamkeitsstudien prüfen die effectiveness von Bildungseinrichtungen, bezogen auf gesetzte Ziele. Outcomes (Schülerleistungen) werden demnach durch Inputs, durch Kontextvariablen des Umfeldes sowie durch Prozessvariablen auf Schul- und Unterrichtsebene erklärt (Holtappels 2003, S. 47ff.). Die Orientierung der Schuleffektivitätsforschung an Schulleistungstests, die die skills (Wissen und Fertigkeiten der Schülerinnen und Schüler) erfassen, wird mittlerweile als einseitig kritisiert. Fachleistungen sind nicht das einzige Gütekriterium für Schulqualität. An zentraler Stelle zu berücksichtigen ist darüber hinaus etwa auch das Schulklima, das die Freude am Lernen begünstigen kann. Die Orientierung am school improvement weist entsprechend eines weiter gefassten Verständnisses von Schulqualität auf interaktiv erarbeitete Modelle, die die Entwicklung hin zur Qualität von Schule als Auftrag in Richtung Best Practice verstehen (Ackermann/Wissinger 1998; Wissinger 2000; Rahm 2002). Auch hier müssen Qualitätsentwicklungen auf System-, Schul- und Unterrichtsebene unterschieden werden.

Die Festsetzung von Standards und die Bestimmung von Qualitätsindikatoren müssen offen gelegt und aufeinander abgestimmt werden. Internationale Forschungsergebnisse deuten auf wesentliche Kriterien Guter Schulen (Fend 2000, S. 60):

- klare Konzeption pädagogischer Leitideen;
- effiziente Führung;
- hohe Erwartungen;
- gestaltete Schulumwelt;
- bestmögliche Zeitnutzung;
- Beobachtung von Lernfortschritten;
- förderliche Beziehungen zwischen Schule, Familie und Umwelt.

Die Auflistung verdeutlicht die Breite des Erwartungskatalogs an Schulqualität, die sich nicht nur an ihren Produkten, sondern auch an ihren Prozessen vermessen lässt. Es ist Aufgabe des Schulmanagements, Qualitätsentwicklung auf allen Ebenen zu fördern. Dabei geht es nicht um die Erfüllung von Merkmalskatalogen, sondern um interaktiv erarbeitete Lösungen der professionellen Gemeinschaft. Bezogen auf guten Unterricht müssen hier Beobachtungen zur Didaktik, zur Methodik, zum Steuerungsverhalten der Lehrkraft und zur Führung der Klasse angestellt werden (Dubs 2003, S. 27ff.). Unter Berücksichtigung der Tatsache, dass nicht nur die Testleistungen der Schülerinnen und Schüler als ausschlaggebend für den Erfolg einer Schule gelten können (vgl. Steffens/ Bargel 1993), werden im Zuge der Schulentwicklungsdebatte Wege zur umfassenden Bestimmung von Schulqualität gesucht. Steffens/Bargel unterscheiden vier Felder einer sozialisationstheoretisch fundierten Bestimmung des Gegenstandes:

- die erzieherischen Wirkungen von Schule;
- die Lernbedingungen und Erziehungsprozesse an Schulen;
- die Struktur der Schulgestaltung;
- die Rahmenbedingungen für Schulen (Steffens/Bargel 1993, S. 24).

In Abgrenzung gegen amerikanische School-effectiveness-Forschung wird die Prozessqualität von Schule unterstrichen, und es wird ein breites erziehungswissenschaftliches Verständnis von

Schulqualität gefordert. Das Plädoyer für ein induktives Verfahren bei der Qualitätsdefinition zieht die Notwendigkeit einer breiten Dokumentation von Schulerneuerungsprozessen ebenso wie von Langzeitbeobachtungen nach sich. Schulen mit Gestaltungsautonomie werden damit in die Pflicht genommen, Qualitätsentwicklungsprozesse nachzuweisen (Steffens/Bargel 1993, S. 3ff.; Ditton 2000).

Wissenschaftliche Diskurse um Schulqualität und praktische Erneuerung von Schulen stehen entsprechend historisch entwickelten Unvereinbarkeiten in einem Spannungsverhältnis zueinander. Schulische Praxis bedarf nicht nur der vertieften Analyse, sondern auch der konkreten Handlungsanweisung in Richtung ›Gute Schule‹. Qualität im Bildungsbereich entwickelt sich also auch aufgrund einer komplexen Programmatik der Schulentwicklung. Es geht um den Anspruch, Gute Schule zu verwirklichen. Die Handlungsanweisungen zur Umsetzung der Schulreform unterscheiden sich in ihrer Komplexität und in ihrem Anspruchsniveau. Während frühe Veröffentlichungen die Phasen der Organisationsentwicklung in den Mittelpunkt der Handreichungen stellen (Philipp 1992), betonen Handlungskonzepte der fortgeschrittenen Schulentwicklungsdebatte die Komplexität systemischer Veränderungen (Altrichter/Schley/Schratz 1998) und stellen Qualitätsmanagementsysteme zur Verfügung (Arnold/Faber 2000). Handlungsanweisungen zur Guten Schule reklamieren solide empirische Fundierung der Veränderungsschritte und stellen differenzierte managementtheoretische Modelle zur Verfügung (Petri 2004). Mit der Ausdifferenzierung des Marktes um Schulentwicklung müssen vielfältige Angebote zur Qualitätsentwicklung einer sorgfältigen Prüfung unterzogen werden. Kriterien zur Prüfung der Offerten wären (Arnold/Faber 2000, S. 42ff.):

- Unterrichtsentwicklung: Hinweise zur Entwicklung innovativer Unterrichtsmethoden.
- Schul- und Organisationsentwicklung: Pläne zur fundierten Schulentwicklung/Teamentwicklung.
- Personalentwicklung: Hinweise zur gezielten Personalführung und Förderung.

- Evaluation: Angabe von internen und externen Evaluationsverfahren.
- Professionalität: Maßnahmen zur Förderung professionellen Handelns von Lehrerinnen und Lehrern sowie der Schulleitung.
- Pädagogisches Leadership: Offenlegung eines integrativen Führungsverständnisses.
- Ganzheitlichkeit/Integrativität: Systemische Sicht der Organisationsentwicklung.

Die Organisationsentwicklung, die managementtheoretische und pädagogische Perspektiven vereint, beansprucht die Möglichkeit, Qualität über strukturierte Lernprozesse der Mitglieder einer Organisation herzustellen. Die Herstellung von Qualität beruht auf pädagogischem Gebrauchswissen, mit dem eine Qualitätsentwicklung eingeleitet werden kann. Dalin unterscheidet drei Typen von Schulen (Dalin 1991; Rolff et al. 1999, S. 38):

- Die fragmentierte Schule: Lose gekoppelte Gruppen im Kollegium, wenig Kooperation, kein Zielkonzept.
- Die Projektschule: Erneuerungsaktivitäten in Form von unverbundenen Projekten, fehlende Gesamtstruktur.
- Die Problemlöseschule: Eine voll entwickelte Schule im Sinne einer sich selbst erneuernden Schule, die ihre Probleme selbst lösen kann.

In der Lernenden Schule ist Qualität laut Programmatik machbar. Wenn die Potenziale der Professionellen in der Schulgemeinschaft genutzt werden, entstehen Synergieeffekte, die Gute Schule, die ihre Ressourcen nutzt, ermöglichen (Schratz/Steiner-Löffler 1999). Die Grundstruktur der Organisationsentwicklung besteht in einer auf das Lewinsche Phasenmodell des unfreezing-moving-freezing zurückgehenden Bewegung vom Aufbruch über die Initiierung der Reform hin zur Festigung und Überprüfung neuer Strukturen. Im Idealtypus verläuft die Organisationsentwicklung im institutionellen Schulentwicklungsprozess in fünf Abschnitten (Rolff et al. 1999, S. 29ff.):

1. Initiierung/Kontrakt (Bildung einer Steuergruppe);
2. Gemeinsame Diagnose (Datenerhebung);
3. Zielklärung auf Datenbasis;
4. Projektplanung;
5. Evaluation.

Pädagogische Schulentwicklung ist als Drei-Wege-Modell im Systemzusammenhang zu betrachten. Personalentwicklung, Unterrichtsentwicklung und Organisationsentwicklung stellen Möglichkeiten dar, eine Organisation von innen heraus zu entfalten. Die Qualität der Schule kann dabei im Modell von jeder der drei Domänen aus entwickelt werden. Die Veränderung in einem Sektor führt dabei notwendig zu Veränderungen in den beiden anderen Bereichen. Durch die Betonung des Systemzusammenhangs erübrigt sich das Einhalten einer festgelegten Abfolge in Qualitätsentwicklungsprozessen, auch wenn die Unterrichtsentwicklung höchste Priorität genießt (Kempfert/Rolff 1999, S. 19ff.).

Schulentwicklungsberatung setzt auf die Eigendynamik professioneller Lerngemeinschaften. Im Modell pädagogischen Qualitätsmanagements wird dabei abgehoben auf zwei zentrale Entwicklungsachsen: die Teamentwicklung (auf Klassen- und Jahrgangsebene, Fachteams, Projektteams, Schulleitungsteams, Steuer-/Koordinierungsteams) und die Feedback-Kultur (Rückmeldeeinrichtungen unter den an der Schule Beteiligten). Sowohl die Teamentwicklung als auch die Feedback-Kultur entscheiden über die Wirksamkeit eingeleiteter Reformmaßnahmen (Rolff 2002, S. 40).

Zu den Handlungsanweisungen an Schulen mit fundierter Qualitätsentwicklung gehört an zentraler Stelle die Empfehlung, ein Schulprogramm zu entwickeln. Das Schulprogramm ist ein Konsenspapier über die Richtung, die die Schule gemeinsam verfolgen will. Es klärt das visionäre Selbstverständnis der Organisation und die Frage, wie die Entwicklungsziele in die Tat umgesetzt werden können. Dabei hat die Schule bei der Schulprogrammgestaltung sowohl die Interessen aller Beteiligten als auch gesellschaftliche Anliegen zu berücksichtigen. Schratz schlägt sechs Bausteine des Schulprogramms vor (Schratz 2003, S. 29):

- Kommunikation (Vorstellung der Schule);
- Leitbild (Ethos);
- Ist-Stand (Bestandsaufnahme);
- Zielsetzungen (fachlich, überfachlich etc.);
- Maßnahmen und Aktionen (Meilensteine, Teambildung etc.);
- Qualitätssicherung (Zeitpunkt, Methoden etc.).

Nicht alle Bundesländer schreiben den Schulen die Entwicklung eines Schulprogramms vor (Holtappels 2003, S. 166), doch die Schulprogrammarbeit erfüllt eine wesentliche Funktion bei der Kommunikation schulischer Qualitätsarbeit nach innen und außen. Ziele und Funktionen des Schulprogramms sind in diesem Sinne zu verstehen. Daraus lassen sich Qualitätsstandards für Schulprogramme ableiten (Schratz 2003, S. 127):

- klare gemeinsame Zielstellung;
- wirksame Maßnahmen zur Umsetzung;
- Transparenz nach innen und außen;
- stimmiges internes Steuerungssystem;
- wirksame Qualitätssicherung;
- Verfügbarkeit und Einbindung von Ressourcen.

In der Fülle der Schulentwicklungsberatungsliteratur stehen Beiträge zur Selbstevaluation und zur Schulprogrammarbeit an erster Stelle (Altrichter et al. 1998; Schratz et al. 2000; König 2000; Buhren et al. 2002). Angesichts der beachtlichen Begriffsvielfalt im Bereich der Qualitätsentwicklung unternehmen Schulentwicklungsleitfäden die Ordnung des Sektors und induzieren Normativitäten. Die erkenntnis- und bildungstheoretische Suchbewegung wird an dieser Stelle verlagert auf die innerschulische Kommunikationsebene. Da hier professionelle Selbstverständnisse wirken, ist ein Zusammenwirken des Qualitätsdiskurses der Disziplin, der Schulberatungsliteratur und des Selbstverständnisses der professionellen Gemeinschaft anzunehmen. Die Qualitätsentwicklung ist ein integrativer Kommunikationsprozess, der auf der Schulebene Gestalt gewinnt.

Das systematische Sammeln und Analysieren von Daten mit dem Ziel einer begründeten Bewertung gehört zu den Ausgangsbedingungen der Schulentwicklung. Evaluation gilt als Basis aller schulischen Entwicklungsarbeit (Kempfert/Rolff 1999, S. 23ff.). Unterschieden werden Evaluationen auf der Ebene der Schulklasse und des Unterrichts, auf der Ebene der Schule und auf der Ebene der Lernerfolgsfeststellung. Die systematische Prüfung der Qualität in einzelnen Tätigkeitsfeldern findet als internes oder als externes Verfahren statt. Schulinterne Evaluation ist ein Qualitätsentwicklungsprozess, der durch die Schule selbst eingeleitet, geplant und durchgeführt wird. Externe Evaluation wird durch die Schulinspektion, durch Fachleute aus anderen Bildungseinrichtungen oder durch Experten aus dem außerschulischen Bereich (z.B. der Ausbildungsbetriebe) durchgeführt. Formative Evaluation bezieht sich auf die Bedingungen schulischer Arbeitsverläufe, während summative Evaluation die Ergebnisse pädagogischer Prozesse, etwa am Ende eines Projektes, erhebt (Holtappels 2003, 203ff.) Die Fokussierung folgender Qualitätsbereiche wird empfohlen (Kempfert/Rolff 1999, S. 28):

- Fachunterricht;
- Überfachlicher Unterricht;
- Erziehungskonzept – Schülerorientierung;
- Schulkultur;
- Lehrerkooperation;
- Schulleitung;
- Schulmanagement;
- Personalentwicklung;
- Elternarbeit;
- Außenbeziehungen.

Eine international zunehmend bedeutsame Rolle im Evaluationsbereich spielt die Lehrerforschung (Rahm/Schratz 2004). Aktionsforschung stellt Methoden zur reflexiven Sondierung schulischer Praxis zur Verfügung. Sie sind wesentlicher Baustein zur Entfaltung einer Qualitätskultur an Schulen (Rahm 2004). Das Potenzial der Lehrerforschung, die in der Regel im Verbund mit Universitäten und Lehrerbildungseinrichtungen betrieben wird, liegt im Aufbau von Reflexion in der Handlung (Schön 1983). Lehrerforschung zeichnet sich programmatisch durch folgende Merkmale aus (Altrichter/Posch 1998):

- Forschung der Betroffenen;
- Forschung aus der schulischen Praxis heraus;
- Bindeglied zwischen Theorie und Praxis;
- Forschungs- und Entwicklungsvorhaben zugleich;
- Ort der Konfrontation unterschiedlicher Perspektiven;
- Instrument zur Weiterentwicklung der professionellen Gemeinschaft.

Erkenntnis und Entwicklung sind beim Verfahren der Lehrerforschung eng miteinander verknüpft. Der Ansatz, Praxis über Forschung der im Feld Involvierten aufzuhellen, wird als Instrument der qualitätsorientierten Schulentwicklung und als Instrument zur Professionalisierung des Berufsstandes betrachtet. Ergebnisse der Aktionsforschung können Schulentwicklung im Sinne einer Anregung organisationalen Lernens beeinflussen.

3.2 Nationale Bildungsstandards als Instrument der Qualitätssteuerung

Schulentwicklung, die auf die Gestaltungskraft der einzelnen Bildungsorganisationen setzt, benötigt Orientierungen. Auch wenn die Schulentwicklungsberatung detaillierte Programmatiken zur Qualitätsentwicklung im Bildungsbereich zur Verfügung stellt und damit auf die Potenziale der Professionellen setzt, ist vor dem Hintergrund der Ergebnisse internationaler Bildungsforschung zu fragen, wie die Outcomes, das heißt die tatsächlichen Lernergebnisse der Schülerinnen und Schüler, zu verbessern sind. Nationale Bildungsstandards sind Vorgaben für Bildungsinstitutionen, die entsprechende Orientierungen geben.

Bildungsstandards formulieren verbindliche Anforderungen an die Institution Schule. Sie definieren, welche Kompetenzen Kinder und Jugendliche bis zu einer gewissen Altersstufe erworben haben sollten. In einer Expertise des Bundesministeriums für Bildung und

Forschung von 2003 werden Bildungsstandards folgendermaßen umrissen. Bildungsstandards

- stellen Anforderungen an das Lehren und Lernen in der Schule;
- formulieren Ziele im Sinne erwünschter Lernergebnisse;
- konkretisieren den Bildungsauftrag von Schule;
- benennen Kompetenzen, die bis zu einer bestimmten Jahrgangsstufe erreicht werden sollten;
- beschreiben Anforderungen, die in Aufgabenstellungen umgesetzt und in Testverfahren abgeprüft werden können.
(Bundesministerium für Bildung und Forschung 2003, S. 19ff.)

Kompetenzen werden in diesem Zusammenhang verstanden als verfügbare oder erlernbare Fähigkeiten und Fertigkeiten zur Problemlösung sowie die damit verbundene willentliche, motivationale und soziale Bereitschaft und Fähigkeit, solche Problemlösungen variabel einsetzen zu können. Der Kompetenzbegriff hat damit kognitive, motivationale und handlungsbezogene Merkmale (Faust 2004, S. 22). Kompetenzen bauen sich zunächst fachspezifisch auf, können jedoch zu Schlüsselkompetenzen, die für eine breite Palette von Situationen gelten, entwickelt werden. Die Expertise benennt sieben Merkmale, denen Bildungsstandards genügen müssen, um den Beteiligten in den Schulen Orientierung sein zu können (Bundesministerium für Bildung und Forschung 2003, S. 24ff.). Gute Bildungsstandards sind

- fachlich gebunden;
- fokussiert auf einen Bereich;
- kumulativ, systematisch vernetzt;
- gültig für alle Schülerinnen und Schüler;
- differenziert nach Kompetenzstufen (Abstufungen und Profilbildungen möglich);
- verständlich formuliert;
- realisierbar.

Standards sind demnach Ergebnisnormen. Fundiert durch allgemeine Bildungsziele stellen sie Operationalisierungen auf unterschiedlichen Kompetenzstufen dar. Dabei geht es um die Verhaltenspotenziale der Schülerinnen und Schüler. Sie sollen in die Lage versetzt werden, im weitesten Sinne in Kommunikation mit Welt zu treten und Probleme situations- und anforderungsbezogen zu lösen. Solche Zielsetzungen beinhaltet auch das Literacy-Konzept, das sich in internationalen Schulleistungsvergleichsstudien durchgesetzt hat und das weit über eine bloße Alphabetisierung hinausreicht.

Die Orientierung an Ergebnisnormen signalisiert ein grundlegendes Umdenken in staatlicher Steuerungspolitik. Nach wie vor werden über staatliche Vorgaben curriculare Richtlinien sowie rechtliche und organisatorische Rahmenbedingungen festgelegt; auch die Lehrerbildung beruht auf bildungspolitischen Vorgaben, die je nach Bundesland variieren. Das historisch entwickelte Steuerungsverfahren, in dem Lehrpläne, Kompetenzprüfungen für die Anwärter und staatliche Abschlüsse vorgesehen sind, kann nur behutsam verändert werden. Eine Steuerung des Bildungs-Inputs hat sich als historisch entfaltetes Instrument der Qualitätsentwicklung im Bildungssektor bewährt.

Mit der Gestaltungsautonomie der Einzelschule ergibt sich jedoch eine deutliche Minderung der zentralen Steuerungsmöglichkeiten. Neben die Input-Steuerung tritt gegenwärtig die Output-Steuerung. Zentral erfasst werden Ergebnisse von Bildungsmaßnahmen über vergleichende Leistungserhebungen in Schulen, die bildungspolitische Steuerungsmaßnahmen nach sich ziehen. Im Zuge der Schulentwicklungspolitik werden damit Schulen autonomisiert, um mit eigenen Potenzialen vorgegebene Ergebnisnormen zu erreichen. In einer Bildungslandschaft, in der den einzelnen Bildungsinstitutionen größere Handlungsräume zur Verfügung gestellt werden, können pädagogische, administrative, finanzielle und personelle Bereiche so gestaltet werden, dass sie den Output optimieren.

Schulische Selbstevaluationen haben in diesem Zusammenhang die wichtige Funktion, interne Verfahren zur Qualitätsverbesserung zu initiieren. Darauf aufbauende externe Leistungsmessungen stellen die Outputs in einen größeren Kontext und mobilisieren über das Feedback Kompetenzen der Professionals, die aufgefordert sind, in der Gemeinschaft Schule weiterzuentwickeln. Die Mikroperspektive und die Steuerung des Gesamtsystems sind hier verzahnt über die Output-Orientierung. Mit dieser wird international ein Minimum an Erwartungen in Mindeststandards formuliert. Hinter diese kann in internationalen Bildungsinitiativen nicht zurückgegangen werden. Bildung als Grundausstattung für einen gelungenen Umgang mit Welt ist internationaler Konsens. Dies verpflichtet zu Kanonisierungen, deren Legitimitäten hinterfragt werden können, die aber angesichts einer Internationalisierung der Bildungsdebatte unabdingbar sind (Tenorth 2004). Dies nimmt auch die Schulentwicklung in die Pflicht: sie hat Bildungserwartungen zu erfüllen.

Die Stärkung der Einzelschule, verbunden mit Initiativen zur Verbesserung des Schulklimas, zur Kooperation in professionellen Gemeinschaften sowie zum Aufbau einer schulischen Evaluationskultur ermöglicht innerschulische Verständigungsprozesse über Wege zur Zielerreichung. Besonders der Schulleitung wird in diesem Zusammenhang eine wesentliche Funktion übertragen: Sie übernimmt die Verantwortung für die Mobilisierung der organisationseigenen Kräfte und deren Koordination.

Gerade im Schulprogramm als zentralem Ort der Verständigung über schulischen Konsens können nationale Bildungsstandards orientierend wirken. Die Kompetenzentwicklung der Schülerinnen und Schüler ist ein zentraler Bereich innerer Schulentwicklung. Diese als Leitfigur in den Mittelpunkt innerschulischer Reformmaßnahmen zu stellen, ist eine hilfreiche Orientierung in komplexen Schulentwicklungsprozessen. Fördermaßnahmen entwickeln sich damit in einem schärfer konturierten Zielbereich, der sich in internationale Diskussionen einfügt. Schulen, verstanden als Häuser des Lernens, rücken die Frage der Schaffung von günstigen Lernumwelten und einer veränderten Lehrerrolle ohnehin stärker in den Mittelpunkt. So geht es innerschulisch um die Nutzung pädagogischer Freiräume und die Erarbeitung von Schulcurricula, die sorgfältig auf das schulische Klientel abgestimmt sind. Schulprogramme, Schulcurricula und Maßnahmen zur Förderung aller Schülerinnen und Schüler müssen im Zuge einer Output-Orientierung des Bildungswesens nicht nur innerschulisch, sondern auch gegenüber externen Gutachtern standhalten. Die Qualitätssteuerung erfolgt somit im Sinne einer Verantwortungsübertragung an die Schule einerseits bei gleichzeitiger Rechenschaftslegung in Bezug auf die Kompetenzzielerreichung andererseits. In angelsächsischen Ländern hat sich diese Praxis bewährt. In Schottland etwa besteht seit Jahrzehnten ein elaboriertes Evaluationssystem, in dem den einzelnen Schulen die Verantwortung für die Qualitätsentwicklung übertragen wird. Das Indikatorensystem ›How good is our school‹ beruht auf langjähriger Inspektionspraxis und orientiert Schulen auf ihrem Weg zur Guten Schule (Stern/ Döbrich 1999). Wenn die Qualität des Unterrichtsangebotes, die Erreichung von Lernzielen, die Güte des Unterrichts, die Qualität des Lernprozesses der Schülerinnen und Schüler, die Schülerorientierung, Beurteilungsverfahren, Beratung, unterstützende Maßnahmen, Ethos der Schule, Management und Schulentwicklungsprogramm intern evaluiert werden, so gilt dies als Qualitätssicherung vor Ort. Die externe Evaluation schließt sich an und fordert Schulen im Inspektionsbericht zu Verbesserungsmaßnahmen auf (Beetz/Cramer 2000). In angelsächsischen Ländern besteht in der Regel eine Koppelung von zentralen curricularen Vorgaben (National Curriculum), einer Gestaltungsautonomie der Bildungsinstitutionen und einer öffentlichen Rechenschaftslegung über Schulinspektionen und Schulleistungsmessungen (assessments). Die Fokussierung der Outputs, kombiniert mit behördlichen Kontrollmaßnahmen und Unterstützungsangeboten, sind der Hebel staatlicher Qualitätssteuerung. Standards bei Leistungsmessungen werden als faktisch erreichtes Leistungsniveau der Schülerinnen und Schüler verstanden, nicht als normative Setzung interpretiert. ›Raising Standards in Schools‹ ist damit Signal für Verbesserungen der faktischen Leistungen. Stärke-Schwächen-Analysen bei Schulinspektionen orientieren sich an operationalisierten Qualitätsmerkmalen einer Schule. Die Erreichung von normativen Qualitätsstandards sowie die Anhebung des Leistungsniveaus sind für alle Schulen verpflichtend und werden als öffentliche Angelegenheit betrachtet.

In den USA werden Standards traditionell als Performance Standards verstanden. Auf die starke Akzentuierung der Leistungserreichung folgte in den 90er-Jahren des 20. Jahrhunderts eine stärkere Akzentuierung des Lernprozesses. Die Orientierung an prozessorientierten Standards zielt auf eine Verbesserung der Qualität des Unterrichts in Bezug auf Inhalte, Lehrmethoden und Leistungsbewertung. Die Bemühungen um Vereinheitlichung der Bildungsangebote in den Bundesstaaten schlagen sich nieder in reformbasierten Standards, die Kompetenzstufen, einheitliche Testverfahren, Professionalisierungsnormen und curriculare Setzungen beinhalten. Die Standard-Diskussion in den USA ist (begrifflich) komplex und betrifft sowohl staatliche Vorgaben als auch Standardisierungen von schulischen Reformprozessen und curricularen Reforminitiativen. Empirische Befunde liegen vor bezüglich der Effekte von Curriculumprojekten, der Auswirkungen der Testpraxis auf Unterricht, des Einflusses von Rechenschaftslegungen auf das schulische Leistungsniveau (Klieme 2004, S. 632ff.). Auch wenn die internationalen Kontexte der Bildungsreform höchst unterschiedlich ausfallen und von daher differente Ausprägungen in der Formulierung von Bildungsstandards zu verzeichnen sind – ein internationales Agreement steht aus (Linnakylä 2004, S. 43) – lässt sich international ein Trend zur Ergebnisnormierung feststellen (Bundesministerium für Bildung und Forschung 2003, S. 31ff.).

Standardorientierte Schulreform, die auf Lernergebnisse abhebt, ist historisch zu kontextualisieren. Standardbasierte Schulreformstrategien werden vor dem Hintergrund der Lernzieldebatten der 60er- und 70er-Jahre (Bloom 1972; Mager 1977) geführt. Lam mahnt für Kanada Erinnerung an geführte historische Debatten an – »Perhaps re-labeling gives an illusion of progress« (Lam 2004, S. 112) – und plädiert in Anknüpfung an Lernzieltaxonomien für eine hierarchische Anordnung von Lernleistungen. Die Definition von Bildungszielen im Sinne von Verhaltenspotenzialen, die bestimmten Kompetenzstufen zuzuordnen sind, stellt ein Anliegen, das in Anbetracht historischer Vorlagen auch kritisch zu betrachten ist, dar.

Bildungsstandards als konkretisierte Aufträge an Schule sind eingebettet in wissenschaftliche und bildungspolitische Traditionen einer Auseinandersetzung um Bildungsverständnisse. Diese bestehen in der Festlegung von Inhalten, Zielbestimmungen und Prozessen des Lernens in Bildungsinstitutionen. Sie zielen auf Vereinheitlichung von Bildung. Bildungsstandards konkretisieren damit Erwartungen, die sich an Schule knüpfen. In der Geschichte der Schule sind sie entsprechend mit administrativen Vorgaben und Kontrollmechanismen verbunden. So mag aus bildungshistorischer Sicht die Debatte um Standards nichts Neues, sondern die Fortsetzung behördlicher Festsetzungen, die Schulalltag seit jeher bestimmen, sein. Unter historisch-systematischer Perspektive mag Schulentwicklung demnach als Prozess fortlaufender Standardisierung gelten (Oelkers 2004). Dabei entfalten differenzierte Bildungssysteme ihre eigene Dynamik und widersetzen sich Reformansprüchen. Dies war der Ansatzpunkt reformpädagogischer Kritik.

Mit der internationalen Diskussion um Bildungsstandards werden Erwartungen an Bildung herunter gebrochen auf messbares Verhaltensniveau. Dies ist eine pragmatische Antwort auf Diffusitäten und Vagheiten der Bildungsdebatte der Gegenwart. Eingeräumt werden Technologiedefizite, Offenheit und Realisierungsprobleme, doch gesucht wird international nach Konsens. Dabei bleiben Bildungsstandards eine Reflexionsformel: mit welchen Basisfähigkeiten müssen Schülerinnen und Schüler ausgestattet sein, um in Kommunikation mit Welt zu treten? Die Ergebnisnormierung stellt eine redliche Antwort dar, ohne die systemimmanenten Widersprüche zwischen Gestaltungsautonomie und Ergebnisorientierung auflösen zu können. Angesichts der Komplexität von Bildungsprozessen, der Notwendigkeit einer öffentlichen Legitimation von Bildungszielen und der Notwendigkeit von Differenzierungen in Bildungsprozessen setzen Bildungsstandards auf Verbindlichkeit, deren Erfüllung empirisch erfasst werden kann. Mit der öffentlichen Diskussion der Outputs geraten Schulen unter Druck; sie müssen sich internationalen Bildungserwartungen stellen und können nicht mehr ausweichen auf ihre organisationseigenen Erwartungshorizonte. Insofern sind Bildungsstandards Instrumente der Qualitätssteuerung in offenen Bildungslandschaften.

3.3 Ergebnisse der Schul- und Unterrichtsqualitätsforschung

Die internationale Schul- und Unterrichtsentwicklungsforschung entfaltet sich vor dem Hintergrund von Schulleistungsvergleichsstudien, die Aufschlüsse über Kompetenzen der Schülerinnen und Schüler geben. Die Bestandsaufnahme der Schülerleistungen in Deutschland offeriert schwache Durchschnittsleistungen und breite Streuungen. In allen drei Kompetenzbereichen – der Lesekompetenz, der mathematischen Grundkompetenz, der naturwissenschaftlichen Grundbildung – liegen die Testergebnisse deutscher Schülerinnen und Schüler im unteren Drittel des Länder-Rankings. Die PISA-Studie 2000 bringt Risikogruppen zum Vorschein, die die unterste Kompetenzstufe nicht erreicht haben. Zu befürchten sind Schwierigkeiten beim Übergang von der Schule in das Berufsleben. Bezüglich der Lesekompetenz beispielsweise erreichen fast 10 Prozent der 15-Jährigen nicht die Kompetenzstufe I. Auffällig ist in diesem Zusammenhang, dass die meisten der schwachen Leserinnen und Leser von ihren Lehrerinnen und Lehrern unerkannt bleiben (PISA 2000, S. 117ff.). Die repräsentativen Befunde der PISA-Studie geben Aufschlüsse über Ergebnisse. Sie sind deskriptive Momentaufnahmen und geben Anlass zu analytischen Betrachtungen. Für den Ansatz der Schulentwicklung sind Ergebnisse der empirischen Bildungsforschung von enormer Wichtigkeit. Sie geben Auskunft über die Ergebnisqualität des deutschen Bildungssystems. Dies muss Konsequenzen für die Steuerung des Bildungssystems zwischen Gestaltungsautonomie und Lernstandserhebungen haben. Ergebnisse von Leistungsvergleichen können Teil eines Qualitätsmanagements sowohl auf der Systemebene als auch auf innerschulischer Ebene sein, wenn sie in reflexive Reformpraxis, die kommunikativ entwickelt werden muss, überführt werden (Terhart 2002).

Die mäßigen Ergebnisse deutscher Schülerinnen und Schüler bei PISA 2000 und 2003 führen zu breiten Diskussionen über Anregungen aus Bildungssystemen, die bessere Ergebnisse erzielt haben. Die vergleichende Betrachtung von Schulentwicklungsporträts aus England und Wales, Schweden, Frankreich, Schweiz, Finnland, Italien, Tschechischer Republik und aus den Niederlanden gibt folgende Hinweise auf Eckpunkte der Reform in europäischen Nachbarländern (Burkhard/Eikenbusch 2003, S. 114ff.):

- erweiterte Selbstständigkeit;
- Kerncurricula und Mindeststandards;
- zentrale Lernstandserhebungen;
- Schul(entwicklungs)programme und interne Evaluation;
- externe Schulinspektionen und Schulaufsichtsreform;
- Professionalisierung und Unterstützung der Kollegien und des Leitungspersonals.

Instrumente und Strategien der Schulentwicklung werden je nach Entwicklungs- und Evaluationskultur des einzelnen Landes bevorzugt. Gerade aufgrund der Komplexität der einzelnen Länderkulturen verfügen wir bislang nicht über tragfähige Erklärungsmodelle, die das Abschneiden der Schülerinnen und Schüler in internationalen Schulleistungsvergleichsstudien mit der Schulentwicklungsstrategie des jeweiligen Landes erklären. Vergleichende Bildungsforschung hat sich damit der Aufgabe zu stellen, komplexe kulturelle und politische Kontexte zu rekonstruieren, um internationale Erfahrungen für Theorie und Forschung in der Schulentwicklung nutzbar zu machen.

Gegenwärtig sind differente Forschungsausgangslagen und Schwerpunkte der Schul- und Unterrichtsqualitätsforschung zu konstatieren. Zu unterscheiden sind:

1. Evaluationsstudien zur Schulentwicklung;
2. Fallanalysen zur Schulentwicklungsarbeit;
3. Forschungen zu Unterrichtsqualität und Schulkultur;
4. Untersuchungen zu Schulorganisation und Schulmanagement.

Während Evaluationsstudien auf die systematische Sammlung und Analyse von Daten mit dem Ziel einer Verbesserung des Gegenstandsbereichs abheben, stellen Fallanalysen den Versuch einer theoriegeleiteten Rekonstruktion von Schulentwicklungsverläufen dar. Forschungen zu Unterrichtsqualität und Schulkultur heben ab auf die systematische Erfassung von Einflussfaktoren des Unterrichts und untersuchen den Zusammenhang zwischen Unterrichtsgestaltung und Qualität des Unterrichts. Studien zu Schulorganisation und Führungshandeln thematisieren die Leitung und organisationale Gestaltung einer Schule als Grundvoraussetzung für Qualität.

3.3.1 Evaluationsstudien zur Schulentwicklung

Evaluationsstudien rücken entsprechend der mikropolitischen Perspektive im Schulentwicklungsansatz die empirische Erfassung von Schulentwicklungsprozessen in den Mittelpunkt ihres Interesses. Im Hintergrund steht die immanent begründete Position, Schulentwicklungsforschung müsse sich angesichts der Relevanz der Reformentwicklungen vor Ort stärker ins Feld begeben und konkrete Vorhaben sondieren. Gerade auch deshalb, weil Ergebnisse der internationalen school effectiveness research nicht problemlos auf andere Länder zu übertragen seien (Büeler 2000). Holtappels unterscheidet fünf Ebenen der Evaluation (Holtappels 2003, S. 204):

- Unterrichtsevaluation (Tests und Lernzielkontrollen; Prozessverlaufsanalysen; Teamreflexionen; Individual-Feedbacks);
- Fachevaluation (Bewertung und Reflexion fachbezogener und fächerübergreifender Orientierungen);
- Projektevaluation (datengestützte Bewertung einer Maßnahme);
- Schulprogrammevaluation (Überprüfung des Entwicklungsprogramms);
- Umfassende Schulqualitätsevaluation (Bestandsaufnahme anhand von Qualitätsindikatoren).

Schulinterne und schulexterne Evaluation greifen ineinander und müssen aufeinander abgestimmt werden. Von Bedeutung sind Ansätze der Aktionsforschung, bei denen Lehrerinnen und Lehrer in Kooperation mit universitären Einrichtungen tätig werden im Sinne einer Erforschung der Qualitätsentwicklung vor Ort (Altrichter/Posch 1998; Rahm/Schratz 2004). Ergebnisse schulbezogener Studien erfahren in der Regel innerschulische Nutzung. Sie sind darüber hinaus in zahlreichen Publikationen als beispielgebende Erfahrungsberichte auch in kritischer Absicht dokumentiert (Bastian 1998; Pädagogik 2000). Forschungserkenntnisse gibt es über die Problembereiche externer Evaluation. Diese liegen in (Holtappels 2003, S. 227)

- Vorbehalten der Kollegien gegenüber der Schulaufsicht;
- Zeitaufwand beim Aufbau einer Vertrauenskultur;
- Problemen bezüglich der Rollenvielfalt der Schulaufsicht;
- mangelndem Know-how der Schulentwicklung;
- mangelnder Zielorientierung;
- mangelnder Kooperationsbereitschaft in Kollegien.

Schulinterne Evaluation an etablierten Reform- und Versuchsschulen, die über langjährige Erfahrungen mit systematischer Betrachtung von Reformpraxis und Lehrer-Forscher-Modellen verfügen, ist dokumentiert (Tillmann/Wischer 1998). Evaluationsverfahren beziehen sich auf

- Curricula,
- Lernentwicklungsberichte,
- Lernbiografien und Lernbeobachtungen,
- Schülerbefragungen,
- Kollegiums-Diskussionen.

Evaluation und Weiterentwicklung schulischer Praxis werden als reflexiver Prozess des Reformschulkollegiums gedeutet. Das Verständnis von Leistung als einer messbaren Größe erfährt in diesem Zusammenhang Kritik (Garlichs 1998, S. 202). Erfahrungsberichte und Feldstudien dokumentieren die hohen Ansprüche an differenzierte innere Schulorganisation zur Durchführung von Qualitätsevaluationen (Strittmatter 1998).

Thonhauser zeigt, dass der Erfolg von Evaluationen entscheidend zusammenhängt mit der Einhaltung von Standards für Evaluation (vgl. dazu Joint Committee on Standards for Educational Evaluation/Sanders 1999). Am Beispiel der Arbeit an Schulprogrammen, zusammengesetzt aus Schulleitbild, Schulprofil und konkreten Entwicklungsplänen, unterstreicht er die Notwendigkeit der

Einhaltung von Kommunikationsnormen. Die systematische Untersuchung eines Gegenstandes zum Zwecke seiner Bewertung hängt ab von der Erfüllung von – zum Teil empirisch nachgewiesenen – Standards, die in interdependenten Zusammenhängen stehen (Thonhauser 2004, S. 69):

1. Transparenz,
2. Fairness,
3. Akzeptanz,
4. Verwertbarkeit,
5. Verwertung,
6. Genauigkeit,
7. Durchführbarkeit.

Anhand von Fallbeispielen aus Österreich zeigt Thonhauser, dass der Erfolg von Evaluationen im Kern vom Gelingen schulinterner kommunikativer Prozesse abhängt. Wesentlich für den Erfolg schulischer Evaluation ist die Bereitschaft der Schule, an einer systematischen Untersuchung teilzunehmen. Dabei ist besonders wichtig, von wem die Initiative ergriffen wird; das partizipative Prinzip muss eingehalten werden (vgl. dazu Altrichter 2000). Gerade Ansprüche an eine hohe Qualität der Evaluationen sind ein Plädoyer für professionelle wissenschaftliche Unterstützung (Thonhauser 2004, S. 78ff.). Umzugehen ist mit der eingeschränkten Generalisierbarkeit der Ergebnisse aus Evaluationsstudien. Datensammlungen zu ausgewählten Entwicklungsbereichen dienen der Qualitätsverbesserung vor Ort und fließen damit in der Regel zurück in schulische Qualitätsentwicklungsinitiativen.

Die Evaluation von vier Versuchsschulen in Hessen, drei davon Integrierte Gesamtschulen, die seit 1995/1996 mit wissenschaftlicher Begleitung arbeiten, ist dagegen ein Beispiel für Evaluationsforschung, die über schulische Einzelinteressen hinausweist. Schwerpunkt der Qualitätsentwicklung an den vier Schulen ist das freie und selbstständige Lernen, das vor allem im Projektunterricht realisiert wird. Die beteiligten Schulen stellten sich einer Qualitätskontrolle mit den Instrumenten der breit angelegten TIMSS-Untersuchung für die 8. Jahrgangsstufe. Die TIMS-Studie dient damit als

Instrument der Schuldiagnostik beziehungsweise Qualitätskontrolle. Da die TIMS-Studie neben Leistungen im Bereich der Mathematik und der Naturwissenschaften auch motivationale, emotionale und soziale Daten erhebt, kann die Erreichung von Reformzielen mit erfasst werden. Die Ergebnisse weisen hin auf überdurchschnittliche Leistungen der Schülerinnen und Schüler in Mathematik und den Naturwissenschaften. Auch die Erreichung nichtkognitiver Ziele lässt sich nachweisen. Die Befunde sprechen bei allen Einschränkungen bezüglich möglicher Generalisierungen zu Schul- und Unterrichtseffekten sowie der Identifizierung von Wirkungsmechanismen für den Nachweis günstiger Lern- und Entwicklungsmilieus in den untersuchten Schulen (Köller/Trautwein 2003; vgl. dazu auch Thurn/Tillmann 1997). Dies ist ein bemerkenswerter Befund, da Reformschulen als Prototypen gestaltungsautonomer Schulen, die an historische Reforminitiativen anknüpfen, betrachtet werden können. Gesamtschulen als Reformansätze, die seit längerem über erweiterte Gestaltungsräume verfügen, können ihre Spielräume demnach erfolgreich nutzen.

Die Formulierung eines Schulprogramms spielt in der Gestaltung und Entwicklung von Schule eine herausragende Rolle. Da es ein Planungskonzept enthält, wird es als höhere Stufe des Schulkonzeptes betrachtet. Forschungsbefunde zur Praxis von Schulkonzepten und Schulprogrammen weisen darauf hin, dass die an Schulentwicklung Beteiligten sowohl im Praxisfeld als auch auf ministerieller Ebene Erwartungen an Schulprogramme richten, wobei die Hoffnungen der Befragten auf der Bildungssystemebene optimistischer als die der Lehrerinnen und Lehrer ausfallen, dies macht auch die Vielfältigkeit der Ansprüche an Lehrerinnen und Lehrer deutlich (Schlömerkemper 1996, 1999). Ein wichtiger Faktor bei der Relevanz des Schulentwicklungsprogramms in Reformprozessen ist die Akzeptanz im Kollegium; gleichzeitig müssen strukturelle Veränderungen vonstatten gehen (Holtappels 2003, S. 181ff.). Eine wichtige Rolle übernehmen in diesem Zusammenhang die Aktiven in Schulentwicklung, die intensive Arbeit am Schulkonzept leisten – zumeist Mitglieder der Schulleitung, der Steuergruppe oder externe Beraterinnen und Berater. Holtappels zeigt für Niedersachsen, dass 88 Prozent der Steuergruppenmitglieder an der Entwicklung von Teilen des Konzeptes beteiligt waren, 85 Prozent waren auch als Autorinnen und Autoren tätig (Holtappels 2003, S. 184). Eine Inhaltsanalyse von Schulprogrammen an Hamburger Schulen nach Konkretisierungsgrad, konzeptioneller Fundierung und interner Konsistenz ergibt Schulprogramme mit hoher Qualität (13 Prozent), mit beträchtlichen Defiziten (19 Prozent) und 68 Prozent eher indifferente. Systematisch geplante Entwicklungsarbeit, zumal mit externer Beratung, scheint eine gute Voraussetzung für die Erstellung eines Schulprogramms zu sein (Holtappels 2003, S. 188). Schulen mit Schulprogramm unterscheiden sich von Schulen ohne Schulprogramm hinsichtlich der Organisationskultur nur in geringem Maße – besser entwickelt sind Innovations- und Arbeitsklima sowie die Qualität der Elternkontakte. Ein Schulprogramm ist aber noch kein valider Indikator für Entwicklung. Voraussetzungen für den erfolgreichen Einsatz des Instrumentes sind die Motivation des Kollegiums, die Entwicklung der Schule verantwortlich mitzugestalten, eine Reformbereitschaft, konsensuelles Kooperieren im Kollegium, Einsatzbereitschaft und eine weitgehende Autonomie. Außensteuerung und Kontrolle bei der Schulprogrammerstellung ruft dagegen eher Widerstände hervor (Holtappels 2003, S. 193ff.).

3.3.2 Fallanalysen zur Schulentwicklungsarbeit

Forschungen, die sich insbesondere der Sondierung von Prozessverläufen in Schulentwicklungszusammenhängen widmen, sind in der Regel der qualitativen Schulforschung zuzuordnen. Es handelt sich zumeist um Fallstudien, die mit methodisch ausdifferenzierten Instrumentarien Praxisfelder der Schulreform rekonstruieren. Beiträge der qualitativen Schulforschung sondieren Schulporträts und partizipative Schulreformmodelle. In der Schulporträtforschung rückt die Schule als pädagogische Handlungseinheit in den Mittelpunkt des Interesses. Unternommen wird die umfassende systematische, wissenschaftlichen Gütekriterien entsprechende Darstellung der Wirklichkeit einer Einzelschule (Idel 1999). Die adäquate Rekonstruktion der Gestalt einer Einzelschule kann dabei Erkenntnisse generieren, die in komplexer Art und Weise mittelbar auf Praxis zurückwirken können und sie kann zur Theoriegenerierung bezüglich des Schulentwicklungsansatzes beitragen.

Bezugspunkte von Sondierungen zur Schulkultur sind Untersuchungen zur ›Qualität-von-Schule‹-Forschung. Erfasst werden Lern-, Erziehungs- und Organisationskultur einer Schule im Wandel. In einer Untersuchung an thüringischen und bayerischen Gymnasien wird deutlich, dass Schulen sich mit organisatorischen und strukturellen Herausforderungen auseinandersetzen müssen und dass dies einen Mehraufwand auch bezüglich der Etablierung neuer kommunikativer Zusammenhänge und Kooperationsformen im Kollegium bedeutet (Böttcher 1999). Fallanalysen demonstrieren konfliktreiche Aushandlungsprozesse in Qualitätsentwicklungsverläufen. Gestaltungsautonome Schulen werden nicht nur mit erhöhten Qualitätsansprüchen und Erwartungen bezüglich ihrer Reflexivität und Innovationskompetenz konfrontiert, sondern sie müssen sich auch mit innerschulischen Spannungen auseinandersetzen. Gerade auch im Bereich der Schulprogrammentwicklung brechen Gegensätzlichkeiten in Schulkulturen etwa in Form von Interessenkollisionen zwischen verschiedenen Lehrergruppierungen auf und müssen bearbeitet werden. Schulen sind keine harmonischen Gebilde, sondern sie leben auch von der Auseinandersetzung der Beteiligten. Gerade deshalb, so zeigen Untersuchungen, dürfen Schulen nicht unter Zeit- und Reformdruck gesetzt werden. Pädagogischer Aktionismus erhöht nicht nur das Belastungspotenzial für alle Beteiligten, sondern vermehrt auch die Möglichkeit bloßer Außendarstellung der Schule über das Schulprogramm; sie kann den Zielformulierungen aber aufgrund des überfrachteten Anspruchsniveaus nur auf einem hohen professionellen Niveau gerecht werden. Damit gibt es ein hohes Risiko des Scheiterns (Idel 1999, S. 175ff.). Fallanalysen zur Schulentwicklungsarbeit machen aufmerksam auf heikle Differenzen zwischen Qualitätsindikatoren und Qualitätsentwicklungsprogrammatiken einerseits und schulische Traditionen und eingeübten professionellen Haltungen andererseits. Die komplexe hermeneutische Rekonstruktionsarbeit legt Spannungsfelder offen, die bei der Entwicklung Guter Schule bearbeitet, nicht geglättet werden müssen. Zu entwickeln sind demnach Aushandlungskulturen.

Diese zu entfalten ist auch Herausforderung bei der Entwicklung partizipativer Strukturen in Schule und Unterricht. Im Zuge der exemplarischen Rekonstruktion einer Gesamtkonferenz an einer Gesamtschule werden schulische Partizipationsstrukturen im Spannungsfeld von Autonomie und Autonomienegation analysiert. Dabei werden im Sinne einer reflexiven Erziehungswissenschaft reale Problemlagen, verstanden als Fortschreibung von historisch entwickelten Machtverhältnissen im Schulbereich bei gleichzeitigem Partizipationsversprechen an Schülerinnen und Schüler offen gelegt (Lingkost/Kramer 1999). Dies verweist auf konstitutionelle Antinomien des Lehrerhandelns. Gerade die Aufforderung zur Partizipation in Schulentwicklungsprozessen macht Unvereinbarkeiten in schulischen Reforminitiativen deutlich. Die paradoxale Verordnung von Autonomie wird hier auf schulorganisatorischer Ebene in Mitbestimmungsimperativen formuliert und gleichzeitig durch alte Machtstrukturen, die die Entmachtung der Schülerinnen und Schüler mit sich führen, unterbunden (Helsper 1997; Böhme/Kramer 2001).

Dass kooperative Schulentwicklung damit nicht einfach in schulische und unterrichtliche Qualitätsarbeit zu transformieren ist, sondern komplexer Austauschprozesse bedarf, wird in fallorientierten, hermeneutisch-rekonstruktiv angelegten Studien deutlich. Die wissenschaftliche Begleitung von sechs Hamburger Schulen bei der obligatorischen Schulprogrammerstellung hat zum Ziel, die Organisation Schule als Kommunikationssystem zu erkennen. Sitzungsprotokolle, Konferenzmitschriften und Interviews dokumentieren Aushandlungsprozesse und Ausschusskulturen, die in der wissenschaftlichen Begleitung reflexive Bearbeitung finden und an die Schulen zurückgemeldet werden. Fallorientierte Schulentwicklungsforschung ist damit ein Ansatz der ethnographischen Forschung und liefert Schulen und der wissenschaftlichen Disziplin reflexives Wissen über Qualitätsentwicklung vor Ort (Reh/Schelle 2004).

Auch für den Bereich der Schülerpartizipation im Unterricht gilt dabei, dass etablierte Handlungsmuster in der Unterrichtsentwicklung nur schwer zu durchbrechen sind. Fallanalysen zeigen, dass die Mitwirkung der Schülerinnen und Schüler an der Gestaltung des Unterrichts, die gelegentlich oder habituell praktiziert wird, von Seiten der Lehrerinnen und Lehrer als voraussetzungsreiches Unternehmen (Forderungen nach didaktischer Kompetenz der Schülerinnen und Schüler) betrachtet wird. Die Schülerpartizipation im Fachunterricht der gymnasialen Oberstufe setzt reziproke Anerkennung der Kompetenzen der Beteiligten voraus. Schüler- und Lehrerperspektiven weisen auf differente Wahrnehmungen von Partizipationsangeboten und Realisierungsformen; dies ist auch Ausdruck antinomischer Verhältnisse im Schulbereich (Kunze 2004). Fallanalysen zur Schulentwicklungsarbeit erfassen diese Tiefendimension der Schul- und Unterrichtsentwicklung. Damit reflektieren sie die Interessengebundenheit der Qualitätsentwicklung in Schule und Unterricht.

3.3.3 Forschungen zu Unterrichtsqualität und Schulkultur

Empirische Schulqualitätsforschung nimmt Bezug auf Ergebnisse der pädagogisch-psychologischen Lehr-Lernforschung, der Sozialisationsforschung, der vergleichenden Bildungsforschung. Sie beabsichtigt die wissenschaftliche Systematisierung dezentraler Qualitätsentwicklung. Dabei sind für die Entwicklung von Unterricht psychologische Bedingungen erfolgreichen Lernens zu berücksichtigen. Diese wären (Petri 2004):

1. Aktivierung von Gedanken (ungeteilte Aufmerksamkeit);
2. Motivation (Nutzung von Motivationsquellen);
3. Lernen in Zusammenhängen (Verknüpfung des Lernstoffes mit Vorwissen);
4. angemessener Schwierigkeitsgrad (Individualisierung des Lernens, mittleres Anspruchsniveau);
5. effektive zeitliche Verteilung von Lernaktivitäten (Vermeidung von Unter- bzw. Überforderung);
6. Lernerfolgsrückmeldung (Feedback als Grundlage selbst organisierten Lernens);
7. festigende Aneignung (wiederholte Aktivierung des Gelernten in unterschiedlichen Zusammenhängen);

8. Variation und funktionsgerechte Verwendung der Unterrichtsformen (Lehrervortrag, Gruppen-, Partner- und Einzelarbeit
   variieren);
9. Förderung metakognitiver Fähigkeiten (Einübung von Strategien selbstständigen Lernens).

Schulentwicklung auf empirisch-wissenschaftlicher Grundlage verlangt jedoch nicht nur die Berücksichtigung lehr-lerntheoretischer
Erkenntnisse für unterrichtliche Arrangements. Zu berücksichtigen
sind darüber hinaus Outcomes des Unterrichts. Die Qualität von
Schule und Unterricht wird nach TIMSS und PISA zunehmend an
empirisch messbaren Erträgen und nicht an behaupteter Wirksamkeit festgemacht (Helmke 2003; Burkhard/Eikenbusch 2003). Bildungsziele der Schule bestehen nach Weinert (Weinert 2000;
Helmke 2003, S. 25) im

- Erwerb intelligenten Wissens;
- Erwerb anwendungsfähigen Wissens;
- Erwerb variabel nutzbarer Schlüsselqualifikationen;
- Erwerb des Lernen Lernens (Lernkompetenz);
- Erwerb sozialer Kompetenzen;
- Erwerb von Wertorientierungen (soziale, demokratische und
  persönliche Werte).

Im Angebots-Nutzungs-Modell unterrichtlicher Wirkungen
(Helmke 2003, S. 42) wird Unterricht als eine Offerte, deren Wirkungen von vielerlei vermittelnden Prozessen auf Schülerseite sowie von schulischen Lernkontexten abhängen, verstanden. Für die
Güte des Unterrichts sind folgende Faktoren bedeutsam (Ditton
2000, S. 82):

1. **Qualität**
   - Struktur und Strukturiertheit des Unterrichts
   - Klarheit, Verständlichkeit, Prägnanz
   - Variabilität der Unterrichtsformen
   - Angemessenheit des Tempos (Pacing)
   - Angemessenheit des Medieneinsatzes

- Übungsintensität
- Behandelter Stoffumfang
- Leistungserwartungen und Anspruchsniveau

2. **Motivierung**
   - Bedeutungsvolle Lehrinhalte und Lernziele
   - Bekannte Erwartungen und Ziele
   - Vermeidung von Leistungsangst
   - Interesse und Neugier wecken
   - Bekräftigung und Verstärkung
   - Positives Sozialklima in der Klasse

3. **Angemessenheit**
   - Angemessenheit des Schwierigkeitsgrades
   - Adaptivität
   - Diagnostische Sensitivität/Problemsensitivität
   - Individuelle Unterstützung und Beratung
   - Differenzierung und Individualisierung
   - Förderungsorientierung

4. **Unterrichtszeit**
   - Verfügbare Zeit
   - Lerngelegenheiten
   - Genutzte Lernzeit
   - Inhaltsorientierung, Lehrstoffbezogenheit
   - Klassenmanagement, Klassenführung

Ditton zeigt, dass sich für einen an kognitiven Leistungen orientierten Unterricht ein lehrerzentrierter und direkter Unterricht anbietet. Dabei ist allerdings zu berücksichtigen, dass die zugrunde gelegte Forschung zur Unterrichtsqualität auf Fachleistungen und nicht auf übergreifende Kompetenzen abhebt. Variierender Methodeneinsatz wird Qualifizierungsansprüchen in ihrer Breite am ehesten gerecht.

Die Relevanz der Schulkultur für günstige Lernprognosen und Lernerfolg gilt seit der Rutter-Studie (1979) als gesichert. In einem Klima von Akzeptanz, Lernfreude und Anstrengungswillen werden Leistungsbereitschaften gefördert. Zu einer förderlichen Schulkultur gehören ein freundlicher Umgang unter den Schulangehörigen, ein vielfältig ausgestaltetes Schulleben, eine hohe Identifikation der Schülerinnen und Schüler mit ihrer Schule, die Berücksichtigung von Schülerinteressen und partizipative Strukturen im Schulalltag. Hohe Wertschätzung und eine repressionsfreie Atmosphäre scheinen dazu angetan, angstfreies Lernen zu ermöglichen (Holtappels 2003, S. 62ff.). Dies stellt die Notwendigkeit hoher Leistungserwartungen, die sich in einem lehrergelenkten, schülerorientierten Unterricht niederschlagen, nicht in Abrede.

Unter sozial-ökologischer Perspektive ergeben sich darüber hinaus Zusammenhänge zwischen Lernkultur und Gewalt. Tillman et al. weisen nach, dass Merkmale der Lernkultur, wie Schulraumqualität, sozialräumliche Aufenthaltsmöglichkeiten, Lern- und Erfahrungsmöglichkeiten, förderndes Lehrerengagement, Lebensweltbezug der Lerninhalte, schülerorientierter Unterricht, Erfolgschancen und Leistungsdruck mit Gewalthandlungen zusammenhängen. Ein schülerorientierter, auf die Lebenswelten der Lernenden bezogener Unterricht ebenso wie förderndes Lehrerengagement korrelieren negativ mit Gewalthandlungen. Leistungsdruck und nicht erfüllbare Leistungsanforderungen, zu häufige Leistungskontrollen und zu geringe Rücksicht auf Lernprobleme führen dagegen zu häufigerem Auftreten psychischer und physischer Gewalt (Tillann et al. 2000, S. 217ff.). Auch von daher die Überlegung, Gewaltprävention mit Schulentwicklung zu verbinden (Melzer 2004).

3.3.4 Untersuchungen zu Schulorganisation und Schulmanagement

Mit der Übertragung der Gestaltungsverantwortung an die Einzelschule rücken Fragen der inneren Schulorganisation und der Leitung von Schule in den Mittelpunkt des Interesses. Mit der Notwendigkeit, die Eigenpotenziale der Organisation zu aktivieren, sind hohe Erwartungen an das Führungspersonal verknüpft. Schulleiterinnen und Schulleiter sind aufgefordert, institutioneneigene Ressourcen so zu aktivieren, dass Schule und Unterricht eine hohe Qualität erreichen.

Lehrerkooperation und Teamarbeit sind Voraussetzung für das Gelingen innerer Schulreform. Intensive Zusammenarbeit unter Kolleginnen und Kollegen trägt bei zu einer guten Lernkultur. Dies bedeutet einen Abschied vom Einzelkämpferdasein. Empirisch belegt ist, dass in professionellen Lerngemeinschaften, die Qualitätsentwicklung betreiben, Lehrerinnen und Lehrer bei der Materialentwicklung, der Unterrichtsplanung, der Durchführung des Unterrichts und der Diagnose der Lernentwicklung kooperieren; sie hospitieren gegenseitig im Unterricht, bilden Klassenteams, führen Teamteaching durch und unternehmen gemeinsame Halbjahresplanung (Holtappels 2003, S. 73).

Gute Schulleitungen haben die Organisation als Ganzes im Blick. Sie stimulieren Schulen zur Qualitätsentwicklung. Management, Führung und Moderation gewinnen in dem Moment an Bedeutung, wo innere Schulentwicklung als systematische Reorganisation einer Schule betrieben wird. Die Rolle des Schulleiters/der Schulleiterin wandelt sich im Schulentwicklungskontext vom instructional leader, der die Organisation von Lehr-Lernprozessen in den Mittelpunkt seines Interesses rückt, hin zum transformational leader, der den schulischen Wandel moderiert. Systembezogenes Denken und Handeln sind dabei in schulischen Qualitätsentwicklungsprozessen unerlässliche Voraussetzung (Wissinger 2000, S. 860).

In der anglo-amerikanischen Schulwirkungsforschung haben Untersuchungen zu Aufgaben und Rollen der Schulleitung eine lange Tradition. In der frühen Schulwirkungsforschung wurden effektive Schulen, verstanden als Schulen mit hohen Lernleistungen, auf entscheidende Lenkungsfaktoren hin untersucht. Diese liegen in einer starken, positiven Schulleitung. In Wirksamkeitsuntersuchungen wird empirisch nachgewiesen, dass effektive Schulleiter u.a. den Leistungszielen verpflichtet sind, dass sie ein Klima hoher Erwartungen in die Lernleistungen der Schüler schaffen, dass sie sich um notwendige Ressourcen kümmern oder dass sie für eine stabile Lernumgebung mit Akzent auf Disziplin sorgen (Wissinger 2000). Mit dem Wandel von der Schulwirkungsperspektive hin zur Schulentwicklungsperspektive wird die Frage relevant, wie Schulleitungen zur Entwicklung von Bildungsqualität beitragen können, ohne direkt auf Unterricht einzuwirken oder die Vorgesetztenrolle auszuspielen. Empirische Untersuchungen belegen grundsätzlich die Relevanz von Schulleitungspersonal in Schulentwicklungsprozessen. Schulleiter haben mit der Schulautonomie eine größere Verantwortung für die Bildungsqualität ihrer Schule (Wissinger 2002; Bonsen 2002). Dabei liegt ihr Aufgabenschwerpunkt in der Schaffung von Rahmenbedingungen für Unterricht und Erziehung sowie für die Weiterentwicklung der professionellen Gemeinschaft. Die Tätigkeit der Schulleiterinnen und Schulleiter ist gekennzeichnet durch Management- und Führungsaufgaben. In zentral organisierten Schulsystemen werden Schulleitungen durch einen erhöhten Verwaltungsaufwand gebunden. Gleichzeitig sind sie mit Unterrichtsverpflichtungen beschäftigt. In dezentralisierten Bildungssystemen werden dagegen Führungskräfte vorwiegend mit Management- und Führungstätigkeiten beschäftigt (Wissinger 2002, S. 57).

Eine weitere Perspektive eröffnet J. MacBeath, der auf der Basis einer Analyse von Interviewstudien die kommunikative Kompetenz des transformational leaders unterstreicht. Demnach wären gute Schulleitungen aufgefordert, systemisches Denken in den Mittelpunkt ihres professionellen Handelns zu stellen und das Muster von Entwicklungsprozessen zu erkennen. Ziel ist die Entwicklung einer integrativen Führung, bei der eine Ermächtigung der Organisationsmitglieder ohne Aufgabe der Führung intendiert wird. Gute Führung bringt die Professionellen zur Selbstverpflichtung auf Reformen. Die Innovationsbereitschaft des Kollegiums wird dabei dadurch gefördert, dass Schulleiter und Schulleiterinnen selbst in die Rolle der Lernenden schlüpfen. Auf der Basis hoher kommunikativer Kompetenz und der Bereitschaft, mit anderen in Beziehung zu treten, wird die Mobilisierung organisationaler Intelligenz erreicht (MacBeath 1999).

Bonsen unternimmt die Untersuchung von Wirkungszusammenhängen zwischen Schulleitungshandeln einerseits und der Entwicklung schulischer Qualität andererseits sowie eine Sondierung besonders erfolgreicher Entwicklungsstrategien. Anhand eines Vergleichs von Lehrereinschätzungen zu Handlungsdimensionen von Schulleiterinnen und Schulleitern an guten bzw. verbesserungsbedürftigen Schulen konnten markante Unterschiede in der Lehrer-beurteilung bezüglich der Handlungsdimensionen der Schulleitung herausgearbeitet werden. Besonders erfolgreiche Schulleiterinnen und Schulleiter erreichen hohe Einschätzungen in den Bereichen der zielgerichteten Führung, der Innovationsbereitschaft, der Organisationskompetenz sowie in der persönlichen Beziehungskompetenz. Der direkten Einflussnahme der Schulleitung auf die sozialen Beziehungen im Kollegium und der individuellen Begleitung einzelner Kollegen, der Visibilität und dem Belohnen von Lehrkräften kommen dagegen keine statistische Bedeutung zu (Bonsen 2002, S. 71ff.).

In einer Studie zu Schule, Führung, Organisation wird das Organisationsverständnis von Schulleiterinnen und Schulleitern untersucht. Unter Berücksichtigung unterschiedlicher Theorieansätze in der Führungs- und Organisationsforschung werden Rahmungen als organisationstheoretische Systematisierungen, die unterschiedliche Sichten auf Führungs- und Organisationspraxis darstellen, zugrunde gelegt (Bonsen 2004, S. 144ff.). Die Studie ergibt, dass die Mehrzahl der befragten Schulleitungspersonen aus Nordrhein-Westfalen und der Schweiz personale und strukturelle Aspekte der Organisation häufiger erkennen als politische und symbolische Rahmen. Dies kann als konventionell-klassische Führungsorientierung gedeutet werden (Bonsen 2003, S. 290). Schulleitungen Guter Schulen zeichnen sich aus durch eine erhöhte Aufmerksamkeit für symbolische (an Traditionen und Rituale einer Schule anknüpfende) und strukturelle (auf administrative Strukturen und Arbeitsstrukturen gerichtete) Aspekte der Führung. Dies weist darauf hin, dass gerade die Schule als Non-Profit-Organisation von symbolisch akzentuierter Führung profitieren kann. »In der Person eines Schulleiters oder einer Schulleiterin vereinigt sich idealtypisch somit der Pädagoge mit einem ›inneren Team‹ aus Manager und Sozialarchitekt, Berater und Betreuer, Prediger und Prophet und gegebenenfalls auch Anwalt und Politiker. Dies stellt eine höchst anspruchsvolle Herausforderung dar.« (Bonsen 2003, S. 298)

Zusammenfassung: Schulentwicklung dient der Qualitätsentfaltung und Qualitätssicherung an Schulen. Die internationale empirische Bildungsforschung liefert Vergleichsdaten, die die Verstärkung dezentraler schulischer Entwicklungsarbeit plausibel erscheinen lassen. Die Schulentwicklungsberatung stellt differenzierte Methoden zur Qualitätsentwicklung zur Verfügung; dazu gehören Schulprogrammentwicklung, Verfahren interner wie externer Evaluation ebenso wie Modelle der Praxisforschung. Mit der Formulierung internationaler Bildungsstandards, die Ergebnisnormen in Gestalt von empirisch fundierten Qualitätsindikatoren benennen, verlagert sich das Gewicht staatlicher Steuerungsmaßnahmen in Deutschland von der Input- auf eine Output-Steuerung. Schul- und Unterrichtsentwicklungsforschung untersuchen Voraussetzungen und Wege zur Entwicklung hoher Unterrichtsqualität. Evaluationsstudien und Fallanalysen benennen Problemzonen schulischer Entwicklungsarbeit, und sie geben Hinweise auf notwendige Voraussetzungen kooperativer Schulentwicklung. Wissenschaftliche Untersuchungen belegen die Relevanz professionellen Managements von Schulentwicklung – Schulleitungen tragen die Verantwortung für die Bildungsqualität von Schule.

4. Pädagogische Professionalität

Orientierungen, Befunde und Entwicklungsperspektiven

Schulentwicklung ist ein Verfahren, das neue Ansprüche an pädagogische Professionalität nach sich zieht. Lehrkräfte können ihr Verhaltensrepertoire hin zu verantwortungsbewusster Mitgestaltung der Bildungsinstitutionen erweitern. Mit der Gestaltungsautonomie einzelner Schulen erhöhen sich damit Anforderungen an Professionelle. Der Lehrberuf als Profession gewinnt an Konturen.

Die Entwicklung des Lehrberufs hin zu einer Profession ist eng verknüpft mit der Entwicklung des Schulwesens, das sich seit Mitte des 18. Jahrhunderts in differenzierter Form herausbildet. Mit der Etablierung des staatlichen Berechtigungswesens erhöhen sich Ansprüche an Lehrpersonen; Lehrkräfte in öffentlichen Bildungsinstitutionen werden zunehmend zu Spezialisten für das Arrangement von Lehr-Lernprozessen. Sie zeichnen verantwortlich für den Erfolg der Institution Schule, die sich in einem Prozess fortschreitender Systembildung befindet (Sandfuchs 2004, S. 15). Die Geschichte der Lehrerbildung in Deutschland geht mit einer wissenschaftlichen Spezialisierung der Lehrkräfte sowie mit einer fortschreitenden Komplexität des Aufgabenfeldes einher.

Die Lehrerbildung in Deutschland kann als äußerst anspruchsvolles, aufwändiges und kompliziertes Ausbildungssystem, dessen spezifische Struktur auf Länderebene geregelt wird, betrachtet werden (Terhart 2004, S. 38). Sie stellt die längste Erstausbildung der Lehrkräfte in Europa dar; für Sekundarstufenlehrer sechs Jahre, für Primarstufenlehrer mindestens fünf Jahre Ausbildungszeit (OECD 2004). Die Lehrerbildung ist in Deutschland im Gegensatz zu Ausbildungsgängen in anderen europäischen Staaten in zwei Phasen untergliedert. Die erste Phase der Ausbildung findet an Universitäten (in Baden-Württemberg an Pädagogischen Hochschulen) statt;

diese führen in Fachsystematiken ebenso wie in Fachdidaktiken und Erziehungswissenschaften ein. Hinzu kommen schulpraktische Studien, die neben dem Studium wissenschaftlicher Disziplinen zu einer Kompetenzentwicklung der Studierenden beitragen (Abschluss: 1. Staatsexamen). Die weitere Qualifizierung der Studierenden erfolgt im Referendariat, das an einer Ausbildungsschule und im Studienseminar absolviert wird – hier geht es schwerpunktmäßig um die Vorbereitung auf Schulpraxis (Abschluss: 2. Staatsexamen). Mit dem 2. Staatsexamen kommt es zu einem vorläufigen Abschluss des staatlichen Ausbildungsganges. In der Regel erfolgt nach einigen Jahren eine Verbeamtung auf Lebenszeit. An die erste und zweite Phase der Lehrerbildung schließt sich die Berufseingangsphase (dritte Phase) und die Phase der weiteren beruflichen Qualifizierung (vierte Phase) an; in der dritten und vierten Phase der Lehrerbildung erfolgen nur wenige staatliche Kontrollen und Sanktionen. Da Prüfungen, Ausbildungsgänge, Einstellungspraxen und Beförderungen vom jeweils zuständigen Ministerium geregelt werden, ist die Lehrerbildung in Deutschland weitgehend unter staatlicher Aufsicht. Da die deutsche Lehrerbildung schulart- oder schulstufenbezogen erfolgt, durch länderspezifische Verwaltungsvorschriften geregelt wird und gleichzeitig wissenschaftlich fundiert ist, entwickelt sie sich unter komplexen Ansprüchlichkeiten zwischen Verwaltung, Wissenschaft und Öffentlichkeit.

In der Erziehungswissenschaft wird die Frage, ob der Lehrberuf eine Profession darstellt, zunehmend positiv beschieden (Blömeke 2002; Sandfuchs 2004). In diesem Zusammenhang werden Grundsatzdebatten um Profession und Professionalisierung, in denen komplexe Ansprüche an professionelles Lehrerhandeln in deregulierten Bildungssystemen formuliert werden, geführt.

4.1 Lehrerbildung als komplexe Professionalisierungsmaßnahme

Die Frage, ob der Lehrberuf eine Profession darstelle oder ob von einer Semi-Profession die Rede sein müsse, wird in der Erziehungswissenschaft unterschiedlich beantwortet. Als Professionen werden seit dem 16. Jahrhundert Berufsgruppen bezeichnet, die ihre Ausbildung an der Universität absolvieren; als Professionsangehörige gelten zunächst Absolventen der Fakultäten Medizin, Recht und Theologie (Blömeke 2002). Der Lehrberuf lässt sich anhand historisch entwickelter Vereinbarungen zu Merkmalsausprägungen von Professionen – wissenschaftliche Ausbildung, ethische Fundierung, Berufsverbände, hohe Autonomie im beruflichen Handeln, hohes Ansehen des Berufs und Zugehörigkeit zum Dienstleistungssektor – auf seine Professionsspezifik hin überprüfen. Die Existenz einer gesicherten Berufswissenschaft ebenso wie Freiheit der Berufsausübung werden von einigen Erziehungswissenschaftlern in Abrede gestellt (Schwänke 1988; Combe/Helsper 1997; Blömeke 2002). Die Verwissenschaftlichung der Lehrerbildung ist demgegenüber noch kein ausreichendes Argument, um die vorgetragenen Bedenken auszuräumen. Der Lehrberuf muss als Profession basieren auf:

• wissenschaftlicher Ausbildung an Universitäten/wissenschaftlichen Hochschulen;
• berufsethischen Orientierungen;
• organisierter Interessenvertretung;
• hoher Autonomie professionellen Handelns;
• gesellschaftlicher Anerkennung;
• Gemeinwohlverpflichtung.

Aus professionstheoretischer Sicht, die auch immer die historische und politische Kontextualisierung von Entwürfen beinhaltet (Herrmann 2000), ist der Entwicklungsprozess hin zum Lehrberuf als einer Profession bedeutsam. In diesem Zusammenhang spielt der Begriff der Professionalisierung eine wesentliche Rolle. Gemeint sind damit sowohl der Prozess einer historisch begründeten Formierung und Akzeptanz der Berufsgruppe als auch der Vorgang des individuellen Kompetenzerwerbs. Professionalisierung heißt, dass der Professionsinhaber als Mitglied einer Berufsgruppe, die zunehmend über professionstypische Merkmale verfügt, fortschreitend kompetent wird, Professionswissen situativ angemessen anzuwenden. Er muss also in die Lage versetzt werden, Situationen professionell zu deuten und sich in ihnen gekonnt zu bewegen. Professionelles Agieren ereignet sich dabei im Spannungsfeld von Theorie und Praxis. Erziehungswissenschaftliche Theorien können nicht unmittelbar in professionelles Handeln überführt werden; sie bedürfen einer angemessenen Übertragung auf konkrete Situationen.

Neuere Leitbilder zur pädagogischen Professionalität, die schulentwicklungsrelevanten Ansprüchen entsprechen, verfolgen den skizzierten Prozessgedanken. Der Akzentuierung des Kompetenzerwerbs in der Lehrerbildung liegt die Vorstellung vom allmählichen Aufbau von Fähigkeiten zu einem bestimmten Verhalten zugrunde. Kompetenz beschreibt komplexe Verhaltensdispositionen, die sich reflexiv auf Regelwissen beziehen und die sich in Kontexten des Berufsfeldes realisieren. Sie kann nicht zu einem Zustand verdichtet werden, sondern sie bleibt Handlungsmöglichkeit in ungewissen, diffusen und offenen Situationen. Dies stellt die Möglichkeit eines Aufbaus von Handlungsroutinen nicht in Abrede (Bastian/Helsper 2000, S. 174ff.).

Die Grundlagenforschung in der Lehrerbildung geht dem Problem der Lehrerbildung mit dem Ziel einer Neudefinition des Verhältnisses von Wissen und Können nach. Intuitiv-improvisierendes Handeln des Professionellen lässt sich nicht als Ableitung eines Theoriewissens begreifen. Der Lehrer als Experte verhält sich in dieser oder jener Weise, weil er über implizites Wissen verfügt, das in seinen Begründungszusammenhängen zwar rekonstruiert werden kann, das jedoch als Regelwerk nicht unmittelbar das Handeln steuert. Die Anerkennung der Dignität von Theorie und Praxis und das Wissen um die unaufhebbare Differenz zwischen beiden führen zur Diskussion des Anspruchs, in der ersten Phase der Lehrerbildung bereits praktische Handlungskompetenz zu vermitteln. In der universitären Erstausbildung besteht zunächst die Notwendigkeit, das wissenschaftliche Denken in der Auseinandersetzung mit Theoriebeständen zu schulen. Professionelle Kompetenz bedarf einer soliden Wissensbasis in Form eines kategorialen Systems, das Orientierungen zur Strukturierung von Unterrichtssituationen zur Verfügung stellt (Nölle 2002). Anzustreben ist in diesem Kontext der gezielte Aufbau von reflexiver Kompetenz im akademischen Rahmen (Neuweg 2002). Dies kann etwa durch Fallarbeit oder Beobachtungsaufgaben für Studierende induziert werden. In den folgenden Phasen der Lehrerbildung, in denen der Praxisanteil kontinuierlich wächst, ist reflexive Kompetenz weiterhin zu schulen und in Auseinandersetzung mit neueren Theoriebeständen auszubauen. Die Wirksamkeit der Lehrerbildung ist unter dieser komplexen Ansprüchlichkeit zu überprüfen. Im Professionsgenerierungsmodell der Wirksamkeit werden professionelle Kompetenzen in den Mittelpunkt der Überlegungen gerückt. Die Frage ist von Theorie und Best Practice her zu stellen: welche Kompetenzen benötigen Lehrerinnen und Lehrer, um gute Arbeit zu leisten? Anforderungskataloge an die Lehrerbildung setzen an bei der Unterrichtstätigkeit als zentralem Geschäft der Pädagoginnen und Pädagogen. Die Professionellen müssen in ihrer Ausbildung auf die Kernaufgabe ihrer beruflichen Tätigkeit, dem Unterstützen des Lernens der Schülerinnen und Schüler, vorbereitet worden sein (Terhart 2000; Oser/ Oelkers 2001).

Wirksamkeitsstudien zur Lehrerbildung, die in Deutschland erst seit Beginn der 90er-Jahre des 20. Jahrhunderts Konjunktur haben, sind zu kontextualisieren innerhalb ökonomischer Entwicklungen. Der Länderbericht Deutschland der OECD zur Lehrerpolitik unterstreicht die abnehmende Leistungskraft und Wettbewerbsfähigkeit der deutschen Wirtschaft (OECD 2004). Das geringe Wachstumsniveau und zu hohe Staatsausgaben, verbunden mit einem steigenden Haushaltsdefizit führen zu einem Überdenken der Staatsausgaben und einer Überprüfung der Effizienz staatlicher Ausgabenpolitik. Gerade die Ergebnisse der PISA-Studien von 2000 und 2003 lassen Zweifel an der Hochwertigkeit des deutschen Ausbildungssystems aufkommen. Die außerordentlich lange Ausbildungsdauer für Lehrerinnen und Lehrer in Deutschland, gekoppelt mit einem behäbigen Beamtenapparat im Beschäftigungssektor, in dem Beförderungen nach Dienstalter und nicht nach Leistung vorgenommen werden, führen zu breiten öffentlichen Diskussionen ebenso wie zu verstärkter Forschungstätigkeit die Wirksamkeit der Lehrerbildung betreffend. Die Lehrerbildungsdiskussion, internationale Forschungsergebnisse zur Wirksamkeit der Lehrerbildung und die Formulierung von Anforderungskatalogen an die zukünftige Lehrerbildung sind damit in einem größeren Kontext einer Reform des öffentlichen Dienstes in Deutschland zu betrachten. Mit der Einführung von Dezentralisierung, Deregulierung, Qualitätsmanagement als Leitorientierungen gegenwärtiger Bildungspolitik werden im Bildungssektor neue Qualitäten der Professionellen verlangt; die Lehrerbildung hat sich diesen Herausforderungen zu stellen.

Die Untersuchung der Wirksamkeit von Lehrerbildung unterstellt, dass die Qualität der Ausbildung das Niveau des Lehrerhandelns beeinflusst und dass Lehrerhandeln und Schülerleistungen zusammenhängen. Die Wirkungskette Lehrerbildung – Lehrerhandeln – Schülerlernen erscheint plausibel, ist jedoch bislang empirisch nicht belegt (Terhart 2003). Für Deutschland lässt sich ein Defizit lehrerbildungsbezogener empirischer Forschung feststellen (Blömeke 2004, S. 61). Blömeke berichtet über US-amerikanische Forschung zur Wirksamkeit der Lehrerbildung. Unterscheiden lassen sich in diesem Zusammenhang auf der einen Seite so genannte Deregulierer, die die Notwendigkeit gesetzlicher Regelungen und Vorschriften zu formalen Anforderungen an die Lehrerbildung bestreiten und für die Abschaffung aller Regularien eintreten. Demgegenüber setzen die so genannten Professionalisierer auf eine standardbezogene Reform der Lehrerbildung. Die Frage, ob eine hohe Qualität des Lehrerhandelns eine Folge von Lehrerbildung oder von Persönlichkeitseigenschaften oder Erfahrungen ist, kann auf der Basis vorliegender Untersuchungen nicht abschließend beantwortet werden (Blömeke 2004, S. 75). International vergleichende Untersuchungen zur Wirksamkeit der Lehrerbildung, die sich an Standards orientieren und damit eine systematische Überprüfung ermöglichen, stehen aus.

Oser/Oelkers führten eine Untersuchung zu Wirkungen der Lehrerbildung in der Schweiz durch. Die Befragung der Absolventen orientiert sich an einer vorab definierten Liste mit Standards der Lehrerbildung, in der professionelle Kompetenzen festgeschrieben sind. Die Standards stellen anerkannte, im Bezugssystem der Fachleute relevante Kompetenzen dar. Oser/Oelkers kommen für die Schweiz zu dem Ergebnis, dass die Verarbeitungstiefe der meisten Standards zu wünschen übrig lässt. »Das, was im Kopf der Lehramtskandidatinnen und -kandidaten entsteht, ist nicht professionelles Können und Beherrschen, sondern bloß partikuläres, verinseltes Wissen.« (Oser/Oelkers 2001, S. 310) Angesichts des Untersuchungsergebnisses (mehr als ein Drittel der Befragten [N = 1.286] gaben z.b. an, in der Fachdidaktik Deutsch noch nie etwas von dem Standard »Hausaufgaben sinnvoll erteilen und überprüfen können« gehört zu haben) schreibt Oser vom ›Andachtmodell der Lehrerbildung‹, in dem das Wohlbefinden der Studierenden vor ihrer Qualifikation Vorrang habe (Oser 2003, S. 15). In diesem Zusammenhang wird vorgeschlagen, die Lehrerbildung auf exemplarische Standards zu beziehen, die als Module angeboten werden können. Terhart schlägt Standards für das Studium der Unterrichtsfächer, für das fachdidaktische Studium, für das erziehungswissenschaftliche Studium sowie für die Absolventen der zweiten Phase vor. Die zehn Standards für das erziehungswissenschaftliche Studium lauten:

1. Menschenbilder/Bildungstheorie/Erziehungsprozesse;
2. Lernen, Entwicklung und Sozialisation im Kindesalter;
3. Schule und Schulsystem;
4. Unterricht als Vermittlungs- und Interaktionsprozess;
5. Lernstrategien und Lernmethoden für Schüler;
6. Lerndiagnostik, Leistungsbeurteilung, Lernförderung;
7. Heterogenität der Schülerschaft;
8. Kooperation mit: Kollegen, Eltern, außerschulischen Institutionen;
9. Schul- und Unterrichtsentwicklung;
10. Lehrerberuf und Professionalität.

Die Standards für die Absolventen der zweiten Phase beziehen sich auf:

1. Unterrichts-/Klassenführung;
2. Unterrichtsplanung (Halbjahre, Unterrichtseinheiten, Stunden);
3. Beurteilung, Diagnose und Förderung;
4. Einsatz eines breiten Methodenrepertoires;
5. Einsatz neuer Informationstechnologien;
6. Überprüfung der eigenen Arbeit (Selbstevaluation);
7. Selbstbild und Selbstentwicklung als Lehrer;

8. Formelle und informelle Fort- und Weiterbildung;
9. Berufliche Belastung und ihre Bewältigung;
10. Kooperation mit Kollegen/Schulentwicklung.
(Terhart 2003, S. 15)

Eine an Standards orientierte Evaluation der Lehrerbildung kann einerseits durch Absolventenbefragungen erreicht werden. Darüber hinaus sind Testverfahren bezüglich tatsächlich erreichter Wissens-, Reflexions- und Urteilkompetenzen sowie Beobachtung und Beurteilung professionellen Handelns denkbar. Über Schülerbefragungen und die Erfassung von Lernleistungen schließlich lässt sich das Bild von den Wirkungen der Lehrerbildung abrunden, ohne den Anspruch auf Konstruktion von Kausalketten stellen zu wollen. Gerade bei Erhebungen zur Einschätzung der Ausbildungsgänge sind Verzerrungen in der Rekonstruktion seitens der Befragten zu erwarten und erfordern den Einsatz komplexer Verfahren zur Datenerhebung (Marlovitz/Schratz 2003).

4.2 Zur Fundierung neuerer Leitbilder

Die Anspruchlichkeiten an Lehrerinnen und Lehrer bezüglich ihres professionellen Handelns in teilautonomen Schulen haben sich erweitert. Angesichts markanter gesellschaftlicher Entwicklungen – Dalin kennzeichnet diese als Revolutionen bezogen auf die Informationstechnologien, die Bevölkerungsentwicklung, die Globalisierung sowie Wandlungsprozesse im gesellschaftlichen, wirtschaftlichen, technologischen, ökologischen, ästhetischen, politischen sowie im Wertebereich (Dalin 1997) – wandelt sich die Lehrerrolle. Die klassischen Aufgaben eines Lehrers/einer Lehrerin sind mit der Erweiterung der Handlungsspielräume in selbst organisierten Bildungseinrichtungen zu ergänzen. Professionelle

- unterrichten,
- erziehen,
- diagnostizieren, beurteilen, evaluieren,
- entwickeln Schule und ihre persönliche berufliche Kompetenz.

In allen Tätigkeitsbereichen (Bauer et al. 1999; Terhart 2000) müssen Pädagoginnen und Pädagogen ein differenziertes professionelles Handlungsrepertoire entfalten; dieses bezieht sich auf die soziale Struktur, die Interaktion, die Gestaltung, die Hintergrundarbeit, Sprache und Kommunikation (Bauer 1999, S. 111ff.). Die Kompetenz von Lehrpersonen gründet auf Wissen, auf situativ anwendbaren Routinen sowie auf einem besonderen Berufsethos (Ostermeier/Prenzel 2003, S. 57ff.). Standards in der Lehrerbildung, die in den USA eine lange Tradition haben, im deutschsprachigen Raum jedoch kontrovers diskutiert werden, stellen Weichen für eine konsequente Ausrichtung und Steuerung der Lehrerbildung an und durch Schul- und Unterrichtsentwicklung. Dabei sind sie Versuche zur Professionalisierung des Lehrerhandelns, das angesichts des sozialen Wandels und der Internationalisierung der Bildungsanforderungen nicht dem Zufall überantwortet werden darf. Auszugehen ist zunächst von gegebenen Ausbildungsstrukturen, die die universitäre Ausbildungsphase, die Zweiphasigkeit und die zwei Staatsexamina betreffen. Gerade die komplexe Ausbildungsstruktur kann in ihren Potenzialen für eine Professionalisierung der Lehrkräfte im Sinne eines Kompetenzerwerbs für Schulentwicklung genutzt werden. Nicht nur in der universitären Ausbildungsphase, sondern auch während der gesamten Berufslaufbahn sind Lehrerinnen und Lehrer gehalten, ihre Berufsbiografie bewusst zu gestalten und eine positive Haltung gegenüber innovativen Impulsen einzunehmen. Voraussetzung ist damit auch eine hohe Sensibilität für gesellschaftliche Wandlungen und die Konsequenzen, die sich für Kinder und Jugendliche daraus ergeben.

Die Veränderungen in der Lehrerrolle angesichts sich wandelnder gesellschaftlicher Verhältnisse ergeben sich nicht nur für den Bereich der Schulentwicklung, die ein neues Professionsprofil hervorbringt (Rahm/Schröck 2004). Sie ergeben sich auch bezüglich der gestiegenen Verantwortung der Lehrkräfte für den schulischen Sozialisationsprozess von Schülerinnen und Schülern und das Arrangement von Lerngelegenheiten (Gudjons 2000; Giesecke 1998). Mit der Expansion neuer Technologien und Medien gerät die Schule zu einem Ort, an dem die Aneignung von Kultur gezielt unterstützt und gefördert werden kann. Die Lehrerrolle involviert damit einen Umgang mit heterogenen Sozialisationsbedingungen der Kinder und Jugendlichen ebenso wie die Entwicklung innovativer Unterrichtsverfahren, die den Aufbau einer Lernkultur unterstützen. Pädagogische Professionalität wird definiert als eine persönliche Entwicklungsaufgabe, die gesellschaftlichem Wandel Rechnung trägt (Bauer 2002).

Die Perspektiven der Lehrerbildung ergeben sich aus Problemlagen, die mit folgenden Wandlungsprozessen in Zusammenhang gebracht werden (Terhart 2000, S. 34ff.):

- Wandel von Kindheit und Jugend (Pluralisierung von Lebensformen);
- Wandel im System der Arbeit und der Berufe (Qualifikationsanforderungen);
- Lernen mit neuen Medien und Informationstechnologien;
- wachsende Bedeutung lebenslangen Lernens.

Die Notwendigkeit, Kinder und Jugendliche auf Wandel vorzubereiten, hat eine prozessorientierte Bildung der Ausbilder zur Konsequenz. So wie Schulen als Orte des Lernens Gelegenheiten zum Aufbau von Kompetenzen bereitstellen müssen und sich damit an gesellschaftlichem Wandel orientieren müssen, so sind Lehrer und Lehrerinnen gezwungen, flexible Haltungen gegenüber gesellschaftlichen Modernisierungsschüben einzunehmen. Leitbilder für den Lehrberuf sind in diesem Zusammenhang normativ aufgeladene Anspruchskataloge, die von einer Bejahung des Wandels getragen sind. Der Lehrberuf beinhaltet demnach schwerpunktmäßig die Unterstützung des Lernens von Kindern und Jugendlichen. Der Lehrer/die Lehrerin ist ein learning facilitator, ein Mensch, der Möglichkeiten zum Lernen bereitstellt und der seine Kompetenzen so einsetzt, dass alle Kinder und Jugendlichen das bestmögliche Lernresultat für sich erreichen.

Die neueren Leitbilder zum Lehrberuf sind normativ hoch aufgeladene Verabredungen zu Ansprüchen, die die Gesellschaft an die Zunft der Pädagoginnen und Pädagogen richtet. Angesichts der Heterogenität der Interessenlagen und der Vielfalt der Problemzonen stellt die Vorstellung vom pädagogischen Professionellen als

Konstrukteur und Unterstützer von Lernprozessen einen tragfähigen gemeinsamen Nenner dar. Kernaufgabe des Lehrers/der Lehrerin in Schulentwicklungszeiten ist die Planung, Organisation, Gestaltung und Reflexion von Lehr-Lernprozessen in- und außerhalb von Bildungsinstitutionen. Da die Lehrenden die Lernenden zum Aufbau von Lernkompetenzen ermutigen und unterstützen, müssen sie selbst in der Lage sein, sich kontinuierlich weiterzuentwickeln. Neben dem Unterrichten, dem Erziehen, dem Diagnostizieren, Beurteilen und Evaluieren sind Professionelle im Bildungsbereich aufgefordert, ihre persönliche Kompetenz und Schule weiterzuentwickeln. Dazu benötigen sie ein Know-how der Schulentwicklung, das weit über bisherige Lehrerkompetenzen hinausweist.

An erster Stelle steht hier die Notwendigkeit einer Entwicklung integrativer Handlungskompetenzen. Schulentwicklung heißt in diesem Sinne, dass die Mitglieder eines gesamten Kollegiums in Kooperation eine gemeinsam verantwortete Gestalt von Schule entwerfen und verwirklichen. Dies ist ein auf Dauer angelegter Prozess, der immer wieder evaluiert werden muss. Dabei ist festzuhalten, dass das Mitwirken an Schulentwicklung als komplexe Aufgabe zu betrachten ist. So wie Schul- und Unterrichtsentwicklung nicht als getrennte Anforderungsbereiche gedacht werden können, so müssen schulentwicklungsbezogene Tätigkeitsfelder als Teilbereiche einer lernenden Organisation, die im Systemganzen zu denken ist, betrachtet werden (Senge 1999).

Schulentwicklung fügt den klassischen Aufgabenfeldern des Lehrberufs folgende Tätigkeitsfelder hinzu (Rahm/Schröck 2005):

- kooperieren,
- planen,
- innovieren,
- evaluieren/forschen,
- lernen,
- leiten.

Kooperieren bedeutet das Zusammenwirken von zwei oder mehreren Personen im Sinne einer Effektivierung der Aufgabenbewältigung und der Erhöhung beruflicher Zufriedenheit. Kooperation setzt gemeinsame Zielperspektiven im Sinne einer Verbesserung schulischer Praxis voraus. Während strukturelle Kooperation Austausch innerhalb vorgegebener Einrichtungen und Absprachen bedeutet und individuelle Arbeitsmöglichkeiten innerhalb des Systems eröffnet, hebt integrative Kooperation ab auf die Entwicklung gemeinsamer Perspektiven (Esslinger 2002, S. 73ff.). Teamentwicklung stellt sich dar als komplexer Prozess, innerhalb dessen Ziele, Dynamik, Struktur und Klima bearbeitet werden (Schley 1998).

Lehrerinnen und Lehrer planen einerseits individuell innerhalb der im System vorgegebenen Perspektiven, indem sie beispielsweise innovative Entwürfe für Unterricht vorlegen oder Vorschläge für die Gestaltung eines Schulfestes unterbreiten. Integrative Planungen werden dagegen gemeinsam vorgenommen; hier spielen die Perspektive der Gemeinschaft und die Auseinandersetzung um Orientierungen der Beteiligten eine entscheidende Rolle (Esslinger 2002, S. 95ff.).

Innovieren als dritte Perspektive stellt eine Veränderungstätigkeit innerhalb des Systems Schule dar. Auch innovative Tätigkeiten können als individuelle oder als gemeinschaftliche Herausforderung verstanden werden. Das Innovieren betrifft alle weiteren Tätigkeiten von Lehrerinnen und Lehrern und kann damit als übergreifende Orientierung bezeichnet werden (Esslinger 2002, S. 110ff.).

Evaluieren/Forschen kann als Kontrolle innerhalb des Systems oder als Prozess der Selbstvergewisserung/Reflexion im Sinne pädagogischer Qualitätsentwicklung verstanden werden (Kempfert/ Rolff 1999). Erst wenn ein gemeinsamer Bewertungsprozess im Sinne einer Bestandsaufnahme mit dem Ziel einer Weiterentwicklung der Qualitätsarbeit unternommen wird, sprechen wir von integrativer Evaluation (Esslinger 2002, S. 129ff.). Diese unterscheidet sich von weitergehenden Forschungsprojekten, die auf Systematisierung zielen. Lehrerforschung geht über reflektierten Umgang mit Krisen und Fallverstehen hinaus und erstrebt Erhellung verallgemeinerbarer Erkenntnisse. Dabei wird in der Aktionsforschung ausdrücklich das Ziel verfolgt, Praxis zu verbessern (Altrichter/ Posch 1998, S. 13).

Lernen als Element einer auf Schulentwicklung ausgerichteten Berufsauffassung ist ein Verhalten der Professionellen, das der von der Organisationsentwicklung propagierten Sicht auf Schule als lernender Organisation entspricht. Eine der Unterrichts-, Personal- und Organisationsentwicklung verpflichtete Einrichtung kann nur von Mitgliedern getragen werden, die in der Lage sind, sich auf neue Erfahrungen einzulassen und diese als Verhaltensänderungen in ihr Repertoire aufzunehmen. Erst wenn Lernprozesse nicht nur individuelle Verhaltensänderungen, etwa im Zuge von Lehrerfortbildungen, bewirken, sondern wenn sie in Auseinandersetzung mit anderen und in Perspektive auf die Weiterentwicklung der Schule als Ganzes vollzogen werden, kann von integrativen Weiterentwicklungen ausgegangen werden (Esslinger 2002, S. 157).

Die Bedeutung des Leitens in Schulentwicklungsprozessen ist durch empirische Untersuchungen belegt (Bonsen et al. 2002). Schulleiterinnen und Schulleiter haben entscheidenden Einfluss auf die Qualität der Bildungseinrichtung, wobei die zielbezogene Führung, die Innovationsförderung, die Partizipation in der Entscheidungsfindung sowie die Organisationskompetenz eine entscheidende Rolle spielen (Bonsen et al. 2002, S. 317ff.). Integrative Schulleitung (Rahm 2002) arbeitet interaktiv und mobilisiert organisationseigene Kräfte. In teamorientierten Schulen stellt Leiten auch außerhalb der Schulleitung einen wichtigen schulentwicklungsrelevanten Tätigkeitsbereich dar.

Die neueren, auf Schulentwicklung bezogenen Leitbilder, die sich aus organisationstheoretischen und systemischen Perspektiven speisen, sind Ausdruck einer veränderten Sicht auf Lehrerinnen und Lehrer: sie werden vorrangig als Mitglieder einer professionellen Gemeinschaft betrachtet und nicht länger als Einzelkämpfer. Ihr Denken und Handeln als Professionelle in Schulentwicklungsprozessen gilt dem gesamten Entwicklungsprozess der Schule ebenso wie ihrer persönlichen Professionalisierung innerhalb der Organisation. Mit der Ausweitung der Verantwortlichkeiten und der Erweiterung des Aufgabenspektrums ist ein bemerkenswerter Zuwachs an beruflicher Autonomie innerhalb erweiterter Gestaltungsspielräume verbunden.

4.3 Standards in der Lehrerbildung

Standards in der Lehrerbildung sind Antworten auf veränderte Herausforderungen, mit denen der Lehrberuf konfrontiert ist. Die Vorstellung vom lernenden Lehrer in lernenden Schulen wird der Programmatik der Schulentwicklung gerecht. Die Lehrerbildung umzudenken als einen Professionalisierungsprozess, der nicht mit dem Eintritt in die Berufstätigkeit endet, sondern der kontinuierlich fortgeführt wird, bedeutet in diesem Zusammenhang einen Einschnitt in bisherige Ausbildungspraxis. Konzepte der Aus-, Fort- und Weiterbildung sollten eine flexible Personalentwicklung ermöglichen. Larcher/Oelkers nennen Eckwerte eines entsprechenden Ausbildungsmanagements (Larcher/Oelkers 2004, S. 146):

- Formulierung von verbindlichen Zielen;
- Aufbau einer verantwortlichen Ausbildungsleitung;
- Festlegung von professionellen Standards;
- Entwicklung und Abstimmung von Kerncurricula in allen Bereichen der Ausbildung;
- Steuerung durch Leistungsverträge;
- Kommunikation der Effekte durch geregeltes Feedback.

Oser/Oelkers empfehlen die Formulierung von professionellen Standards, um die Reform der Lehrerbildung zu orientieren und in ihrer Effizienz zu überprüfen. Standards verstehen sie als »... komplexe berufliche Kompetenzen, die zu theoriegeleitetem Handeln werden, dies weil ein Bezug zu Wissenschaft und Forschung einerseits besteht und weil andererseits eine analysierte und dadurch kritisch reflektierte Praxis diese Praxis erst ermöglicht« (Oser/Oelkers 2001, S. 224ff.). 88 Standards werden in zwölf thematischen Standardgruppen zusammengefasst. Diese reflektieren unter anderem die gestiegenen Anforderungen an Lehrkräfte durch die Gestaltungsautonomie der Schule (Oser/Oelkers 2001, S. 230):

1. Lehrer-Schüler-Beziehungen und fördernde Rückmeldung;
2. Diagnose und Schüler unterstützendes Handeln;
3. Bewältigung von Disziplinproblemen und Schülerrisiken;

4. Aufbau und Förderung von sozialem Verhalten;
5. Lernstrategien vermitteln und Lernprozesse begleiten;
6. Gestaltung und Methoden des Unterrichts;
7. Leistungsmessung;
8. Medien;
9. Zusammenarbeit in der Schule;
10. Schule und Öffentlichkeit;
11. Selbstorganisationskompetenz der Lehrkraft;
12. Allgemeindidaktische und fachdidaktische Kompetenzen.

Die Formulierung von Standards macht deutlich, welch tiefen Einschnitt die Deregulierung des Schulwesens in Denktraditionen zur pädagogischen Professionalität und Ausbildungspraxen bedeutet. Qualität der Lehrerbildung besteht unter dieser Perspektive nicht länger in der Hochwertigkeit komplexer akademischer Angebote und Beratungsmöglichkeiten, die von den Studierenden mit Tätigkeitsfeldern zu verknüpfen sind. Lehrerbildung neueren Zuschnittes bezieht sich demgegenüber ausdrücklich auf theoriegeleitetes, professionelles Handeln. Professionelle müssen Praxis auf der Ebene breiten Theoriewissens reflexiv erfahren und gestalten können. Mit der Output-Orientierung in der Lehrerbildung werden die ausbildenden Institutionen – vor allem die Universitäten – in die Pflicht genommen.

Mit der expliziten Festlegung von Kerncurricula in der Lehrerbildung und der Benennung professioneller Standards gehen komplexe Ansprüche an die Anbieter und die Notwendigkeit einer Vernetzung der Ausbildungsphasen einher. Das Kerncurriculum Erziehungswissenschaft als Grundlage für ein Kerncurriculum Lehrerbildung stellt die Basis einer Verständigung über Kernbestände des Faches Erziehungswissenschaft dar. Angestrebt wird Verbindlichkeit, die gegenüber einem Ausufern von Themenbereichen vor dem Hintergrund einer Internationalisierung und Neustrukturierung der Lehrerbildung von Vorteil scheint (Kraul 2004, S. 18). Mit der Bologna-Erklärung zur Etablierung eines gemeinsamen europäischen Hochschulraumes geht eine Modularisierung der Lehrerbildung auch in Deutschland einher. Ziel ist die Einrichtung gestufter, modularisierter Studiengänge im Bachelor-Master-System. Durch die Festlegung zu erwerbender Kompetenzen und Inhalte, durch Zuordnung von Modulen (inhaltlich zusammenhängenden und aufeinander aufbauenden Veranstaltungen) zu Studienjahren, durch klare Vorgaben bezüglich der Benotung und Gewichtung von Leistungen sollen Transparenz und Verlässlichkeit im europäischen Bildungsbereich erreicht werden (Lemmermöhle/Schellack 2004, S. 8). Darüber hinaus bedeutet Modularisierung der Lehrerbildung eine Output-Orientierung, wie sie für die Qualitätsentwicklung im internationalen Bildungsraum gilt. Dazu gehört die Benennung der Kompetenzen, die Studierende im Laufe des Lehrerstudiums erwerben sollen. In neueren Lehrerbildungsmodellen wird mit der Kompetenzorientierung der Zusammenhang zwischen theoretischen Wissensbeständen und professionellem Handeln bedacht. Entscheidend hier die Konzeption der schulpraktischen Studien, die dazu beitragen, reflexive bzw. forschende Haltungen gegenüber Praxis aufzubauen und damit die Voraussetzung für fundierte Reformarbeit zu schaffen (DGfE 2004).

Professionelles Handeln in Schulen, die sich weiterentwickeln, ist mehr als Wissen um pädagogische, psychologische, fachliche, didaktische Inhalte. Oser definiert Standards als Handeln in der Situation zugleich mit einer optimalen Erreichung dieses Handelns als Können (Oser 2002, S. 11). Lehrer und Lehrerinnen, die über Standards verfügen, können im Unterricht als komplexem Geschehen zielführend handeln, indem sie bezogen auf Inhalte, pädagogische Theorien und erzieherische Absichten begründet intervenieren. Sie müssen also über ein Repertoire des Wissens und Könnens verfügen, das in der Situation intelligent angewendet werden kann. Gerade wechselnde Betrachtungsperspektiven, die Wissen und Können situativ verkoppeln, scheinen dazu angetan, Standards bei Professionellen auszubilden. Dies spricht für reflexive Berufspraktika ebenso wie für eine Modularisierung der Studiengänge, innerhalb derer Standards aus unterschiedlichen disziplinären Blickrichtungen erworben und zu einem professionellen Ganzen gefügt werden.

Im Professionsgenerierungsmodell wird hingearbeitet auf professionelle Kompetenz, die eine zweckmäßige und sinnvolle Bearbeitung pädagogischer Situationen ermöglicht. Voraussetzung ist die Verfügung über theoretisches Wissen, situatives Erfahrungswissen und ein Wissen um die Qualität von Handlungen. »Ein Standard wird, damit er analytisch greifbar ist, zusätzlich noch an theoretische und empirische Aspekte sowie Expertise zurückgebunden. Man muss also wissen, welche theoretischen Erkenntnisse das geforderte Handeln begleiten, welche einschlägigen Untersuchungen dazu existieren und wie sich Experten im Vergleich zu Anfängern in einer Situation verhalten.« (Oser 2004, S. 195) Im Professionsgenerierungsmodell geht es nicht nur um den Aufbau von auf Theorien bezogenen Kompetenzen, sondern auch um gelungene Anwendung. Best Practice beinhaltet damit auch die Auseinandersetzung mit den Differenzen zwischen dem Gewollten und dem Erreichten. Die reflexive Distanz, bezogen auf fachliche Inhalte, Theoriewissen, Handlungswissen und Qualitätsmerkmale guten Unterrichts, ist damit Ausdruck einer Annäherung an professionelle Standards.

4.4 Empirische Befunde zu Orientierungen der Professionellen

Die Untersuchung schulentwicklungsrelevanter Berufsauffassungen von Lehrerinnen und Lehrern ergibt, dass Lehrkräfte in unterschiedlichem Maße über Voraussetzungen zur Schulentwicklung verfügen. Einer Studie Esslingers liegt die Annahme zugrunde, dass Lehrerinnen und Lehrer ihre Tätigkeit vor dem Hintergrund von komplexen Berufsverständnissen ausüben. Aktivitäten, die sich in Berufskonzepte einfügen, werden leichter vollzogen als solche, die dem beruflichen Konzept nicht entsprechen. »Passungen zwischen den Berufsauffassungen und den Tätigkeitsfeldern von Schulentwicklung erleichtern deren Implementation.« (Esslinger 2002, S. 13) Auf dem Weg zur Verwirklichung Guter Schule müssen Orientierungen der Lehrerinnen und Lehrer geprüft werden. Sie sind ein entscheidender Einflussfaktor bei der Erreichung von Zukunftsvisionen. Wenn Professionelle Veränderungen ablehnen, sie unterlaufen oder sich unzureichend engagieren, können Reformen in Schulen nicht greifen. Berufsauffassungen bilden die Grundlage, auf der sich zeitgemäße Professionalität entfalten kann. Berufsauffassungen sind berufsbiografisch erworbene Urteile, die sich auch auf Fragen der Schulentwicklung beziehen.

Die Aktivitäten von Professionellen lassen sich ableiten aus fünf Merkmalen der Schulentwicklung (Esslinger 2002, S. 21ff.):

1. Schulentwicklungsarbeit bedeutet Zusammenarbeit;
2. Schulentwicklungsprozesse sind längerfristig angelegt und werden geplant;
3. Schulentwicklungsprozesse werden evaluiert;
4. Schulentwicklungsprozesse werden als Veränderungsprozesse verstanden;
5. Schulentwicklungsprozesse bedeuten Lernprozesse aller Beteiligten.

Widersprüche zwischen vorhandenen Berufsauffassungen und Tätigkeitsfeldern der Schulentwicklung enthalten Konfliktpotenzial, das zum Beispiel in ablehnenden Haltungen gegenüber innovativen Vorhaben zum Ausdruck kommt. Die Untersuchung schulentwicklungsrelevanter Berufsauffassungen von Lehrerinnen und Lehrern an Realschulen in Baden-Württemberg ergibt insgesamt günstige Voraussetzungen zur Gestaltung von Schulentwicklungsprozessen. Dazu gehören positive Einstellungen gegenüber dem Lernen und dem Kooperieren. Die Mehrzahl der Befragten zeigt sich aufgeschlossen gegenüber integrativem Handeln im Kollegium.

Die Chancen auf das Gelingen längerfristiger gemeinsamer Planungen im Kollegium werden allerdings als gering eingestuft. In diesem Zusammenhang wird der Zeitmangel für Kooperationen und gemeinsame Lernprozesse besonders hervorgehoben. Ein Drittel der Befragten lehnen das Innovieren als Berufsaufgabe ab. Schwierigkeiten bestehen in der Wahrnehmung der Schule als Ganzes; das Organisationsdenken der Befragten scheint wenig ausgeprägt. Evaluationen im Schulbereich werden eher skeptisch betrachtet. Befürchtet werden negative Rückmeldungen und die daraus resultierende Notwendigkeit einer Korrektur professionellen Handelns (Esslinger 2002).

Die Ergebnisse der Untersuchung lassen sich deuten als Hinweis auf ein gering entwickeltes Organisationsverständnis von Lehrerinnen und Lehrern. »Schulentwicklung erfordert integrative Handlungskompetenzen. Der Aus- und Fortbildung kommt die Aufgabe zu, diese Kompetenzen zu vermitteln und die entsprechenden Auffassungen zu ermöglichen. Sind diese integrativen Kompetenzen nicht ausgebildet, besteht ein individuelles professionelles Defizit.« (Esslinger 2002, S. 300) Das Berufsverständnis von Lehrerinnen und Lehrern ist unter anderem Ausdruck von historischen Erfahrungsspuren der Professionsangehörigen. Diese zeichnen sich aus durch eine Orientierung am Geschehen im Klassenzimmer; die Entwicklung der Organisation ist demgegenüber nachrangig.

Fallbeispiele aus schulischen Qualitätsentwicklungsinitiativen weisen auf Bedrohungen durch Einführung verbindlicher Qualitätsnormen und Qualitätskontrollen. Diese bestehen in (Altrichter 2000, S. 104ff.):

- Einschränkung der Lehrerautonomie;
- Einführung formeller und verbindlicher Kooperationsformen;
- Zugewinn von Einflussmöglichkeiten der »schulischen Verwaltung« auf die »Unterrichts-Ebene«;
- Bedrohung des Prinzips der Gleichheit der Lehrerinnen und Lehrer.

Die Berufsauffassungen von Lehrerinnen und Lehrern sind aufgrund der historisch bedingten Einschränkungen durch staatliche Einflussnahmen äußerst fragile Entwürfe, die gerade durch die Akzentuierung beruflicher Autonomie Substanz gewinnen. Vorschriften, Reglements, Verbindlichkeiten sowie die Aufforderung zur Kooperation innerhalb schulischer Qualitätsinitiativen greifen damit professionelles Selbstverständnis an. Dieses beruht auch auf der Annahme, im Kollegium seien alle gleich – Evaluationen ermöglichen demgegenüber Differenzierungen im Kollegium.

Erworbene Lehrerperspektiven auf das Lehren und Lernen im Unterricht sind vor diesem Hintergrund bei der Unterrichtsentwicklung zu berücksichtigen. Für den naturwissenschaftlichen Unterricht, der aufgrund der mäßigen Ergebnisse deutscher Schülerinnen und Schüler in internationalen Schulleistungsvergleichen von Interesse ist, gilt zum Beispiel, dass deutsche Unterrichtstraditionen, die auf Berufsauffassungen basieren, zu hinterfragen sind. Reformbemühungen im Sinne einer das Problemlösen und das naturwissenschaftliche Verständnis fördernden Lernkultur sind auf das Engagement, die Kompetenz und berufliche Auffassungen der Professionellen angewiesen. Diesbezügliche empirische Untersuchungen zu den Beliefs der Lehrerinnen und Lehrer zum naturwissenschaftlichen Unterricht an Regelschulen stehen aus (Mammes/ Rahm 2004).

Empirische Studien zu Innovationsprozessen an Grundschulen belegen die individuelle Kompetenzentwicklung im Zuge des Innovationsprozesses. Forschungsbefunde einer Grundschulstudie verweisen auf Kompetenzerweiterung in folgenden Bereichen (Holtappels 2003, S. 120):

- Reflexion der Handlungspraxis;
- Kenntniserweiterung und Fortbildungsinteresse;
- Lerngelegenheiten zur Verbesserung der Lehr-Lern-Praxis;
- Kooperation und Teamhandeln;
- Arbeitszufriedenheit.

Schulische Erneuerungsprozesse scheinen damit Orientierungen der Professionellen zu verändern; Organisationslernen und individuelles Lernen sind gekoppelt. Dabei weist der Forschungsbefund aus der Begleitung von Schulentwicklungsprozessen darauf hin, dass sich psychosoziale Befindlichkeiten der Professionellen mit Teamarbeit verändern. Die Kooperation in Innovationsprozessen und die damit verbundene Möglichkeit, positive Rückmeldungen von anderen zu erhalten, fördern das berufliche Selbstbewusstsein. Dieser Befund ist für Erfahrungen von Lehrerinnen und Lehrern in Gründungsphasen von Reformschulen belegt (Redeker 1993).

Empirische Untersuchungen weisen auf hohe Anforderungen, denen Lehrerinnen und Lehrer in ihrer täglichen Praxis ausgesetzt sind (Combe 1997; Kretschmann 2000). Zu den als belastend empfundenen Merkmalen von Lehrerarbeit gehören Faktoren, die auf alltägliche Berufspraxis als individuell gestaltete, zum Teil erlittene, verweisen. Dazu gehören die Unzufriedenheit mit dem Führungsstil der Schulleitung beziehungsweise Konflikte mit der Schulleitung, eingeschränkte Entscheidungs- und Handlungsspielräume, die Überforderung durch Häufung von Anforderungen in bestimmten Zeitabschnitten des Schuljahres, ein belastendes Arbeitsklima oder die geringe Wertschätzung der eigenen Tätigkeit (Kretschmann 2000, S. 15). Schulentwicklungsberatung, die die Teamentwicklung und die Herausbildung professioneller Lerngemeinschaften unterstützt, wirkt dem Überforderungsdilemma als strukturellem Moment des Lehrberufs entgegen, indem sie an Orientierungen der Professionellen arbeitet. Gemeinsames Handeln kann stressreduzierend wirken, indem erlebte Diskrepanzen zwischen Können und Wollen kommuniziert und zur Bearbeitung in die professionelle Gemeinschaft hinein verlagert werden.

Berufsbiografische Analysen deuten darüber hinaus auf die Relevanz selbst reflexiver Haltungen zu Erfahrungen im Lehrberuf (Reh/Schelle 2000). Das Erzählen von Geschichten, die mit der Herausbildung von Professionalität in Zusammenhang stehen, sind ein guter Ausgangspunkt für pädagogische Überlegungen. Diese wurzeln in autobiografischen Momenten, die im weitesten Sinne mit Schule zu tun haben. In der selbst reflexiven Betrachtung (eigener) Schulgeschichten liegen Anknüpfungsmöglichkeiten für die Herausbildung professioneller Betrachtungsweisen. Orientierungen der Professionellen insoweit als gewordene zu verstehen, bedeutet, der Selbstreflexivität von Lehrerinnen und Lehrern einen hohen Stellenwert einzuräumen. Reflexive Distanz entsteht nicht nur durch Theoriewissen und berufliche Qualitätsstandards, sondern auch im Habitus des sich reflexiv der eigenen Geschichte zuwendenden Pädagogen. In biografischen Erzählungen erschaffen Lehrerinnen und Lehrer ihre professionellen Standpunkte als historisch entwickelte Positionen. Die Herausbildung pädagogischer Professionalität wird damit deutlich als Prozess, in dem pädagogische Reflexion sich permanent weiterentwickelt und verfeinert. Die Rekonstruktion von Bildungserfahrungen mag damit als notwendige, jedoch noch nicht ausreichende Voraussetzung professionellen Lehrerhandelns in lernenden Schulen gelten.

4.5 Ansätze zur Reform der Lehrerbildung

Auf der Basis vorliegender Leitbilder und Programmatiken, die mit Daten zu Orientierungen der Professionellen abgeglichen werden müssen, werden in vielen Bundesländern Initiativen zur Reform der Lehrerbildung unternommen. Reformprojekte der Länder (Übersicht bei Terhart 2004, S. 52ff.) zielen ab auf ein Leitbild vom Lehrer als Lernenden.

Reforminitiativen beziehen sich bislang vor allem auf die erste Phase der Lehrerbildung. Die weiteren Abschnitte der Lehrerbildung, vor allem die dritte und vierte Phase der Qualifizierung, treten demgegenüber in den Hintergrund. Dies beruht auf der historischen Verabredung zunehmenden Rückzugs der ausbildenden Institutionen aus berufsbiografischen Qualifizierungsprozessen. Die weitgehend staatlich gesteuerte Lehrerbildung in Deutschland läuft qua Tradition mit Abschluss der zweiten Phase langsam aus.

Die Dezentralisierung des Schulwesens, die einhergeht mit erhöhten Anforderungen an die Professionellen, erfordert demgegenüber eine Perspektive auf Lehrerbildung als Entwicklungsaufgabe. Die ausbildenden Institutionen müssen sich in allen Bundesländern darüber verständigen, welche gemeinsamen Ziele sie verfolgen und wie sie diese Ziele zu erreichen beabsichtigen. Nur so können kooperative Ausbildungsinitiativen, die Lehrerbildung als Kontinuum begreifen, entstehen. Die Reform der Lehrerbildung in Hamburg etwa verfolgt übergreifende Zielsetzungen, wie Qualifikationen für Lehrämter und Funktionen an öffentlichen Schulen, Innovationsaufgaben, Personalentwicklung, Herausbildung von Haltungen der Professionellen als Antworten auf gesellschaftlichen Wandel. Innerhalb dieser übergreifenden Zielsetzungen übernehmen die Anbieter für die einzelnen Phasen der Lehrerbildung Teilaufträge, deren Erfüllung sie nachzuweisen haben (Keuffer/Oelkers 2001, S. 25ff.). In der übergreifenden Perspektive auf alle Phasen der Lehrerbildung als Innovationsprojekt liegt die Chance einer Verpflichtung der Beteiligten auf die Reform. Die Einrichtung von Lehrerbildungszentren wird von ähnlichen Motiven getragen; Absprachen unter den beteiligten Anbietern stärken die Belange der Lehrerbildung.

Im Reformprojekt ›Neukonzeption der Grundschullehrerausbildung in Bamberg‹ (Beisbart/Faust/Rahm 2005) spielt der Vernetzungsgedanke ebenfalls eine wesentliche Rolle. Gerade in der Grundschullehrerausbildung mit der Vielzahl der beteiligten Fächer sind Abstimmungen unter den beteiligten Disziplinen unerlässlich. Die Ziele der Neukonzeption, nämlich

- Wissenschafts- und Berufsbezug, Aufbau von Expertise (Wissen, Können, Reflexionsfähigkeit),
- Abstimmung der Studienteile,
- aktive Rolle der Studierenden,

erfordern curriculare Abstimmungen und Vereinbarungen zur Konzeption der schulpraktischen Studien als reflexiven Begegnungen mit Praxis. Ansätze zur Professionalisierung des Lehrerhandelns beruhen in der Bamberger Reforminitiative auf Austausch unter Vertretern der beteiligten Fächer, was etwa ihr jeweiliges Verständnis von wissenschaftlichem Arbeiten anbelangt. Differente Perspektiven auszutauschen und den Studierenden bekannt zu machen dient einer Professionalisierung im Sinne einer Horizonterweiterung. Das Vielfächerstudium in dieser Weise zu nutzen, trägt dem Prozessgedanken, der in den meisten Reformprojekten eine entscheidende Rolle spielt, Rechnung. Ansätze zur Professionalisierung des Lehrerhandelns setzen als Entwicklungsprojekte auf Austausch unter den Beteiligten und stellen sich damit offenen Situationen; derer bedarf Lehrerprofessionalisierung. Grundlegende und spezifische, auf Schulentwicklung bezogene Handlungsrepertoires werden in Auseinandersetzung mit komplexen Inhalten und differenten Sichtweisen erworben. Professionalität kann nur dann zur persönlichen Entwicklungsaufgabe werden, wenn sie Herausforderungen im Sinne eines aktiven Rollenangebotes beinhaltet (Bauer 2002). Dies setzt Arrangements für aktives, selbst organisiertes Lernen, in dem die Studierenden Verantwortung für ihr persönliches berufliches Entwicklungsprogramm übernehmen, voraus (Bayer et al. 2000).

Die Bejahung von Unsicherheiten, Ungewissheiten und Offenheiten spielt in Professionalisierungsprozessen, die zwar zielgerichtet, aber nicht technologisierbar sind, eine große Rolle. Professionalisierende Lehrerbildung, die auf lernende Schulen vorbereitet, setzt also nicht nur auf Absprachen unter den beteiligten Anbietern über gemeinsame Zielsetzungen, sondern sie thematisiert auch die Unsicherheiten, mit denen Professionelle umgehen müssen. Schratz/ Wieser formulieren Ziele professionalisierender Lehrerbildung, in denen der Aufbau reflexiver Kompetenz eine zentrale Rolle spielt. Im Professionalisierungskontinuum müssen demnach Möglichkeiten zur Selbsterfahrung sowie zur individuellen Identitäts- und Kompetenzentwicklung gegeben werden. Des Weiteren müssen kooperative Fähigkeiten, Forschungskompetenz, Kooperationskompetenz, kommunikative Kompetenz und eine Sensibilität für die Komplexität der Lehrerrolle mit den daraus resultierenden Unsicherheiten geschult werden. Neben die Entfaltung des beruflichen Selbst treten die Erfahrung der Notwendigkeit einer Evaluation des eigenen Handelns und der Einsatz für die Weiterentwicklung der Institution (Schratz/Wieser 2002). Im Kompetenzansatz der Lehrerbildung wird damit die Persönlichkeitsbildung als lebenslanger Lernprozess bejaht. Der personale Faktor gilt als Basis pädagogischer Professionalität. Auch deshalb lassen sich Theorielernen und Praxislernen analogisieren und im pädagogisch-professionellen Habitus als doppelter Zielfigur vereinen:

- »Einerseits ein ›praktisch-professioneller‹, der durch reflektierte Einsozialisation in schulische Praxiszusammenhänge entsteht und
- zweitens ein ›wissenschaftlich-reflexiver‹, der eigene forschungsförderliche Rahmenbedingungen notwendig macht.« (Schratz/ Wieser 2000, S. 15)

Ansätze praxiswirksamerer Lehrerbildung, wie sie etwa von der Universität Innsbruck vertreten werden, basieren auf Standards, die professionsspezifische Kompetenzen in den Mittelpunkt der Lehrerbildung rücken. Es sind dies

a) fachliche und didaktische Kompetenzen,
b) soziale und personale Kompetenzen,
c) organisationale und systemische Kompetenzen.

Auch für Deutschland hat sich die Kompetenzorientierung in der Lehrerbildung im BA/MA-System mittlerweile durchgesetzt (Deutsche Gesellschaft für Erziehungswissenschaft 2005). Sie zielt als persönliches berufliches Entwicklungsprogramm auf Umgang mit komplexen schulischen Innovationsprozessen, in denen Professionalität einen Prozess bedeutet.

Ein besonderes Interesse richtet sich auf die Personengruppen in lernenden Schulen, die Schulentwicklungsprozesse entscheidend vorantreiben: die Aktiven in Schulentwicklung. Es handelt sich hierbei nicht nur um Mitglieder der professionellen Gemeinschaft; auch externe Beraterinnen und Berater tragen dazu bei, dass Schulen ihre Potenziale ausschöpfen. Zu den Aktiven in Schulentwicklung zählen vor allem

- Schulleitungen;
- Mitglieder der Steuergruppe (Koordinierungsgruppe);
- Externe Beraterinnen und Berater (Moderatorinnen und Moderatoren);
- forschende Lehrerinnen und Lehrer.

Ansätze zur Professionalisierung des Lehrerhandelns zielen auf die Herausbildung von Führungs- und Mobilisierungsenergien, die dazu angetan scheinen, organisationseigene Kräfte auszuschöpfen. Vor allem Schulleitungen können bei der Konkretisierung pädagogischer Leitideen eine zentrale Rolle spielen. Sie sind Change Agents, zentrale Akteure für Wandel und Innovation an Bildungseinrichtungen. Unterstützt werden sie von Mitgliedern der Steuergruppe/Koordinierungsgruppe, die durch das Kollegium gewählt werden. Diese organisieren und moderieren Schulentwicklungsprozesse, initiieren Qualitätsentwicklungsprojekte, leiten Evaluationen, betreiben Personalentwicklung und sorgen für Austausch unter den Beteiligten. Sie werden in ihren Aktivitäten unterstützt durch externe Moderatorinnen und Moderatoren, die durch ihre Ungebundenheit einen stärker analytischen Blick auf schulinterne Entwicklungsprozesse und die entsprechenden Problemlagen entfalten können. Aktive in Schulentwicklung, die die unterschiedlichen Interessengruppen einer Schule (wie z.B. Fachbereiche, Geschlechter und Altersgruppen, Schulleitungen, Eltern, Schülerinnen und Schüler usw.) vertreten, müssen für ihre Aufgaben geschult werden. Schulleiterinnen und Schulleiter benötigen Unterstützung in der Entfaltung ihrer Leitungsfunktionen in der Schule. Dabei geht es nicht nur um das Management von Schulentwicklungsprozessen, sondern auch um den Erwerb von Haltungen der Leiterinnen und Leiter. Das Konzept der Leadership bezeichnet einen Zusammenhang zwischen Haltung, Handlung, Wirkung und Reflexion. Angestrebt werden offene Rollenkonzepte, die dazu angetan scheinen, kollektive Intelligenz zu fördern. Führungsverantwortung, die auf eine Verbesserung der Schülerleistungen zielt, muss den Raum für Unterrichtsentwicklung schaffen. Leadership for learning ist in diesem Zusammenhang der Versuch, Führungshandeln und Lernen in einen stärkeren Zusammenhang zu bringen. Die Communities of Practice, in denen kollegialer Austausch mit dem Ziel einer Verbesserung professionellen Handelns erfolgt, benötigen Führung, die einen Resonanzboden für unterschiedliche Initiativen in der Praxisgemeinschaft darstellt (Wenger 1998). Schulleiterinnen und Schulleiter können lernen, positiv zu wirken auf Personen, Programm, Kultur und Struktur einer Schule. Das Leadership-Konzept setzt auf ganzheitliche Betrachtungsweisen, die von Interaktionen zu Handlungen bis hin zu Ergebnissen reichen (Schley/Schratz 2004; Schley/Schratz 2005).

Die Ausbildung von Pädagoginnen und Pädagogen zu forschenden Lehrerinnen und Lehrern ist eine weitere Professionalisierungsmaßnahme, die den reflexiven Habitus der Lehrkräfte ausbaut und verfestigt (Rahm/Schröck 2005). Darüber hinaus trägt Lehrerforschung zur Aufklärung komplexer schulischer Handlungsfelder bei und bildet damit die Grundlage von Innovationen. Lehrerforschung, die vor allem in den 70er-Jahren des 20. Jahrhunderts einen Höhepunkt erlebte (von Hentig 2004; Huber 2004), ist ein viel versprechender Ansatz zur Sondierung von schulischen Arbeitsprojekten. Auch wenn sie in ihrer Anschlussfähigkeit an universitäre Forschung umstritten ist (Rahm/Schratz 2004), wird ihr eine wichtige Rolle in Schulentwicklungsprozessen eingeräumt. Im Sinne der Methoden der Aktionsforschung werden Lehrerinnen und Lehrer angeleitet, Unterricht qua Forschung aufzuklären und einer Verbesserung zuzuführen. Lehrerforschung, die an anglo-amerikanische Action-Research-Ansätze anknüpft (Schratz 2004), ist Forschung der Betroffenen, entwickelt Fragestellungen aus der Praxis heraus, setzt Aktion und Reflexion in Beziehung und wirkt im Sinne einer Aufklärung über bestehende Verhältnisse in die Praxis hinein (Altrichter/Posch 1998). Erkenntnis und Entwicklung sind auf der Basis von Verabredungen über ethische Regeln der Zusammenarbeit miteinander verbunden. Angestrebt werden Kooperationen von schulischen Forschungsteams und (universitären) Ausbildungseinrichtungen. Handlungs- und Praxisforschungsansätze betrachten Reflexion als notwendigen Bestandteil professionellen Handelns. Lehrerforschung ist laut umfassenden Anspruchs in schulischen Reformprozessen

- Entwicklungsstrategie,
- Professionalisierungsstrategie,
- Forschungsstrategie.

Sie changiert zwischen Fortbildungsmaßnahmen für Lehrerinnen und Lehrer und wissenschaftlicher Untersuchung schulischer Praxis. Anspruchsvollen Vereinbarungen zu Gütekriterien von Forschung in der Scientific Community kann sie nur vereinzelt gerecht werden; dafür betreibt sie Aufklärungsarbeit vor Ort, die innerschulische Prozesse vorantreibt; dies mit der Option einer Anschlussfähigkeit an Erkenntnisse der Wissenschaft (Altrichter 2004).

Anleitungen zur Praxisforschung (Altrichter/Posch 1998; Moser 2003) konstruieren Anschlussmöglichkeiten zwischen Theorie und Praxis. Sie reklamieren forschungsgestütztes Handeln der Professionellen und behaupten die Möglichkeit einer forschenden Zuwendung zur Praxis nach gültigen Verabredungen. Einzuhalten sind Gütekriterien der Praxisforschung (Moser 2003, S. 18ff.):

- Transparenz (detaillierte Erläuterungen zum Forschungsprojekt);
- Stimmigkeit (Vereinbarkeit von Zielen und Methoden des Forschungsprozesses);

- Adäquatheit (Gegenstandsangemessenheit der Forschungsresultate);
- Anschlussfähigkeit (Verknüpfbarkeit mit wissenschaftlichem Wissen).

Nach dem Grundsatz ›Small is beautiful‹ werden Forschungsmethoden, die ein überschaubares Design ermöglichen, empfohlen. Klassische Methoden der Praxisforschung sind (Moser 2003):

- Projektjournale und (Projekt-)Tagebücher;
- Feldnotizen;
- statistische Kenndaten;
- Portfolios;
- Ton- und Videodokumentationen;
- Protokolle;
- Selbstanalysen;
- qualitative Interviews;
- Gruppendiskussionen;
- schriftliche Befragungen;
- strukturierte Beobachtungen.

Es handelt sich insgesamt um robuste, sozialwissenschaftliche Ansätze, die durchaus im Praxisbereich Anwendung finden können. Universitäre Anleitung in allen Phasen der Lehrerbildung sowie Kooperationen während der Praxisforschung sind angezeigt.

Einige Lehrerbildungsstandorte bieten entsprechende Unterstützung an. An der Universität Oldenburg etwa wird ein gemeinsames Forschen von Lehrerinnen und Lehrern sowie Studierenden im Zuge von Teamforschungsprojekten angeboten. Entsprechend dem Aktionsforschungsansatz werden Fragestellungen der Sondierungsprojekte aus der Praxis heraus entwickelt und fließen in Reformprojekte ein. Die Forschungsvorhaben sind in universitären Lehrveranstaltungen verankert und profitieren von kooperativen Strukturen zwischen Schulen und Universität. Handlungsleitend ist der/die Professionelle als Reflective Practitioner (Schön 1983). Das Zusammenwirken von Wissenschaftlerinnen und Wissenschaftlern und Lehrkräften ist institutionell abgesichert. Die Beratung der Universität bezieht sich auf Forschungsmethoden, Auswertungsverfahren und Feedback und erstreckt sich über den gesamten Forschungsprozess. Autonomie der Lehrerforscherinnen und Lehrerforscher, Partizipation der Wissenschaftlerinnen und Wissenschaftler sowie Kooperation unter allen Beteiligten sind tragende Orientierungen des Projektes (Fichten/Gebken 2004). Ziel ist die Ausnutzung organisationaler Kompetenzen mit Hilfe kritischer Freunde der Universität.

An der Hamburger Universität wird mit der Forschungswerkstatt Schulentwicklung in ähnliche Richtung gedacht. Begleitet von einer zweisemestrigen Seminarsequenz erarbeiten Studierende gemeinsam mit Lehrerinnen und Lehrern Forschungsfragen, die in größere Forschungsprojekte der Universität eingebunden sind. Grundlage forschenden Lernens sind Arbeitsbündnisse zwischen Aktiven in Schulentwicklung und Studierenden, die in dialogischen Forschungsprozessen Schule und Unterricht erforschen und verbessern möchten (Bastian et al. 2003).

Die Universität Bremen entwickelt in der Schulbegleitforschung ähnliche Kooperationsstrukturen. Lehrerinnen und Lehrer, Hochschulangehörige sowie Mitglieder der Lehrerbildungsinstitute bilden einen Verbund und nutzen Synergieeffekte. Schulbegleitforschung bezieht sich auf einzelne Schulentwicklungsprojekte und strebt die Verbesserung schulischer Praxis an. Die Erforschung von Handlungsfeldern seitens der Praktikerinnen und Praktiker wird verstanden als Beitrag zum Aufbau einer schulischen Evaluationskultur (Rahm 2004). Verknüpfungsmöglichkeiten mit universitärer Forschung zur schulischen Praxis, zum Beispiel was die soziale Konstruktion von Geschlecht anbelangt, sind gegeben (Behrens/Papke/Schultze 2004).

Forschendes Lernen in der Lehrerbildung geht die nicht lösbare Spannung zwischen Theorie und Praxis, die als das Kernthema der Lehrerbildungsforschung bezeichnet werden darf, von einer pragmatischen Seite her an. Die Differenz von Theorie- und Handlungswissen kann reflexiv erfahren und bearbeitet werden. Dass Lehrerinnen und Lehrer die Erfahrung machen, dass sie in Kooperation mit Universitäten ihr Handlungsfeld theoretisch aufschlüsseln, strukturiert beobachten und beschreiben sowie analytisch begründet verändern können, stellt eine Zukunftsperspektive für Pro fessionsgemeinschaften dar. Es erhöht die Autonomie und das berufliche Selbstwertgefühl der Lehrerforscher, verbessert schulische Praxis und bedeutet gegebenenfalls Erkenntnisgewinn für die Wissenschaft. Mit der Praxisforschung entsteht ein neuer Typus wissenschaftlicher Erkenntnisgewinnung, der einen Platz in der Scientific Community beansprucht (Obolenski/Meyer 2003; Rahm/ Schratz 2004).

Forschende Lehrerbildung, wie sie im anglo-amerikanischen Raum als practitioner research verankert ist, kann in allen Phasen der Lehrerbildung eingesetzt werden. Berichte aus zahlreichen Modellversuchen (Obolenski/Meyer 2003) weisen auf Passungen im Schulentwicklungs- und Professionalisierungsdiskurs hin.

4.6 Professionalität als Entwicklungsauftrag – Chancen und Risiken

Die Perspektive, Professionalität als in Schulentwicklung eingebetteten Entwicklungsauftrag zu deuten, stellt vor dem Hintergrund der historischen Debatte um den Lehrberuf als Profession einen Fortschritt dar. Dies vor allem deshalb, weil der Wandel der pädagogischen Arbeit argumentativ begründet und mit Hinweisen auf das notwendige Handlungsrepertoire ausgestattet ist. Verfahren schulischer Organisationsentwicklung zeigen Wege zur Entfaltung einer zeitgemäßen Professionalität. Empirische Bildungsforschung, Schul- und Unterrichtsforschung geben Aufschlüsse über Bildungsergebnisse und den Stand aktueller Entwicklungsmaßnahmen (Arnold et al. 2000). Pädagogische Schulentwicklung bietet Lehrkräften die Chance, mit systemeigenen Kräften einen hohen Grad professioneller Autonomie zu erreichen und in Kooperation mit Kolleginnen und Kollegen Qualitätsentwicklung zu betreiben. Gerade die Formulierung von erreichbaren, ethisch fundierten Standards bietet die Chance auf Realisierung von an die Lehrprofession gerichteten Ansprüchen. Dies mag auch zur Behebung des beklagten Prestigemangels des Lehrberufs beitragen.

Die mit der Hinzuziehung organisationstheoretischer Sichtweisen verbundene Erweiterung des Horizontes in der Schulreformdebatte kann andererseits auch mit Skepsis betrachtet werden. Erwogen werden kann die Möglichkeit, mit der soziologischen Zugriffsweise auf das Thema ›Schulreform‹ fremde Perspektiven in den Erziehungssektor einzuführen. Schulen als lernende Organisationen würden demnach mit Semantiken des Erziehungssystems bedient. Organisationen, so der Einwand, würden fälschlicherweise als lernfähig betrachtet. Dies sei eine Verschleierung tatsächlich bestehender Unterschiede zwischen Organisation und Erziehung und schüre unangemessene Erwartungen an Schulen. »Denn zum einen können natürlich weder die Politik noch deren Organisationen erziehen, selbst wenn sie das Ansinnen des Lernens politisch an Schulen herantragen. Die Politik kann allenfalls Programmatiken verkünden sowie politisch bindende Entscheidungen treffen. Zum anderen und vor allem können Organisationen nicht erzogen werden, wie dies interventionistische Managementkonzepte unter dem Titel der lernenden Organisation unterstellen oder doch nahe legen.« (Tacke 2004, S. 35) Lernen können also die Individuen, in diesem Falle die Lehrenden, die sich von Fachleuten aus Schulentwicklungsinstituten oder Unternehmensberatungen bezüglich angemessenen Schulentwicklungsverhaltens beraten lassen. Vorgetragen wird insofern das Argument einer De-Professionalisierung der Lehrkräfte durch das Konzept des Organisationslernens. »Soziologisch betrachtet, wirkt die Profession dort, wo sie das Konzept des Organisationslernens bereitwillig aufgreift, an ihrer eigenen De-Professionalisierung mit.« (Tacke 2004, S. 37)

Das vorgetragene Misstrauen an der Übertragung des Managementdenkens auf den Erziehungssektor und die Skepsis gegenüber der damit verbundenen Normativität in der Erwartungshaltung gegenüber Schulen als lernenden Organisationen sind triftig in Bezug auf ausstehende Bestimmungen genuin erziehungswissenschaftlicher Aussagen zur Schulentwicklungstheorie. Die Inanspruchnahme soziologischer Perspektiven auf die Weiterentwicklung von Bildungsinstitutionen ist so lange legitim, wie Herkunft und Bezugssystem neuer Begrifflichkeiten und Methoden bewusst gehalten werden. Die Lösung liegt im historisch bewussten und ideologiekritischen Zugriff auf Methoden des Managements, die als Hilfsmethoden innerhalb einer Theorie der Schulentwicklung fungieren können. Das Organisations- und Managementwissen kann als Instrument zur Durchsetzung erziehungswissenschaftlich fundierter Zielsetzungen, die nicht die Zielsetzungen des ökonomischen Sektors sind, betrachtet werden.

Die ideologischen Risiken der Formel von Professionalität als Entwicklungsauftrag sind dennoch einzuräumen. Angesichts der historischen Perspektive auf den Lehrberuf als Semi-Profession besteht das Risiko in dem Versprechen eines Reputationszuwachses durch Managementtechniken in Unterrichts- und Organisationsentwicklung. Abhilfe verspricht empirische Schulqualitätsforschung, die dem Handeln der Professionellen empirisch begründete Richtung verleiht.

Zusammenfassung: Pädagogische Professionalität hat in deregulierten Bildungssystemen erhöhten gesellschaftlich begründeten Ansprüchen, die mit einer Erweiterung des notwendigen Handlungsrepertoires einhergehen, Genüge zu leisten. Professionalisierung meint den Prozess kontinuierlichen Kompetenzerwerbs im Lehrberuf ebenso wie die Formierung und Akzeptanz der Berufsgruppe der Lehrenden an Schulen. Professionelles Agieren bedeutet theoretisch verankerte Handlungsmöglichkeit in diffusen, offenen Situationen. Grundlage sind Kompetenzen, das heißt komplexe Verhaltensdispositionen, die sich reflexiv auf Regelwissen beziehen. Die Wirksamkeit der Lehrerbildung muss unter dieser komplexen Anspruchlichkeit bei Zugrundelegung von Standards überprüft werden.

Professionalität als Entwicklungsauftrag kann erziehungswissenschaftlich begründet werden. Die Entfaltung von Organisationsdenken, reflexivem Habitus und selbst organisiertem Lernen sind für alle Phasen der Lehrerbildung handlungsleitend. Sie dienen dem Aufbau von Expertise in deregulierten Bildungssystemen. Empirische Befunde zu Orientierungen der Professionellen weisen auf differente Berufsauffassungen der Lehrerinnen und Lehrer gegenüber Schul- und Unterrichtsentwicklung.

5. Neuere Steuerungsansätze im Erziehungssystem

Schulen als lernende Organisationen

Die Schulentwicklungsberatung der Gegenwart ist getragen von Erkenntnissen der neueren Organisationstheorie. Diese begründet ein Verständnis von Organisationen als beweglichen, komplexen Gebilden, die von ihren Mitgliedern getragen und gestaltet werden. Die Übertragung von Aussagen der Organisationsforschung auf die Schule als soziale Organisation ist angesichts komplexer, sich ständig wandelnder Ansprüche an Bildungsinstitutionen hilfreich. Sie trägt der Tatsache Rechnung, dass Schule organisationstheoretischer Modelle bedarf, um sich aus eigener Initiative heraus strukturiert weiterzuentwickeln. Top-down-Verfahren der Schulreform greifen deshalb nicht, weil je nach Standort angemessene Antworten auf Herausforderungen der Umwelt gefunden werden müssen und weil diese Antworten von allen Mitgliedern der Organisation getragen werden müssen. Bloßes Verwaltungshandeln oder die Verkündung von Reformmaßnahmen erreichen Schulen kaum. Soziale Organisationen sind auf direktive Weise schwer zu beeinflussen, da sie eigene Kulturen in ihren jeweiligen Umwelten entwickeln. Gesamtsystem-Strategien betreffen deshalb den Aufbau von Unterstützungssystemen für Entwicklungen der Einzelschule. Diese werden als Einzelsysteme im Gesamtzusammenhang betrachtet.

5.1 Systemische Organisationsentwicklung

Neuere Organisationsentwicklungstheorien grenzen sich ab von klassischen Ansätzen der Organisationstheorie, indem sie Systemperspektiven einführen und differenzieren. Kritik erfährt der Bürokratieansatz, vor allem das Bürokratiemodell Max Webers. Soziale Organisationen werden unter bürokratietheoretischer Perspektive als formale Gebilde betrachtet. Sie sind Blöcke, die verwaltet werden können. Weber diskutiert Bürokratien unter dem Aspekt legaler Herrschaft. Bürokratische Verwaltung ist damit eine Funktion legaler Herrschaftssysteme. Bürokratische Organisationen sind hierarchisch gegliedert, sie arbeiten arbeitsteilig und funktional differenziert, richten sich nach verschriftlichten Regeln und Vorschriften, trennen Amt und Person, befördern Amtsinhaber nach Kompetenz und Leistung und arbeiten zielorientiert. Daraus ergeben sich Grundanforderungen an und für Beamte (von Saldern 1998, S. 10):

- fachliche Qualifikation und spezialisierte Ausbildung,
- funktional orientierter Arbeitsstil,
- Ein- und Unterordnung.

Die Geschichte der Schule belegt, dass Maßstäbe klassischer Organisationstheorie im staatlichen Bildungssystem im 19. Jahrhundert bis in die 50er-Jahre des 20. Jahrhunderts handlungsleitend waren. Sie gehen im Zuge der Entstehung des modernen Schulwesens ein in schultheoretische Konzeptionen und bestimmen staatliche Schulentwicklung (Diederich/Tenorth 1997). Schule wäre demnach eine Unterrichtsanstalt, die arbeitsteilig und hierarchisch organisiert wäre und mit Hilfe von Vorgaben der Verwaltung Zertifikationen auf alle Beteiligten verteilen würde.

Bildungsansprüche der Schule, die seit der Aufklärung auf den autonomen Menschen abzielen, wären damit kaum zu vereinbaren. Die Kritik an der Übertragung des Bürokratiedenkens auf die Schule wird dementsprechend in reformpädagogisch inspirierten bildungspolitischen Positionen formuliert. Mit Entstehung der reformpädagogischen Argumentation wird Schulkritik regelmäßig als Kritik an der verwalteten Schule und den Unterrichtsbeamten vorgetragen (Beetz 1997). Die verwaltete Schule, Ausleseinstanz, Paukanstalt, Ort der Reglementierungen und Zwänge sowie des Funktionärswesens, gilt bereits in den 50er-Jahren des 20. Jahrhunderts als bildungspolitisches Übel (Becker 1954).

Die theoretische Auseinandersetzung mit dem Bürokratieansatz erfolgt vor allem in der Organisationsforschung. Einwände betreffen die im Bürokratieansatz formulierte Zielgerichtetheit der Organisation als formales Gebilde. Die Heterogenität der in einer sozialen Organisation vertretenen Meinungen und Strebungen wird in klassischen organisationstheoretischen Modellen nicht ausreichend berücksichtigt. Von Saldern notiert die zu erwartende Vielfalt in Organisationen:

- »Man kann Organisationen mit sich direkt widersprechenden Zielen ausrüsten.
- Nicht alle Beteiligten müssen dem Organisationszweck zustimmen.
- Der Zweck ist typischerweise nicht Motiv für das Handeln der Beteiligten.
- Organisationszwecke können sich ändern, ohne dass eine neue Organisation damit begründet ist.
- Die Zweckerfüllung alleine kann die Erhaltung eines organisierten Systems nicht sicherstellen.« (von Saldern 1998, S. 12ff.)

Neuere Organisationstheorien, die Bildungsorganisationen als Systeme im Systemzusammenhang beschreiben, betonen aus den aufgeführten Gründen die Komplexität und Variabilität von Einrichtungen, in denen keine allgemein geteilten Orientierungen zu erwarten sind. Organisationen sind komplexe Systeme, die ihren Zusammenhalt dadurch sichern, dass sie lose gekoppelte Subsysteme ausbilden, die relativ unabhängig voneinander arbeiten und eigene Sinnstrukturen herausbilden (Weick 1985). Organisationen sind nach dieser Perspektive in ständiger Bewegung und erreichen ihre Stabilität gerade durch Veränderungen (Rolff 1991, S. 869). Diese sind sowohl durch Anforderungen der Umwelt als auch durch Lernprozesse der Mitglieder, die sich den neuen Herausforderungen stellen müssen, bedingt. Vor diesem Hintergrund entsteht in der neueren Organisationstheorie systemischen Zuschnittes das Bild von Organisationen als ›lebendigen‹, ›lernenden‹ Einheiten, die Widersprüche, Spannungen und Machtverschiebungen kontinuierlich auszuhandeln haben. Die Formulierung von allen gemeinsamen Organisationszielen dient in diesem Zusammenhang vor allem der Darstellung nach außen.

Gerade in der Schule als einem Ort, an dem vielfältige Ansprüche, Haltungen und Erwartungen der Beteiligten aufeinander treffen und an dem Aushandlungsprozesse erforderlich sind, kann verordnete Einheitlichkeit nicht tragfähig sein. Sie bedarf eines Commitments aller Beteiligten genauso wie der Verantwortungsübernahme der einzelnen Mitglieder. Rolff nennt Charakteristika der Schule als sozialer Organisation (Rolff 1991, S. 871ff.):

- begrenzte Technologisierbarkeit des pädagogischen Prozesses;
- professioneller Berufszuschnitt;
- immanente Kontrollunsicherheit;
- zellulare Struktur und gefügeartige Kooperation;
- Eigenart pädagogischer Ziele.

Schulen sind Gebilde, in denen komplexe Interaktionen zwischen Lehrenden und Lernenden, die nicht auf Input-Output-Prozesse reduziert werden können, stattfinden. Professionelles Handeln ereignet sich im pädagogischen Vollzug und entzieht sich damit tendenziell der Kontrolle. Agiert wird zunächst alleinverantwortlich im Klassenzimmer. Kooperative Zusammenhänge unter Lehrenden lassen sich darüber hinaus herstellen. Gerade im Bereich der Erziehungsziele verfolgt die Schule komplexe Anliegen, die in ihrer Ansprüchlichkeit nicht durchzusetzen, sondern kommunikativ zu entwickeln sind.

Der Blick auf die Besonderheiten der Schule als sozialer Einrichtung bildet die Basis für die Betrachtung der Schule als lernender Organisation. Die Programmatik der Schulentwicklung basiert auf der Sicht von sozialen Systemen als beweglichen komplexen Einheiten. Dies mag die Tatsache, dass sich im Verlauf der Schulgeschichte bürokratische Strukturen, die sich mit bürokratietheoretischem Vokabular beschreiben lassen, herausgebildet haben, in den Hintergrund treten lassen. Bürokratische Regulierung, wie sie sich etwa in Regelungen zur Zeugnispraxis niederschlagen, und lose Koppelung von Handlungen der Akteure in der Schule, wie sie im Unterrichtsalltag gang und gäbe sind, koexistieren (Fuchs 2004). Sie sind ein Hinweis auf die Stabilität historisch entwickelter Steuerungsansätze im Erziehungssystem.

Systemische Ansätze heben dagegen ab auf die Erfassung von System-Umwelt-Relationen und Systemdifferenzierungen. Soziale Systeme konstituieren sich durch die Abgrenzung von System und Umwelt. Innerhalb von Systemen finden weitere Differenzierungen im Sinne solcher System-Umwelt-Unterscheidungen statt; es kommt zur Bildung von Subsystemen. Elemente eines Systems sind demnach nicht weiter auflösbare Einheiten, die sich in ihren Relationen zueinander verändern können. Die Berücksichtigung solch komplexer Sachverhalte in der Organisation sozialer Systeme ist Voraussetzung für eine Beschreibung organisationaler Veränderungen in komplexen Umwelten (vgl. auch Dörner 2003). Die soziologische Systemtheorie begreift Kommunikationsereignisse als Handlungen, die soziale Systeme konstituieren.

Unter Anleihe bei systembiologischen Erkenntnissen werden in der soziologischen Systemtheorie darüber hinaus Systeme als autopoietisch beziehungsweise selbst referenziell betrachtet, das heißt Systeme erzeugen die Elemente, aus denen sie bestehen, laufend selbst (König/Zedler 2002). Aus der in der Systembiologie vertretenen Auffassung von der Autonomie alles Lebendigen wird die Autopoiese aller sozialen Systeme abgeleitet. Systeme, so Maturana, sind autonom, wenn sie dazu fähig sind, ihre eigenen Gesetzlichkeiten zu spezifizieren (Maturana 1984, S. 55). Die Grundidee der Autopoiesis besagt, dass komplexe Systeme, in denen Kommunikationsereignisse nicht mehr mit allen anderen Kommunikationsereignissen verknüpft sein können, sich kontinuierlich in ihren Elementen, ihren Strukturen und in ihrer Einheit selbst erzeugen (Willke 2000, S. 9). »Ein Vorschlag dazu ist, Organisationen als autopoietisches System aufzufassen, die Entscheidungen aus ihren eigenen Produkten, nämlich Entscheidungen, reproduzieren. ... Wenn man nach dem ›Bestand‹ fragt, so bestehen Organisationen nur aus der Kommunikation von Entscheidungen, die sich ihrerseits in einem rekursiven Netzwerk anderer Entscheidungen desselben Systems (und nur so!) identifizieren lassen. In diesem Sinne handelt es sich, wie immer es um kausale Abhängigkeiten oder Unabhängigkeiten steht, um operativ geschlossene, autonome Systeme. Also nicht einfach um ein Instrument des Umsetzens und Testens pädagogischer Intentionen.« (Luhmann 2002, S. 159ff.)

Autopoietische Systeme, in denen nicht mehr jedes Kommunikationsereignis mit allen anderen Kommunikationsereignissen verknüpft werden kann, sind komplex. Daraus folgert die Notwendigkeit, Komplexität zu reduzieren. Ein soziales System begrenzt deshalb die Anzahl zulässiger Antworten. Das System verarbeitet die Komplexität der Umweltereignisse, indem es eigene Werte und Normen setzt: »... gegenüber einer einseitigen Bestimmung durch die Umwelt ist es nun zu einem bestimmten Grade möglich, eigene Präferenzen durchzuhalten, subjektive Weltentwürfe auch gegenüber Kontingenzen der Umwelt aufrechtzuerhalten und so den sinnhaften Aufbau eines von seiner Umwelt abgrenzbaren Sozialsystems mit eigener Identität und Handlungsfähigkeit zu leisten« (Willke 2000, S. 46ff.).

Die Übertragung systembiologischer Erkenntnisse auf soziale Systeme muss überprüft werden. Merkmale eines selbst organisierenden Systems wie Komplexität, Selbstreferenz, Redundanz, Autonomie werden für soziale Systeme, vor allem wenn sie Bestandteil höherer Systeme sind, nicht allesamt erfüllt. Auch wenn Bildungsorganisationen je nach Beobachterstandpunkt einige Kriterien selbst organisierender Einheiten erfüllen mögen, so sind sie doch nicht vollständig autonom, da sie auf sozial definierte Realitäten, die historisch entstanden sind, zurückgreifen. Das Gleiche gilt für die Frage der Autopoiesis: soziale Systeme können sich in ihren Komponenten des Handelns nicht selbst erzeugen; sie werden durch die handelnden Individuen verändert (von Saldern 1998, S. 135ff.). Vor dem Hintergrund dieser Einschränkungen können soziale Systeme als synreferenziell bezeichnet werden; damit wird ausgedrückt, dass soziale Systeme durch lebende Systeme konstituiert werden, die an der Konstitution eines Systems beteiligt sein können oder nicht. Die Mitglieder eines sozialen Systems müssen eine gemeinsame soziale Realität erzeugen. Sie haben dabei im Gegensatz zu Komponenten biologischer Systeme Zugang zu den jeweiligen Umwelten des Systems. Systemische Organisationstheorie muss den Menschen als humanes, soziales System berücksichtigen. Dieser kann sprachlich kommunizieren und konsensuell handeln (von Saldern 1998, S. 139ff.).

Die Sicht auf den Menschen als kognitives Subsystem wird durch konstruktivistische Aussagen erweitert. Der Radikale Konstruktivismus lehrt die Abhängigkeit jeglicher Erkenntnis vom Standpunkt des Beobachters. Jeder Beobachter ist ein System, und als solcher Bestandteil eines höheren Systems. Der erkennende Betrachter greift im Erkennen auf sich selbst zurück. Demnach gibt es keine Tatsachen außerhalb des Denkers. Wie Maturana formuliert: »Jedes Tun ist Erkennen, und jedes Erkennen ist Tun.« (Maturana 1984, S. 31) Eine vom Beobachter unabhängig existierende Welt gibt es aus der Perspektive des Radikalen Konstruktivismus nicht. Wir sehen nicht, was wir nicht sehen, und für uns existiert das, was wir nicht sehen, nicht. Jede Beschreibung eines Systems ist damit abhängig vom Beobachter und seinen Beobachtungskategorien. Darüber hinaus schafft er mit seinen Beobachtungen erst die Welt, die er beschreibt. Erkennen wäre demnach eine Konstruktionsleistung. Das Studium einer Beobachtung gibt damit eher Aufschluss über die Eigenschaften des Beobachters als über das Wesen einer wirklichen Welt (Watzlawick 1998). In der Konsequenz wäre auch der systemische Ansatz damit nichts weiter als eine von vielen möglichen Perspektiven auf soziale Organisationen.

Die Problematik einer Übertragung systemtheoretischen und konstruktivistischen Gedankenguts auf Schulentwicklung und die damit verbundenen Steuerungsmodelle wird hier wiederum deutlich. Erkenntnistheoretische Reflexionen und rationalistische Steuerungstheorien stehen nebeneinander und werden je nach strategischer Absicht partiell genutzt. Zu fragen ist, ob hier Mythenbildung im Spiel ist (von Saldern 1998, S. 56ff.). In jedem Fall mögen systemtheoretische und konstruktivistische Perspektiven auf Systeme den Blick schärfen für die Komplexität eines Steuerungsvorhabens. Organisationen sind bewegliche Systeme, die als komplexe Konstruktionsleistungen der Mitglieder zu verstehen sind. Systemische Organisationsentwicklung kann sich an systemtheoretischen und konstruktivistischen Reflexionen bereichern, ohne den Anspruch auf theoretisch fundierte Steuerungsmodelle aufzugeben. Dies scheint über den Weg einer Betonung von (bereichernden) Distanzen möglich (Tenorth 1987).

Ohne einen Paradigmawechsel, den Wechsel einer disziplinären Matrix also (Kuhn 1977, S. 392), für die Schulentwicklungstheorie propagieren zu müssen (Bätz 2003) kann systemisches Denken in seinen weiterführenden Perspektiven im wissenschaftlichen Denken genutzt werden (Willke 2000, S. 195ff.):

- Systemdenken bedeutet Denken in Zusammenhängen;
- Systemwissenschaftler fragen danach, wie unterschiedliche Systemebenen zusammenhängen und liefern damit die Voraussetzung für strategisches Denken in komplexen Situationen;
- systemisches Denken ermöglicht die Erfassung kritischer Systemvariablen;
- systemisches Denken erlaubt die Erfassung unterschiedlicher Realitäten von Systemelementen, die eine Steuerung komplexer Systeme möglich machen;
- systemtheoretisches Arbeiten ist Voraussetzung für die Erforschung organisierter Komplexität lebender Systeme;
- Systemdenken verbietet die Reduktion komplexer Systeme auf einfache messbare Variablen sowie die Konstruktion einfacher Kausalitäten und Gesetzmäßigkeiten.

Gerade vor dem Hintergrund bislang etablierter bürokratietheoretischer Reflexionen, in denen linear-kausales Denken vorherrschte, stellen systemtheoretische Ansätze eine Bereicherung schulischer Organisationsanalyse dar. So beleuchten sie zum Beispiel organisationseigene Dynamiken, die zur Vorbereitung und zur Ausführung von Entscheidungen führen. »Wenn alles auf Entscheidungen zurückgeführt werden kann, muss nichts so bleiben, wie es ist. Aus demselben Grunde kann es aber auch so bleiben, wie es ist. Unter diesem Gesichtspunkt heißt Organisation Bürokratie.« (Luhmann 2002, S. 162) Unter systemtheoretischer Perspektive sind solche Zusammenhänge in Selbst-Thematisierungen des Systems reflexiv zu durchdringen. Damit stellt ein System seine eigene Qualität im Verhältnis zu anderen Systemen zur Debatte (Willke 2000, S. 96ff.). Voraussetzung dabei ist, dass das System ein Bewusstsein seiner selbst entwickelt und die Fähigkeit hat, sein Interaktionsverhältnis zur Umwelt zu bestimmen. »... ein Bildungssystem wird sich so ausdifferenzieren, dass es an die Umwelt in seiner Referenz anknüpft, d.h. seine Anschlussfähigkeit in der konkret vorhandenen Umwelt beweist ...« (Haindl 2003, S. 43).

Andererseits können Diskrepanzen zwischen proklamierten Zielen und Leistungen auch systemkonform bearbeitet werden. Aus systemtheoretischer Sicht sind Phasen der Respezifikation von Bereichen verbunden mit Inkonsistenzen beziehungsweise unterschiedlichen pädagogischen Ideologien. Reformpostulate treten an die Stelle von Evolutionen, die durch die administrative Strukturierung des Systems verhindert werden. Reformen, die sich auf die Reorganisation des Erziehungssystems beziehen, bleiben im Rahmen des Funktionssystems. Sie erzeugen fortwährend neue Reformwellen, die der Leugnung von Widersprüchen dienen.»Beobachtet man das jeweils reformierte System, hat man den Eindruck, dass das Hauptresultat von Reformen die Erzeugung des Bedarfs für weitere Reformen ist. Reformen wären danach sich selbst generierende Programme für die Veränderung der Strukturen des Systems.« (Luhmann 2002, S. 166)

Auch an dieser Stelle wird deutlich, dass systemische Organisationsentwicklung im Bildungsbereich sich mit dem Fundament einer Systemtheorie auch kritisch auseinandersetzen muss. Während nämlich ein Vorteil systemtheoretischer Perspektiven im Zugewinn von Komplexität durch Systemdenken zu verzeichnen ist, besteht ein Problem in der Erfassung der Sinn- und Zweckhaftigkeit menschlichen Handelns. Als kognitive Subsysteme sind Menschen durchaus in der Lage, Reformziele zu verfolgen und ihre Wirklichkeit umzugestalten. Dem distanzierten Blick auf Reformvorhaben als Unternehmen, die auf einem mangelnden Systemgedächtnis beruhen, muss an dieser Stelle aus pädagogischer Sicht, die ohne ideale Orientierungen nicht auskommt, widersprochen werden. An dieser Stelle stehen Grundannahmen der Systemtheorie im Sinne einer reinen Beobachtungswissenschaft und Ansätze der Erziehungswissenschaft, die an historisch entwickelten Normativitäten festhält, einander gegenüber (Krüger 1997, S. 130).

Luhmann beschreibt die Differenz, indem er den Begriff der Reflexionstheorie für die Pädagogik einführt und damit den normativen Charakter der Erziehungswissenschaft unterstreicht:»Wenn die Pädagogik als Reflexionstheorie des Erziehungssystems bezeichnet wird, so heißt das konkret, dass sie sich mit den Zielen und Intentionen des Erziehungssystems identifiziert und ihnen nicht indifferent gegenübersteht.« (Luhmann 2002, S. 200ff.) In diesem Sinne ist die Programmatik systemischer Organisationsentwicklung als idealer Entwurf zu lesen. Sie schließt an systemtheoretische Perspektiven auf das System als Akteur an. Kollektives Handeln wird definiert als systemisch koordiniertes Handeln mit dem Ziel, das System insgesamt gegenüber seiner Umwelt in einer besonderen Art und Weise zur Geltung zu bringen (Willke 2000, S. 168). Die Identität einer Organisation entsteht in den Augen des Betrachters, der bestimmte Erwartungen an die Organisation richtet. Die Identität von Systemen hängt davon ab, ob es ihnen gelingt, ihre operative Autonomie und Geschlossenheit zu erhalten und ihre Operationen im Rahmen der Erwartbarkeit zu gestalten. Entscheidend für die Identität einer Organisation ist damit das Maß der Konstanz von Erwartungen, die sich an die Einrichtung richten.

Systemische Schulentwicklungsberatung stellt in diesem Sinne die Frage, wie Schule vor dem Hintergrund operationaler Geschlossenheit bewusst mit ihren Umwelten kommunizieren kann (Schratz/Steiner-Löffler 1999, S. 98ff.). Die Notwendigkeit einer Regulierung von Differenzen zwischen System und Umwelt über Kommunikationen zu intersubjektiv geteiltem Sinn wird zum Ausgangspunkt genommen, um der lernenden Schule als Entwicklungsmodell Konturen zu geben. Es gilt, über Kommunikation intersubjektiv geteilten Sinn herzustellen; die operative Geschlossenheit wird zur Leitfigur: »Je (operational) geschlossener ein System ist, umso besser kann es mit seiner Umwelt kommunizieren.« (Schratz/Steiner-Löffler 1999, S. 102) Die autopoietische Reproduktion von Systemen sowie die Herausbildung von neuen Strukturen, die zu bestimmten Umwelten passen, stellen systemeigene Bewegungen, die nicht direktiv zu beeinflussen sind, dar. Systemdenken führt damit zum Vertrauen auf evolutionäre Entwicklungen, die durch Irritationen seitens der Umwelt entstehen. Systemkrisen bedingen Veränderungsstrategien, mit deren Hilfe Systeme ihr Überleben sichern. »Das bedeutet, dass man weder einen Menschen (ein psychisches System) noch eine Organisation (ein soziales System) von außen gezielt steuern kann. Es kann von außen bestenfalls irritiert werden, wodurch sich das System dieser Störung aus der Umwelt anpassen muss.« (Schratz/Steiner-Löffler 1999, S. 103) Im Konzept der lernenden Schule wird die Möglichkeit eines Absterbens von Systemen, die aus evolutionstheoretischer Sicht durchaus möglich ist, nicht weiterverfolgt. Genutzt werden lediglich solche Reflexionen, die mit Debatten im Bildungssystem vereinbar sind. Systemtheoretisches Denken reicht also so weit wie Bildungsansprüche der Gegenwart dies erlauben.«... eine Pädagogik könnte nicht zu arbeiten beginnen, wenn sie unterstellte, Erziehung sei sinn- und hoffnungslos oder sie sei kein Gegenstand lohnender wissenschaftlicher Beschäftigung« (Luhmann 2002, S. 201).

Die Irritation der Schule wird in diesem Sinne als Aufforderung zur Reform bestehender Strukturen, Verhaltensmuster und Problemlösungsstrategien gedeutet. Schule muss ihr eigenes Leitbild definieren und dieses in einem Schulprogramm formulieren. Als autonome Einheit ist sie aufgefordert, ein neues Führungsverständnis sowie eine angemessene Kundenorientierung zu entwickeln. Dabei rückt der Umgang mit Schnittstellen innerhalb und außerhalb des Systems in den Mittelpunkt des Interesses (Schratz/Steiner-Löffler 1999, S. 108). Dies wird als Möglichkeit eines Übertritts vom Problem- in einen Lösungsraum gesehen; im Sinne des Konstruktivismus eine Konstruktionsleistung der Beteiligten.

Management-Konzepte der Wirtschaft liefern Vorlagen, die für den Bildungsbereich anregend wirken. Im Change Management werden Ansätze des organisationalen Lernens entwickelt. Change Management betrifft die Analyse, Planung, Realisierung, Evaluierung und laufende Weiterentwicklung von Veränderungsmaßnahmen in Betrieben. Unterschieden werden Wandel erster und zweiter Ordnung, wobei nur letzterer als umfassender Bewusstseinswandel der Mitarbeiterinnen und Mitarbeiter bezüglich ihrer Denk- und Handlungsweise verstanden wird (Brohm 2004, S. 174). Studien zu Wandlungen im Wirtschaftsbereich zeigen, dass Betriebsangehörige Wandel ablehnen, wenn sie kein Verständnis für die Vision und die Veränderungsziele entwickeln oder wenn sie Angst vor negativen Folgen für die eigene Person fürchten. Übertragen auf den Bildungsbereich können Studien zum Change Management in der Wirtschaft Anhaltspunkte für die Notwendigkeit systematischen und prozessorientierten Vorgehens liefern und die Einbeziehung aller an Schule Beteiligten in den Wandlungsprozess unterstreichen.

Ausgangspunkt im Bildungssektor ist die Betrachtung der Schule als lernender Organisation, die sich wie jedes System immer wieder neu definieren und im Handeln legitimieren muss. Fokussiert werden Krisen, in denen organisationales Selbstverständnis neu definiert wird (Schley 1998, S. 20). Entwicklung wird verstanden als Zyklus, innerhalb dessen Krisen bewältigt werden. Entscheidend für die Bewältigung von Herausforderungen sind Visionen, Leitbilder und Ziele, die orientierend wirken. Organisationen durchleben wie lebendige Systeme Phasen von Verdrängung, Schuldzuweisung und Resignation, bevor sie in die Phase der Neuorientierung eintreten. Aus der Perspektive eines Change Managements tragen solche Entwicklungszyklen zur Reife und Substanz von Organisationen bei. Nur in Fällen, bei denen Organisationen konstruktive Lösungen nicht aus eigener Initiative heraus entwickeln können, ist externe Beratung vonnöten (Schley 1998, S. 22).

In der Organisationsentwicklung systemischen Zuschnittes werden vier Phasen beziehungsweise Stufen des organisationalen Lernprozesses unterschieden:

1. Pionierphase (Forming);
2. Differenzierungsphase (Storming);
3. Integrationsphase (Norming);
4. Transformationsphase (Performing).

Während in der Pionierphase mit hoher Arbeitsmotivation begonnen wird und strukturelles Chaos aufgrund hohen Engagements hingenommen wird, werden in der Stormingphase Differenzierungen vorgenommen, um unökonomisches Arbeiten und unklare Verantwortlichkeiten zu beenden. In der Normingphase folgen Verregelungen, die ein geordnetes Miteinander ermöglichen; dies kann Teambildung und das Entwerfen von Reformprojekten bedeuten. In der Transformationsphase schließlich kommen die Konsequenzen der Wandlungsarbeit, in der die Organisation neue Formen der Kooperation und Lernorganisation entfaltet, zum Tragen (Schley 1998, S. 23ff.). Das Veränderungsszenario wird dabei im Sinne einer Kräftefelddiagnose als Dialektik von Dauer und Wechsel sowie Distanz und Nähe gedeutet. Organisationen haben die Möglichkeit, Prozesserfahrungen nach diesem Grundmuster zu interpretieren und im Sinne einer Ausgewogenheit der Kräfte zu agieren. Sie können also im Sinne einer Selbstthematisierung Veränderungsprozesse beeinflussen. Veränderungsmanagement setzt damit Systemdenken voraus (Senge 1996). Innovation in nicht-deterministischen Systemen wird insofern als Anregung zur Selbststeuerung verstanden (von Saldern 1998, S. 194).

Die systemische Organisationsentwicklung, die von dirigistischen Steuerungsmodellen Abstand nimmt und Organisationen als komplexe, bewegliche Systeme begreift, basiert auf einer selektiven Rezeption konstruktivistischer, systemtheoretischer, neurobiologischer, aber auch kommunikationstheoretischer und anthropologischer Modelle; darüber hinaus werden unter anderem Anleihen bei Feldtheorie und systemischer Theorie gemacht (Schratz/Steiner-Löffler 1999, S. 120). Gerade auch bei Konzepten, die aus der Unternehmensberatung stammen, fließen dabei Lebensphilosophien ein; zum Beispiel die Empfehlung Polarisierungen zu vermeiden oder anzuerkennen, dass endgültige Lösungen unmöglich sind. Dies speist Vermutungen zur ›heilenden‹ Wirkung des Theorienmix, in dem Wirklichkeitsdeutungen vorgenommen werden. Andererseits entspricht die Hinzuziehung einer Vielzahl möglicher theoretischer Perspektiven auf Organisationsentwicklung der inneren Logik systemtheoretischer und konstruktivistischer Grundannahmen, die auf Komplexität abheben. Welt wäre demnach eben nicht mit einfachen Ursache-Wirkungsschemata zu erklären. Und, so wäre aus radikalkonstruktivistischer Sicht zu ergänzen, wissenschaftliches Kommunizieren könnte darauf abheben, die Anzahl der Wahlmöglichkeiten zu erhöhen (vgl. von Foerster 2002).

5.2 Veränderte Sichten auf Steuerungsmöglichkeiten im Erziehungssektor

Unter historisch-hermeneutischem Blickwinkel heben frühe Steuerungsmodelle im staatlichen Erziehungssystem ab auf Vereinheitlichung und Strukturierung des Schulwesens. Orientierung ist die

Gewährung von Einheit in der Differenz. Mit der Überwindung von Überschneidungen zwischen häuslichem und schulischem Bereich wird Schule zu einer Veranstaltung, in der Bildung systematisch und strukturiert erworben werden kann. Die Schulpläne Wilhelm von Humboldts (1809) zielen in diese Richtung, wenn sie didaktische, professionelle, curriculare, gesellschafts- und bildungspolitische sowie schulorganisatorische Aspekte thematisieren (Diederich/Tenorth 1997). In Schultheorien werden Schulen Funktionen zugeschrieben: sie übernehmen die Funktion einer

- Qualifikation für den Berufs- und Beschäftigungssektor;
- Selektion als Beitrag der Schule für das politische System;
- Integration in bestehende gesellschaftliche Werte und Normen (Fend 1976; Diederich/Tenorth 1997).

Die Reproduktionsfunktionen der Schule lassen sich ergänzen durch die Humanfunktion, dem Ziel von Schule, den Kindern und Jugendlichen ein Aufwachsen in Menschlichkeit zu ermöglichen, und durch die Bildungsfunktion, verstanden als Beitrag der Schule zur Freisetzung des Menschen zu sich selbst (Meyer 1997, S. 321ff.). Gesellschaftliche Grundfunktionen von Schule, die der Einstimmung auf einen Grundkonsens dienen, können durch pädagogische Funktionen von Schule ergänzt werden. Sie signalisieren die Tatsache, dass über historisch notwendig entwickelte Sozialisationsfunktionen hinaus Integrationsleistungen zu vollbringen sind, die durch gesellschaftlichen Wandel bedingt sind. Die Aufgaben von Schule haben sich erweitert, die Anspruchlichkeiten an Bildung sind international gestiegen. Schule als staatliche Reproduktionsinstanz ist damit enormem Erwartungsdruck ausgesetzt. Die unmittelbare Bindung an staatliche Interessen kann in diesem Zusammenhang keine Lösung sein. Schulen haben eine eigene Entwicklungslogik, und sie verfolgen Ziele, die sich nicht unmittelbar aus staatlichen Vorgaben heraus ableiten lassen. Vor allem Bildungsziele implizieren Widerständigkeiten, die produktiv für Entwicklungsziele genutzt werden können (Meyer 1997, Bd. 1, S. 318).

Vor diesem Hintergrund entsteht die Erkenntnis, dass administrative Steuerungsansätze auf Länder- oder Bundesebene nicht dazu angetan sind, die Problemlösekapazitäten der Schule zu erhöhen. Schulen müssen die Möglichkeit erhalten, komplexe Antworten auf Herausforderungen der Gesellschaft selbst zu erzeugen. Behutsame Steuerungsansätze unternehmen deshalb zwar den Versuch, normierend auf Schule, Unterricht und pädagogische Leitbilder vom Kind einzuwirken, doch sie erhöhen die gesetzliche Eigenverantwortung der Schule und verpflichten sie auf Qualitätsentwicklung. In der Rücknahme des Anspruchs auf detaillierte Regelung des Schulalltags seitens der Schulverwaltung und der Schulaufsicht liegt historisches Erfahrungswissen um die Problematik einer Funktionalisierung der Bildungsinstitutionen. Eine demokratische Wissenssteuerung verhindert, dass Schulen Marktmechanismen ausgeliefert werden (Haindl 2003, S. 169). Vor dem Hintergrund der Demokratisierungsdebatte der 70er-Jahre des 20. Jahrhunderts werden partizipative, selbst organisierte Schulen ihren verwalteten Vorgängern vorgezogen. Auch wenn Schule Angelegenheit des Staates bleibt, wird ihr doch jetzt auf nationaler und internationaler Ebene Gestaltungsfreiheit zugebilligt. Der Aufbruch aus der verwalteten Schule hat neben gesellschaftlichen, bildungspolitischen, rechtlichen, administrativen und pädagogischen Implikationen auch ökonomische Hintergründe, die sich in der Budgetierung der Schulen niederschlagen.

Schulen als lernende Organisationen können sich mit Hilfe von Veränderungsstrategien, die der Qualitätsentwicklung verpflichtet sind (vgl. Haindl 2003; Helmke 2003; Schratz 2003) wandeln; eine Anordnung des Wandels durch zentrale Vorgaben ist aus historischen und strukturellen Gründen problematisch. Mikropolitische Ansätze, die die Einzelschule in ihrer Entwicklung fokussieren, setzen auf den Aufforderungscharakter der Gestaltungsautonomie. Eine zentrale Innovationssteuerung würde ein Wissen über die Ausgangsbedingungen einzelner Schulen voraussetzen; standardisierte Lösungen können solche Voraussetzungen nicht berücksichtigen und sind deshalb zum Scheitern verurteilt. Darüber hinaus übernehmen Schulen in der Regel vorgefertigte Lösungen nicht; sie haben komplexe Wirklichkeiten zu bewältigen und adaptieren von außen zielgerichtet angetragene Innovationen nur bedingt (Rolff 1991, S. 867ff.). Zu ergänzen sind historisch entwickelte Vorbehalte der Schulen gegenüber dirigistischem Verwaltungshandeln. Reformpädagogiken basieren auf solcher Skepsis, die sich auf antinomische Spannungen zwischen Organisation und Interaktion bezieht.

Phasen der systemischen Innovation im Sinne eines Komplexitätsmanagements, das allerdings vom autopoietischen Charakter sozialer Systeme abstrahieren muss, können sein (von Saldern 1998, S. 181ff.):

1. Problemabgrenzung (Problemformulierung);
2. Ermittlung der Vernetzung (Erfassung der Beziehung zwischen den Elementen; Analyse ihrer Wirkung);
3. Erfassen der Dynamik (zeitliche Aspekte der Beziehungen und ihre Bedeutung);
4. Interpretation der Verhaltensmöglichkeiten (Szenarien entwerfen);
5. Bestimmung der Lenkungsmöglichkeiten (Lenkungsmodell);
6. Gestaltung der Lenkungseingriffe (systemische Regeln);
7. Weiterentwicklung der Problemlösung (vielfältige Lösungen).

Steuerungsmodelle der Gegenwart setzen auf Unterstützung institutioneller Schulentwicklungsprozesse seitens der Verwaltung. Die zentrale Steuerung des Schulwesens besteht in der Schaffung von Gelingensbedingungen für dezentrale Selbstorganisation der Schulen. Dies betrifft nicht nur die Bereitstellung von externen Beraterinnen und Beratern, sondern auch die Koordinierung von Reforminitiativen mit dem Ziel einer Vernetzung von Schulen in Entwicklungsprozesse. Zentrale Steuerung dezentraler Selbstorganisation wird über Unterstützungssysteme, Standards und Qualitätssicherung geleistet (Rolff 1994).

Internationale Entwicklungen im Bildungsbereich wirken regulierend auf dezentralisierte Bildungssysteme ein. Ergebnisse der Bildungsforschung übernehmen in diesem Zusammenhang eine steuernde Funktion. Mit der Messung der Outputs wird die Freiheit der Einzelschule an Anforderungen gebunden: sie ist Motor der Qualitätsentwicklung, die sich an internationalen Standards orientiert. Autonomie und hohe Leistungsansprüche sind hier miteinander verkoppelt.

Gerade auch die Diskussion um nationale Bildungsstandards zeigt, dass mikropolitische Perspektiven und makropolitische Vorgaben zur Erreichung und Gewährleistung von Qualitätsstandards Hand in Hand gehen. Schulische Systeme werden zwar einerseits als pädagogische Handlungseinheiten betrachtet und in Verantwortung genommen, andererseits werden sie jedoch auf der Gesamtsystemebene durch zentrale Vorgaben gesteuert. Bildungsstandards formulieren Mindestanforderungen, die Schulen einzuhalten haben. Statt eines Paradigmawechsels (Rolff 1991, S. 866) kann eine Erweiterung des Paradigmenspektrums beobachtet werden. »Ein Paradigma ist das, was den Mitgliedern einer wissenschaftlichen Gemeinschaft, und nur ihnen, gemeinsam ist. Umgekehrt macht der Besitz eines gemeinsamen Paradigmas aus einer Gruppe sonst unverbundener Menschen eine wissenschaftliche Gemeinschaft.« (Kuhn 1978, S. 390) Mit der schultheoretischen Argumentation werden differente Sichten möglich. Die mikropolitische Perspektive ist dabei neben makropolitischen Ansätzen eine mögliche Betrachtungsweise. Der Schulentwicklungsansatz bei der Steuerung des Schulwesens ist ein historisch begründetes Verfahren. Er stellt historisches und empirisches Wissen um die Implementation von Veränderungsstrategien in Rechnung. Gesamtsystem-Strategien behalten dabei ihre Gültigkeit. Gerade die zunehmende Relevanz internationaler Bildungsforschung und die sich aus ihr ergebenden Konsequenzen zeigen die Notwendigkeit einer Kombination von Einzel- und Gesamt-Systemstrategien. Makro- und Mikropolitik sind nicht gegeneinander auszuspielen im Sinne einander widersprechender disziplinärer Zugangsweisen, sondern sie sind zu kombinieren. Insofern wären disziplinäre Theorien zur Steuerung der Schulentwicklung zu erweitern.

Aus systemtheoretischer Sicht ist die Spannung zwischen organisationaler Einheit und zentraler Steuerung des Systems nicht aufzulösen. Technologische Vorstellungen zur Steuerung von Organisationen durch Inputs werden zurückgewiesen. Demgegenüber werden Organisationen als autopoietische Systeme aufgefasst, die Entscheidungen aus ihren eigenen Produkten, nämlich Entscheidungen, reproduzieren (Luhmann 2002, S. 159). Aus systemischer Sicht gibt es keine effektive Überwachung – »… was sich nicht zuletzt am Zeremoniell der ›Visitationen‹ ablesen lässt, die eher durch ihre Peinlichkeit auffallen« (Luhmann 2002, S. 161). Damit entfallen zwei klassische Problemlösungstechniken:

»1. Eine direkte zentrale Steuerung durch Organisation oder Plan und

2. Selbststeuerung durch unterschiedliche Formen spontaner Ordnungsbildung wie Markt, Wahl oder Konsens« (Willke 2000, S. 240).

Zu entwickeln ist in diesem Zusammenhang eine neue Steuerungsform. Diese hat die Teilbereichsautonomie in ihrer Dynamik, Vielfalt und Variabilität zu berücksichtigen. Das dezentrale Steuerungsproblem liegt in der Aktivierung der Fähigkeiten der Teilsysteme. Das Ziel liegt aus systemtheoretischer Sicht im Aufbau einer Verhandlungskultur, die Selbstorganisation und Binnensteuerung der Subsysteme aktiviert. »Eine Stärkung der Teilbereichsautonomie und der Steuerungswirkung von Kontexten scheint möglich zu sein, wenn die Kontrolle der Kontrolle zurückverlagert wird in die Teilbereiche, und zwar in Form von Verhandlungssystemen ..., in denen die Kontextbedingungen für das Ganze generiert werden.« (Willke, 2000, S. 243) Das Zusammenfassen spezialisierter Teilsysteme mit Autonomiespielräumen beruht auf einer Institutionalisierung von Heterogenität. Erst diese eröffnet Steuerungsmöglichkeiten für das Ganze.

Eine solche Institutionalisierung von Heterogenität im Erziehungssystem ist durch die Autonomisierung der Einzelschule und die Aufforderung an die Bildungsinstitutionen, sich weiterzuentwickeln, gegeben. Nationale Steuerung des Ganzen über Standards kann in diesem Zusammenhang Verhandlungsmasse sein. Dies erfordert einen internationalen Bildungsdiskurs, in dem historisch entwickelte Werte verhandelt werden. Es geht um die Diskussion von Normativitäten, die den Kern der Erziehungssysteme ausmachen.

Aus systemtheoretischer Sicht können Erziehungssysteme sich jedoch nicht selbst erziehen; sie sind für die eigenen Operationen unerreichbar. Deshalb produzieren sie Einheitsprojektionen, die vor dem Hintergrund einer Differenz von Theorie und Praxis diskutiert werden. Selbstbeschreibungen, wie sie etwa im Umfeld von Begriffen wie ›Emanzipation‹ geführt werden, so Luhmann, sind ›Talk‹, die sich vom Unterrichtsgeschehen unterscheiden und nur dazu dienen, dem Erziehungssystem Sinn im Beschreibungsraum zu verleihen. Mit der Übertragung der Erziehungsaufgaben auf Schulen wird systeminternes Wissen über Schulen produziert. »Der jeweils erreichte Stand, festgehalten in den Zeugnissen des Selektionssystems, gilt als Voraussetzung für die weitere Erziehung. Das System arbeitet wie eine Turing-Maschine durch ständige Transformation des eigenen Output in Input für weiteres Operieren. Das aber hat, wie bei selbstreferentiellen Systemen schlechthin, die Folge, dass die Einheit des Systems für die Operationen des Systems unerreichbar wird. Man kann nachträglich Statistiken anfertigen und sich selbst Verbesserungen oder Verschlechterungen bescheinigen. Aber dabei wird die stets mitlaufende Zukunft vergessen.« (Luhmann 2002, S. 174)

Der Gewinn des Systemdenkens für die Entwicklung neuerer Steuerungsansätze im Erziehungssektor ist auch an dieser Stelle zu hinterfragen. Systemtheoretische Überlegungen erweitern zwar einerseits den Blick für komplexe Zusammenhänge im Systemganzen (Haindl 2003), und sie schaffen kritische Distanz zu normativen Orientierungen der Schulentwicklung. Im Systemdenken gibt es keine höheren geistigen Wirklichkeiten, die Systeme orientieren, sondern lediglich Kommunikation zur Reproduktion des Systems (Luhmann 2002, S. 178). Reflexion und Praxis können zudem in ihren Orientierungen nicht versöhnt werden: »Die Reflexion kann es nicht einfach ignorieren, wenn die Praxis stöhnt, so wie die Praxis in der pädagogischen Literatur Formeln finden kann, mit denen sie, wenn gefordert, den Sinn ihrer eigenen Tätigkeit darstellen und sich selbst gegenüber den Unterschied von Erfolg und Misserfolg auf Distanz halten kann. Von Anfang an war klar, dass die nötigen Bemühungen um pädagogisches Wissen nicht den mit Unterricht voll beschäftigten Lehrern zugemutet werden können. Die sind voll damit beschäftigt, den Tag zu überstehen und den nächsten vorzubereiten. Sie können nicht gleichzeitig Unterrichtsforschung betreiben oder pädagogische Ideen literarisch ausarbeiten.« (Luhmann 2002, S. 178ff.)

Systemtheorie einerseits und Schulentwicklungstheorie andererseits, die über den Anspruch einer Professionalisierung der
Lehrkräfte in Schulentwicklungs- und Steuerungsmodellen gerade
nach Anschlussmöglichkeiten zwischen Reflexions- und Praxisbereich sucht, nehmen hier differente Positionen ein. Der Ansatz der
Schulentwicklung behauptet den Aufbau von Expertise in deregulierten Bildungssystemen. Dies ist mit einigen Grundannahmen der
Systemtheorie nicht kompatibel. Reflexions- und Praxissystem entwickeln demnach eigene Dynamiken. Das pädagogische Establishment, verstanden als Gruppe der in Forschung und Ausbildung tä-
tigen Spezialisten, differenziert sich unabhängig vom Unterricht.
»Natürlich gäbe es kein Establishment, wenn es keinen Unterricht
gäbe, aber Existenz und Wachstum des Establishments sind nicht
abhängig davon, dass der Unterricht sich quantitativ oder qualitativ
verbessert oder verschlechtert; sie sind nur abhängig davon, dass
man Verbesserungen fordern und Verschlechterungen fürchten
kann, und diese beiden existenznotwendigen Perspektiven der Kritik lassen sich ebenso sicher institutionalisieren wie die Rollen
selbst, denn ihre Sicherheit beruht nur darauf, dass die Zukunft un-
sicher ist.« (Luhmann/Schorr 1999, S. 343ff.) Der kritische Blick
auf die Eigendynamik des pädagogischen Establishments kann als
bereichernde Notiz vermerkt werden, lässt sich jedoch nicht konstruktiv einbinden in die wissenschaftliche Diskussion neuerer
Steuerungsmodelle. Darüber hinaus scheint die Provokation dazu
angetan, die Differenzen zwischen Schulentwicklungstheorie und
Systemtheorie zu betonen. Dies ist angesichts der Tatsache, dass
systemisches Denken in vielen Schulentwicklungsmodellen greift,
ein wichtiger Hinweis darauf, dass Schulentwicklungstheorie nicht
in Systemtheorie aufgeht, sondern diese lediglich benutzt, um der
Komplexität ihres Gegenstandes gerecht zu werden.

5.3 Innovationsspiele als Herausforderung

Von Nutzen ist systemisches Denken auch bei der Betrachtung der
Bewegungen von Organisationen im Erziehungssystem. Das Spiel,
das wie das Phänomen ›Entwicklung‹ im pädagogischen Diskurs

fest verankert ist, stellt eine Bewegungserscheinung dar. Das Wesen des Spiels kann aus spieltheoretischen Beiträgen erschlossen werden und mit den Momenten der Freiheit, der inneren Unendlichkeit, der Scheinhaftigkeit, der Ambivalenz, der Geschlossenheit sowie der Gegenwärtigkeit beschrieben werden. Das Spiel ist ein Phänomen, das absichtslos und frei von Zwängen ist. Es tendiert zur Wiederholung von Bewegungen, es ist nicht gebunden an gesellschaftliche Realitäten, es pendelt zwischen Polen, zeigt eine Eigengesetzlichkeit, und es erschließt sich in der Gegenwart (Scheuerl 1994). Spiel ist ein Kulturfaktor, der gerade durch seine Ungebundenheit an gesellschaftliche und individuelle Bedürfnislagen dazu beiträgt, dass Welt bewältigt werden kann (Huizinga 2001). Spiele nehmen Bezug auf Welten, sie bilden sie neu und zeigen in der Konstruktion Organisationsprinzipien der Gesellschaft. Damit sind Spielwelten gleichzeitig autonom und auf Welt bezogen. Als Gruppenkonstruktion sind sie Inbesitznahme von Welt und Neugestaltung im mimetischen Handeln (Gebauer/Wulf 1998).

Übertragen auf Organisationen bedeutet dies, dass lernende Systeme Spielregeln der Veränderung erfinden müssen. Management-Konzepte der Gegenwart bieten einen reichhaltigen Fundus an Spielangeboten für Organisationen. Gemeinsam ist diesen Offerten der Versuch, strategisches Denken in komplexen organisationalen Zusammenhängen aufzubauen (Willke 1999; Dörner 2003). Es geht für Organisationen darum, Wandel nicht durch Hinweise auf utopische Lösungen herbeiführen zu wollen, sondern ein Systemdenken zu entwickeln, das auch überraschende Lösungen zulässt. Dazu muss auf die Nützlichkeitsorientierung verzichtet werden. Die Anpassung der Organisationsmitglieder an gegenwärtige Situationen hat dabei häufig Vorrang vor der Anpassung an zukünftige Situationen. Das Spiel liefert die Möglichkeit, mit den Ressourcen der Organisationsmitglieder ohne permanente Zielorientierung zu arbeiten. Das Spiel liefert die Möglichkeit, Handlungsmöglichkeiten zu üben, ohne diese sogleich in einen utilitaristischen Rahmen stellen zu müssen. »Von diesem Standpunkt aus wird das Spiel nicht als Mittel zu einem Ziel angesehen, sondern eher als gewundene Linie zu dem Ziel. Es weicht Hindernissen aus, aber die Hindernisse wurden durch den Spieler aufgestellt, um sein eigenes Leben zu erschweren. Bewusste Erschwerung kann, wenn sie der Person Erfahrung beim Kombinieren von Elementen in neuartigen Weisen vermittelt, möglicherweise der Anpassung an die Behandlung neuartiger Probleme dienen ... Was das Spiel im Grunde tut, ist, das Verhalten von den Anforderungen realer Ziele abzukoppeln. Die Person gewinnt Erfahrung im Kombinieren von Verhaltensstücken, die in einer utilitaristischen Welt nicht zusammengebracht würden.« (Weick 1985, S. 353ff.)

Die Regeln der Veränderung bedürfen eines Heraustretens aus der Ordnung; erst so können Lösungen zweiter Ordnung gefunden werden. Falsche Lösungen dagegen verstärken häufig Probleme, indem sie mehr desselben, zum Beispiel mehr Verantwortungsübernahme der Mitarbeiterinnen und Mitarbeiter, einfordern (Watzlawick et al. 2001). Utopische Lösungsversuche führen jedoch zum Aufbau von Welten als Idealkonstrukten, an denen die Organisationsmitglieder scheitern müssen. Veränderungen zweiter Ordnung treten aus dem Aufforderungsmuster heraus und aktivieren Gruppenpotenziale, die jenseits aller Dogmen überraschende Lösungen ermöglichen.

Innovationsspiele in Organisationen müssen von den Organisationsmitgliedern mit Regelkenntnis gespielt werden. »Komplexe Organisationen, wie etwa Unternehmen, Forschungsinstitute, Entwicklungshilfeeinrichtungen oder politische Institutionen machen den zweiten Schritt vor dem ersten, weil sie annehmen, sie hätten die Regeln des Spiels schon verstanden. Das ist ein verhängnisvoller Irrtum. Sie spielen immer noch ›Mensch-ärgere-dich-nicht‹ oder bestenfalls ›Dame‹, während das Spiel sich bereits zu einem mehrdimensionalen Schach transformiert hat. Betrachtet man die gegenwärtige Lage genauer, so erweist sich, dass in vielen Hinsichten gar nicht klar ist, welches Spiel überhaupt gespielt wird und welche Regeln gelten sollen.« (Willke 1999, S. 176) Das Management der Veränderung basiert dagegen auf einem Systemdenken, das über die bloße Skizze von Zukunftsvisionen hinausgeht. Die von P. Senge propagierte Fünfte Disziplin ist ein Systemdenken, in dem Theorie und Praxis zusammengefügt werden. »Ein fundamentales Umdenken ist das eigentliche Herzstück einer lernenden Organisation; wir erkennen, dass wir nicht von der Welt getrennt, sondern mit ihr verbunden sind, und wir machen nicht länger einen Widersacher ›da draußen‹ für all unsere Probleme verantwortlich, sondern erkennen, wie wir selbst durch unser Handeln zu unseren Problemen beitragen.« (Senge 1996, S. 22)

Das in der Management-Literatur propagierte Umdenken in Organisationen beruht auf einem erweiterten Lernverständnis. Es geht nicht länger darum, Wissen anzuhäufen, sondern um ein kreatives Lernen, das den Mitgliedern einer Organisation die Möglichkeit verschafft, aktiv am Veränderungsspiel teilzunehmen. Damit bringen sie kreative Kräfte in den Wandlungsprozess ein und sperren sich nicht gegen Wandel. Die Disziplinen der lernenden Organisation – das Systemdenken, Personal Mastery (Selbstführung und Persönlichkeitsentwicklung), bewusste mentale Modelle, gemeinsame Visionen und Team-Lernen, in dem gemeinsames Denken stattfindet, sind in der Fünften Disziplin zusammenzufassen. Die Gesetze der Fünften Disziplin lauten (Senge 1996, S. 75ff.):

1. Die »Lösungen« von gestern sind die Probleme von heute.
2. Je mehr man sich anstrengt, desto schlimmer wird es.
3. Das Verhalten verbessert sich, bevor es sich verschlechtert.
4. Der bequemste Ausweg erweist sich zumeist als Drehtür.
5. Die Therapie kann schlimmer sein als die Krankheit.
6. Schneller ist langsamer.
7. Ursache und Wirkung liegen räumlich und zeitlich nicht nahe beieinander.
8. Kleine Veränderungen können eine Riesenwirkung haben – aber die Maßnahmen mit der stärksten Hebelwirkung sind häufig zugleich die unauffälligsten.
9. Sie können den Kuchen essen und behalten – nur nicht gleichzeitig.
10. Wer einen Elefanten in zwei Hälften teilt, bekommt nicht zwei kleine Elefanten.
11. Niemand ist schuld.

Die Aufzählung von paradoxalen und unerwünschten Konsequenzen unsystemischen Handelns und Hinweise auf unliebsame Wirkungen von Maßnahmen machen deutlich, dass die Spielregeln eines Unternehmensmanagements nicht nach linear-kausalen Zusammenhängen funktionieren. Lösungen, die auf kurzfristige Korrektur einer Fehlentwicklung abheben, verstärken eher Probleme, als dass sie sie beheben. »Eine der Implikationen der Mehrdeutigkeit ist, dass es so ein Ding wie das Urteil falsch tatsächlich nicht gibt. In einer mehrdeutigen Welt sind die Dinge angemessen oder unangemessen. Wenn Sie einen Erlebensstrom aufgreifen und ihm eine Konstruktion auferlegen, dann ist es Unsinn zu sagen, die Konstruktion sei falsch oder richtig. Das Beste, was Sie sagen können, ist einfach, dass es andere Arten der Interpretation dieses Stromes gibt und dass sie interessante Möglichkeiten eröffnen.« (Weick 1985, S. 352) Dies erfordert ein Absehen von Nützlichkeiten des Handelns. Das systemische Spiel hebt in diesem Sinne ab auf das intuitive Erfassen komplexer Wirklichkeiten und propagiert das Anstoßen von Veränderungen als komplexe Konstruktionsleistung. Dies kann als kollektive Aneignung und Neugestaltung von sozialen (Unternehmens-)Welten im Sinne einer innovativen Bewegung gedeutet werden.

Unter systemtheoretischer Sicht wird die von der Management-Theorie aufgemachte Perspektive einer handelnden Aneignung von Welt über die laufende Erfindung von neuen Spielregeln als Leistung des Spiels gedeutet (Willke 1999, S. 11). Dies entstammt dem systemtheoretischen Verständnis von sozialen Realitäten, die sich nach eigenen Gesetzmäßigkeiten entwickeln und damit eine Eigendynamik entfalten. Die Mitglieder einer Organisation sind diesen Eigengesetzlichkeiten sozialer Systeme ausgeliefert (Willke 1999, S. 40). Dies macht Interventionen äußerst schwierig. Die Kunst der Intervention besteht darin, die geeigneten Fragen zu stellen, um Zugang zu komplexen Systemen zu erhalten. Merkmale organisierter Komplexität bestehen in (Willke 1999, S. 76):

- nicht-linearer Vernetzung;
- Trägheit des Systems; Indifferenz; Vielschichtigkeit;
- Druckpunkten (»sensitive« Punkte) des Systems;
- kontra-intuitiver Zeitdynamik des Systems;
- operativer Geschlossenheit; Selbstreferenzialität;
- Regelsystemen im System.

Systemtheoretisches Denken zielt damit ab auf die Erfassung von Funktionszusammenhängen im System. Durch die Absage an Kausalitätsdenken erschließt sich die Möglichkeit, für Problemlösungen in Systemen mehrere gleichrangige Lösungen zu entwerfen. »Die Veränderung komplexer Systeme ist ein voraussetzungsreicher Vorgang, der von dem intervenierenden Mediator angestoßen, moderiert und begleitet werden kann, aber im Kern vom beratenen System selbst zu leisten ist.« (Willke 1999, S. 79) Für den Bereich der Management-Theorie muss dabei die von N. Luhmann akzentuierte Selbstreferenzialität der Organisationen in Frage gestellt werden. Aus klassischer systemtheoretischer Sicht würden Innovationsspiele zwar von außen angestoßen werden können, müssten jedoch mit der Zirkularität der Selbststeuerung der Reproduktion sozialer Systeme rechnen. Organisationen tragen damit autistische Züge (Weick 1985, S. 340). Nach Luhmann/Schorr wäre der Betriebsidealismus ohnehin in der Organisation institutionalisiert. Innovationsspiele wären demnach als Dauerappelle zur Änderung der Institution zu betrachten. »Beides, Idealismus und Änderung, findet sich im Ruf nach Reformen zusammengezogen. Und überdies reagiert das System schon wieder darauf, dass dies so ist ... So wird, ähnlich wie in politischen Programmen, die Werteperspektive als letztgewisse Orientierung beibehalten und sozialwissenschaftlich neu genährt, etwa unter dem Gesichtspunkt der Chancengleichheit. Aber man kann, wenn Reformen scheitern oder gar nicht mehr unternommen werden, nicht unentwegt fortfahren, mehr und Besseres für Erziehung zu fordern ... Die Situation erfordert eine Neubestimmung der Einheit des Erziehungssystems und in genau diesem Sinne Reflexion.« (Luhmann/Schorr 1999, S. 15) Nach dieser Einschätzung sind Innovationsspiele im Erziehungssektor Regelspiele, die den Reflexionsbedürfnissen des Systems entgegenkommen. Erzeugt wird eine Eigendynamik im pädagogischen Establishment; Probleme des Erziehungssystems werden mit verteilten Rollen unabhängig von einer Reform der Praxis diskutiert. Über Kommunikationsereignisse werden Neustrukturierungen vorgenommen. Das Scheitern der Reformappelle wird als systemspezifische Gegebenheit angenommen. Die Differenz von Ideal und Wirklichkeit bleibt unangetastet (Luhmann/Schorr 1999, S. 343ff.).

Die moderne systemische Organisationsentwicklung unterscheidet sich insoweit von der systemtheoretischen Position Luhmann/ Schorrs, als dass das lebende System in seinen vielfältigen Kommunikations- und Beziehungsmöglichkeiten als besondere Spezies betrachtet wird. Auf der Basis angenommener Synreferenzialität kann demnach mit der Möglichkeit eines direkten Zugangs zu Umwelten des jeweiligen sozialen Systems gerechnet werden. Über solche Außenkontakte wären Innovationen im Sinne gemeinsamer Neukonstruktionen von Realität möglich (von Saldern 1998, S. 195). Hier wird die Sinnfrage eingeführt. Menschliches Denken und Handeln wären demnach aufgrund der Option von Menschen, Existenz zu hinterfragen, unter Systemaspekten neu zu verorten Das System Mensch, das sich im Gegensatz zu anderen lebenden Systemen reflexiv zu sich selbst verhalten kann, bedarf einer Betrachtung als sinnkonstruierender Einheit. Ohne eine Konstruktion des Menschen als Sinneinheit kommen weder die betriebliche Management-Theorie noch die systemische Organisationsentwicklung in der Pädagogik aus. Dies ist als Kritik an systemtheoretischer Erziehungswissenschaft, in der handelnde Subjekte zu bloßen Elementen im Systemgefüge herab gemindert werden, breit vorgetragen worden (Krüger 1997, S. 132). Innovationsspiele beinhalten auch immer Suche nach Sinn, der in Steuerungsmaßnahmen genutzt werden muss. Die kooperative Führung nutzt entsprechend Einsichten in Chancen einer Identifizierung mit Zielvorstellungen der Organisation im Sinne einer Inanspruchnahme der Innovationsträger.

Dabei sind machtorientierte Interaktionen, in denen Organisationsmitglieder ihre Spielräume zu erweitern versuchen, zu berücksichtigen. Es geht dabei um Kontrolle über organisationsrelevante Ressourcen, wie etwa die folgenden (vgl. Altrichter 2004, S. 87):

- materielle Ressourcen (Zeit, Stundenpläne, Materialien etc.);
- organisationale Ressourcen (z.B. Positionen, Vorrechte);
- normative oder ideologische Ressourcen (z.B. pädagogische Präferenzen, ideologische Orientierungen etc.);
- informationale Ressourcen (Zugang zu relevanten Informationen);

- soziale Ressourcen (z.b. Zugehörigkeit zu einflussreichen Subgruppen);
- personale Ressourcen (Identitätskonstruktion und Respekt).

Unter strukturtheoretischem Aspekt kann über die Interpretation von organisationalem Wandel als Machtspiel hinausgegangen werden. Im Spielbegriff lassen sich Handlung und Struktur als komplementäre Begriffe verstehen. Strukturen entstehen durch Spiele, die eine mimetische Aneignung von Welt ermöglichen.»Die Reproduktion von Strukturen erfolgt zwar durch intentionale, sich bewusst auf bestimmte Ziele richtende Handlungen, die in diesem Sinn ›strategisch‹ sind. Daraus folgt aber keineswegs, dass die Handlungen immer gerade die Aufrechterhaltung der Strukturen beabsichtigen und dass Strukturen immer oder zumeist das Resultat der Umsetzung beabsichtigter Entwürfe darstellen. Die Strukturierung der Organisation erfolgt viel öfter als unbeabsichtigtes Nebenprodukt der Verfolgung eigener Interessen; sie geschieht durch unintendierte Handlungsfolgen.« (Altrichter 2004, S. 93ff.) Fallbeispiele demonstrieren das Zusammenspiel von Gestaltungsautonomie der Professionellen auf der einen Seite und den organisationalen Strukturen auf der anderen Seite, die die Organisationsmitglieder dazu zwingen, sich an die Spielregeln zu halten. Organisationsspiele sind also Konstruktionsarbeit im organisationalen Kontext. Sie bieten Räume für die Entfaltung professioneller Autonomie, die sich im Vollzug als Beitrag zum kontinuierlichen Wandel der Organisation erweist. Die artikulierten Spiele sind Regelspiele, die Strukturen reproduzieren. Dies führt zur relativen Stabilität von Organisationen (Altrichter 2004).

In der Organisationsforschung sind mithin mehrere Perspektiven möglich: während die auf die Organisationsstruktur gerichtete Perspektive Organisationsspiele als Variationen bestehender Strukturen betrachtet, richtet die rekonstruktive sozialwissenschaftliche Perspektive die Aufmerksamkeit auf die Intentionen der Akteure, die sich innerhalb bestehender organisationaler Verhältnisse entfalten. Die strukturelle Perspektive, die Inkompatibilitäten zwischen Absichten und organisationalen Konsequenzen aufdeckt, ist durch rekonstruktive hermeneutische Zugänge zu ergänzen. Mikropolitisch orientierte Forschungsansätze setzen auf die komplexe Rekonstruktion organisationaler Prozesse, in denen heterogene Beobachterperspektiven in Forschungsteams Berücksichtigung finden.

Zusammenfassung: Die Steuerung von Schulen als beweglichen sozialen Systemen stellt für die staatliche Bildungsadministration der Gegenwart eine Herausforderung dar. Bürokratisches Verwaltungshandeln ist in der Schullandschaft des 21. Jahrhunderts überholt. Gefordert sind Ansätze, die sich dazu eignen, die Schule als Gestaltungseinheit in ihrer Entwicklung zu fördern. Systemische Organisationsentwicklung gründet auf der Sicht der Schule als selbst organisierender Einheit. Wandlungsprozesse komplexer Organisationen werden als koordiniertes Handeln gegenüber der Umwelt gedeutet. Im Change Management geht es darum, Neuorientierungen in sozialen Organisationen zu fördern. Favorisiert werden behutsame Anregungen zum qualitätsorientierten Wandel der Bildungsorganisationen. Expertise in deregulierten Bildungssystemen basiert sowohl auf historischem Erfahrungswissen als auch auf systemischem Denken. Unter systemischer Perspektive können Schulreformen als Innovationsspiele sozialer Systeme betrachtet werden. Neuere Steuerungsansätze im Erziehungssektor nutzen die Dynamik professioneller Lerngemeinschaften, um ressourcenbasierte Antworten auf Herausforderungen der Gegenwart zu finden.

6. Theorie der Schulentwicklung

Komplexer Theorienverbund zur Schulreform

Die Theorie der Schulentwicklung ist innerhalb von Theorien der Schule, Grundlage der Schulpädagogik, zu verorten. Die Theorie der Schulentwicklung macht Aussagen zur wissenschaftlich fundierten Schulreform. Dabei bedient sie sich weit gespannter Theorienhorizonte, um ihren Gegenstand zu beschreiben. Dies macht die Komplexität der Schulentwicklungstheorie aus. Eine gute wissenschaftliche Theorie hat nach Kuhn folgende Eigenschaften:

- Tatsachenkonformität,
- Widerspruchsfreiheit,
- Reichweite,
- Einfachheit,
- Fruchtbarkeit.

Demnach sollte eine Theorie in Einklang mit den im Fachgebiet angestellten Beobachtungen stehen. Sie sollte in sich widerspruchsfrei sein und auch mit anderen anerkannten Theorien verträglich sein. Drittens sollte sie große Reichweite haben, das heißt in ihren Konsequenzen weit über die Gesetze und Beobachtungen in Teiltheorien hinausgehen. Des Weiteren sollte eine Theorie Erscheinungen ordnen und zusammenfügen, die bisher unverbunden nebeneinander stehen. Fünftens schließlich sollte eine Theorie neue Erscheinungen hervorbringen oder unbekannte Beziehungen zwischen bekannten Erscheinungen aufdecken (Kuhn 1977, S. 422ff.).

Die Theoriewahl in einer Scientific Community beruht nicht nur auf den genannten Kriterien, sondern auch auf Maximen, Werten und Normen. Diese können zum Beispiel den gesellschaftlichen Nutzen einer Theorie für die gesellschaftliche Weiterentwicklung betreffen. »Die meisten neu auftretenden Theorien haben keinen Bestand. Gewöhnlich werden die Schwierigkeiten, die zu ihnen Anlass geben, mit herkömmlicheren Mitteln bewältigt. Und auch wenn das nicht gelingt, ist gewöhnlich sehr viel theoretische wie experimentelle Arbeit nötig, bis die neue Theorie so viel Tatsachenkonformität und Reichweite vorweisen kann, dass sie weithin anerkannt wird.« (Kuhn 1977, S. 435) Kuhn vergleicht die Vertreter verschiedener Theorien mit Sprechern verschiedener Muttersprachen, die sich zunächst per Übersetzung verständigen müssen. Erst wenn sie beginnen, in der Sprache einer neuen Theorie zu kommunizieren, als sei es ihre Muttersprache, hat die neue Theorie sich durchgesetzt (Kuhn 1977, S. 443ff.).

Die Bemerkungen Kuhns sind auf die Theoriegenerierung im Bereich der Schulentwicklung zu übertragen. Eine gute wissenschaftliche Theorie im Bereich der Erziehungswissenschaft hat ihren Nutzen für die Praxis zu überprüfen. Sie bildet nicht nur Initiativen zur Verbesserung schulischer Wirklichkeiten ab, sondern sie prüft die Ansätze im Hinblick auf ihre Normativitäten. Gute Theorie und gute Praxis sind nicht losgelöst voneinander zu betrachten. Neue wissenschaftliche Matrizes beziehen sich damit nicht nur auf vorangehende Theorien, sondern auch auf Praxis und deren Reformerfahrungen. Angesichts der Fülle der referierten Theorieansätze muss sich die Tragfähigkeit der einzelnen Paradigmata daher nicht nur in Theorie, sondern auch in Praxis erst noch erweisen. Schulentwicklungsparadigmen müssen mit der Deutungsmatrix von Schultheorien innerhalb der Pädagogik kompatibel sein beziehungsweise diese ergänzen. Historisch-systematische Gesamtdarstellungen von der Schule als Ganzes sind grundlagenorientiert und bilden Sätze zur Leistungsfähigkeit der Bildungsinstitutionen und zu ihren Aufträgen innerhalb der Gesellschaft (Meyer 1997, Bd. 1, S. 211). Inwieweit das in einer Schulentwicklungstheorie enthaltene Theorieangebot bestehende schultheoretische Deutungsangebote ersetzt, wird sich im Laufe der zukünftigen wissenschaftlichen Debatten erweisen.

Im Sinne des von Kuhn vorgetragenen Wissenschaftsverständnisses lösen sich wissenschaftliche Matrizes ab. Symbolische Verallgemeinerungen, Modelle und Musterbeispiele kennzeichnen Paradigmata, charakterisiert durch unterschiedliche Grundbegriffe und Forschungsmethoden. Diese können inkommensurabel sein. Mit dem Konzept des Paradigmawechsels vertritt Kuhn die Auffassung von der Möglichkeit wissenschaftlichen Fortschrittes. Eine wissenschaftliche Theorie löst die vorhergehende ab, weil sie besser geeignet ist, Aussagen zu Wirklichkeit zu treffen.»Spätere wissenschaftliche Theorien sind besser als frühere geeignet, Probleme in den oft ganz unterschiedlichen Umwelten, auf die sie angewendet werden, zu lösen.« (Kuhn 1976, S. 217) Die Relativierung der Vorstellung von einer Ablösung von Paradigmata im Sinne einer immer besseren Darstellung der Natur ist bereits von Kuhn selbst und von anderen vorgenommen worden. Theorienhorizonte haben sich erweitert und bieten Verknüpfungen unterschiedlicher Konstrukte, ohne dass eine Matrix die vorhergehende ablöst. Demgegenüber können unterschiedliche Matrizes einander befruchten (Kuhn 1976, S. 216ff.; König/Zedler 2002, S. 214).

Theoretischer Ausgangspunkt der Schulentwicklungstheorie ist die Theorie der Schule, vorgelegt in differenten Schultheorien. Gerade auch im Bereich der Schultheorien wird deutlich, dass Deutungsmatrizes den jeweiligen historischen Kontexten entspringen und vor diesem Hintergrund schlüssige Schulreformmuster entwerfen. Dabei beziehen Schultheorien sich aufeinander, indem sie Bildungsentwürfe diskutieren, ohne letztlich End-Gültigkeit von theoretischen Aussagen beanspruchen zu wollen. Theoriebildung im pädagogischen Sektor ist damit ein historischer Prozess der Diskursentwicklung, der mit Praxisentwicklung zusammenhängt. Im Erziehungssektor sind beide Ebenen nicht ohne solche Normativitäten, wie sie in Bildungstheorien diskutiert werden, zu denken. Gute Schulentwicklungstheorie beansprucht über die von Kuhn angeführten Merkmale hinaus reflexive Normativität. Sie lässt sich nicht nur an ihrer Verankerung in Bildungstheorien, sondern auch an ihrer Tragfähigkeit für die Verbesserung von Praxis vermessen. Der Kontext der Theoriegenerierung in der Pädagogik ist damit bereits ein äußerst komplexer.

6.1 Zur Theorie der Schulentwicklung innerhalb einer Theorie der Schule

Theorien der Schule thematisieren die Entstehung der Schule, ihre Legitimation, ihre Funktionen innerhalb der Gesellschaft, die kontinuierlich vorgetragene Schulkritik, Schulprogrammatiken und Steuerungsmodelle. Die Schule wird in Schultheorien als Ganzes und in ihrer Modellhaftigkeit betrachtet. Schultheorien sind Versuche, die Gesamtwirklichkeit von Schule durch widerspruchsfreie Deskription, Analyse, Kritik und Prognose intersubjektiv verstehbar zu machen. Schultheorien zeichnen sich aus durch (Wiater 2002, S. 15)

- Systemorientierung,
- Problem- und Praxisorientierung,
- Entscheidungsorientierung.

Die komplexen Fragen nach Wesen, Funktionen, Problematik und Perspektiven der Schulen können auf vielfältige Art und Weise beantwortet werden. Sowohl pädagogische, didaktische, soziologische, psychologische, medizinische, ökonomische als auch juristische, politische, historische und organisationstheoretische Gesichtspunkte können von Relevanz sein. Zu unterscheiden sind (Wiater 2002, S. 18)

- Makrotheorien zur Organisationsstruktur (Organisationstheorie der Schule);
- Mesotheorien zur schulischen Realität (Theorien zur Schulkultur und zum Schulleben);
- Mikrotheorien (Interaktionstheorien; Handlungstheorien).

Entsprechend komplex ist das Theorieangebot zur Theorie der Schule. Theorien werden aus dem jeweiligen wissenschaftstheoretischen Grundverständnis heraus entwickelt. Geisteswissenschaftliche Ansätze betonen die Entwicklung der Schule im umfassenden historischen und gesamtgesellschaftlichen Zusammenhang. Sie akzentuieren die relative Autonomie der Bildungsinstitutionen als

Voraussetzung für pädagogisch verantwortliche Arbeit. Hervorgehoben wird die innere Schulreform; gesellschaftskritische Schulanalysen und Funktionsbestimmungen von Schule als gesellschaftlicher Sozialisationsinstanz treten demgegenüber in historischen Darstellungen in den Hintergrund.

Geisteswissenschaftliche Ansätze gehen davon aus, dass eine erziehungswissenschaftliche Schultheorie nur von einem disziplineigenen, historisch-pädagogischen Standpunkt aus entfaltet werden kann (Klafki 2002, S. 110ff.). Eine Radikalkritik erfahren geisteswissenschaftliche Schultheorien aus der Sicht des Kritischen Rationalismus, der eine Bewertung auf der Basis der Falsifikationstheorie Poppers vornimmt. Soziologische Schultheorien fokussieren demgegenüber die gesellschaftlichen Funktionen von Schule. Systemtheoretische Schultheorien analysieren die Schule als soziales System. Neuere bildungstheoretische Ansätze schließlich unternehmen eine theoretische Fundierung der Bildungsaufgaben der Schule unter Berücksichtigung ihrer gesellschaftlichen Funktionen (Meyer 1997, Bd. 1, S. 233ff.).

Theorien der Schule wandeln sich mit gesellschaftlichen Veränderungen. In ihrer Beschreibung der Schule und des Schulsystems wenden sie sich zunehmend Fragen der Gestaltung der Einzelschule zu. Dabei diskutieren Schultheorien auf der Basis eines Wissens um die Schule im historischen Prozess und die mit ihrer Entwicklung einhergehende reformpädagogische Schulkritik. Neuere Programmatiken zur Theorie der Schule basieren damit sowohl auf historischem Erfahrungswissen als auch auf sozialwissenschaftlich angelegten Studien zur Reproduktionsfunktion von Bildungsinstitutionen (Fend 1976). Die fundierte Entwicklung der Einzelschule wird als Möglichkeit, die Leistungsfähigkeit von Bildungssystemen zu erhöhen, betrachtet.

Diskutiert wird ein Mehrebenenmodell von Schule als zentralen integrierenden Lernort der Gesellschaft. Zu unterscheiden sind Unterrichtsebene, Schulebene und Systemebene. Während auf der Unterrichtsebene Maßnahmen zur Verbesserung von Lernerfolgen im Klassenzimmer unternommen werden können, ist auf der Schulebene strukturierte Schulentwicklung durchzuführen; demgegenüber muss das System auf der Makroebene eine Balance zwischen zentraler Steuerung und Kontrolle und einzelschulisch zu verantwortender Qualitätsentwicklung finden (Kiper 2002; Fend 2000).

Komplexe Schultheorien, die Sätze über schulische Wirklichkeit formulieren, können die klassische schulpädagogische Diskussion um das Verhältnis von Theorie und Praxis nicht aussparen. Gerade im geisteswissenschaftlich-hermeneutischen Verständnis muss die Theoriebildung immer im Kontakt mit der Praxis erfolgen und auf sie zurückwirken. Subjektive Theorien der Praktiker, Schulpädagogiken, Leitbilder und Schultheorien sind aus dieser Sicht miteinander vernetzte Theorieebenen (Meyer 1997, Bd. 1, S. 217). Theorie wird als kritische Freundin der Praxis betrachtet. Eine erziehungswissenschaftliche Theorie der Schule, die aus vielfältigen Theorieangeboten besteht, kann von der Realität der Schule und der Notwendigkeit, Wissen für diese Realität bereitzustellen, nicht absehen. Schultheorien klären ihren Gegenstandsbereich mit dem Ziel einer Verbesserung auf; sie negieren ihn nicht (Diederich/Tenorth 1997, S. 180ff.).

An dieser Stelle ist das Besondere der Schulentwicklungstheorie innerhalb einer Theorie der Schule zu unterstreichen. In ihrer Begrifflichkeit und der Vielfältigkeit ihres theoretischen Anspruches hebt Schulentwicklungstheorie ab auf die Erforschung und Entwicklung pädagogischer Praxis mit dem Ziel, die Qualität des Bildungsangebotes und die Professionalisierung der Lehrkräfte voranzutreiben.

In Abbildung 1 (S. 148) wird deutlich, dass die Theorie der Schulentwicklung auf der Gesamtschau der Schule innerhalb einer Theorie der Schule basiert. Die Theorie der Schulentwicklung als Theorienverbund berührt sämtliche in der Theorie der Schule verhandelten Aspekte. Sie wirkt damit auf die Theorie der Schule zurück und entwickelt diese weiter. Die Theorie der Schulentwicklung trifft Aussagen sowohl zu pädagogischen, didaktischen, soziologischen, psychologischen, medizinischen, ökonomischen als auch zu juristischen, politischen, historischen und organisationstheoretischen Gesichtspunkten, indem sie Ziele und Verfahren systematischer Reform der Schule bespricht. Dabei berühren Theorieangebote sowohl die Makro- als auch die Meso- und Mikroebene des Bildungsbereiches. Die vorgelegten Theorien zur Schulentwicklung

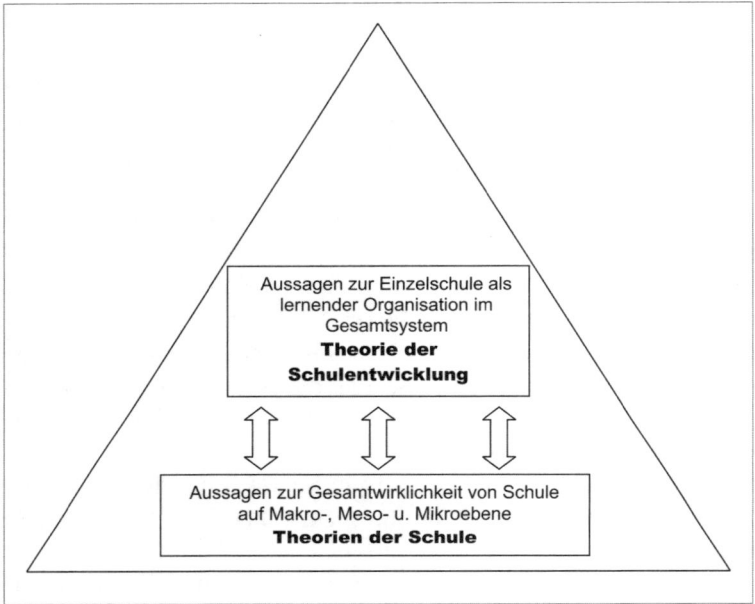

Abbildung 1

im Sinne einer fundierten Steuerung der Schulen als sozialen Systemen stehen sämtlich unter der Prämisse einer Verbesserung des
Bildungsangebotes sowie einer Professionalisierung der Lehrkräfte.
Damit ist die Theorie der Schulentwicklung als komplexer Theorienverbund zur Schulreform ein Unternehmen, in dem Optionen
gerichteter Freiheiten der sozialen Systeme diskutiert werden. Sätze
zur Schulentwicklung sind wissenschaftlich begründet und müssen
empirisch überprüft werden. Als Aussagen innerhalb der Theorie
der Schule tragen sie normativen Charakter und stellen Steue-
rungswissen bereit. Die Theorie der Schulentwicklung bündelt
schultheoretisches Wissen in erziehungswissenschaftlichen Sätzen
zur Schulreform.

6.2 Erziehungswissenschaftliche Fundierung der Schulreform

Die Konstituierung des staatlichen Schulwesens im 19. Jahrhundert wird begleitet von einem Reformdiskurs, der sich mit Konsolidierung der Schulverhältnisse als reformpädagogische Kritik der staatlichen Regelschulen versteht. Die Reformdebatte kreist um Idealkonstrukte vom schöpferischen Kind, autonomen Lehrerinnen und Lehrern und freien Bildungsinstitutionen. Die Sätze zur Schulreform skizzieren Idealkonstrukte von Bildungsstätten, in denen Kinder und Jugendliche zu selbst bestimmten Mitgliedern der Gemeinschaft herangezogen werden. In reformpädagogischen Modellen wird in Theorie und Praxis eine Annäherung an solche schulischen Zukunftsvisionen unternommen. Alle Maßnahmen zur Erhöhung des Niveaus des Bildungsangebots können im weitesten Sinne als Schulentwicklung gedeutet werden. Auch wenn Reformschritte in historischen Kontexten noch nicht über das heutige Know-how verfügen, sind sie doch allesamt Bewegungen hin zur Guten Schule. Schulentwicklung ist damit ein historisch entwickeltes Reformprojekt. Wir bewegen uns auf pädagogischem Terrain.

In der Schulentwicklungstheorie wird der historische Schulreformgedanke im internationalen Kontext vorangetrieben und erziehungswissenschaftlich fundiert. Richtungsweisend sind Ergebnisse der Schul- und Unterrichtsforschung genauso wie Resultate der internationalen empirischen Bildungsforschung und der Schulqualitätsforschung. Schulentwicklung ist damit nicht länger bloße Programmatik einer Schulreform, sondern sie stellt eine gerichtete, empirisch fundierte Initiative dar. Das komplexe Theoriengefüge, getragen vom historisch entwickelten Bildungsgedanken, bildet dabei die Grundlage einer erziehungswissenschaftlichen Schulreformtheorie.

In Abbildung 2 (S. 150) wird deutlich, dass neben die Schul-, Bildungs- und Professionstheorie die betriebliche Organisationstheorie mit Aussagen zu komplexen Organisationsentwicklungsprozessen getreten ist. Damit setzt sich die mikropolitische Perspektive auf Schulreform durch. Schulentwicklungstheorie basiert darüber hinaus auf den erkenntnistheoretischen Perspektiven der

Systemtheorie, der Systembiologie sowie des Konstruktivismus. Diese bereichern die theoretische Besprechung von sozialen Systemen als komplexe Gebilde. Für die Theoriebildung entscheidend sind die Ergebnisse der Schul- und Unterrichtsforschung ebenso wie normierende Outputs der internationalen empirischen Bildungs- und Schulqualitätsforschung. Damit ist Schulentwicklungstheorie als Theorienverbund gerichtet. Durch die erziehungswissenschaftliche Fundierung der Schulreform kann über die historisch entwickelte Reformrhetorik hinausgegangen werden: Schulentwicklungstheorie macht Aussagen zum Bedingungsgefüge einer Reform.

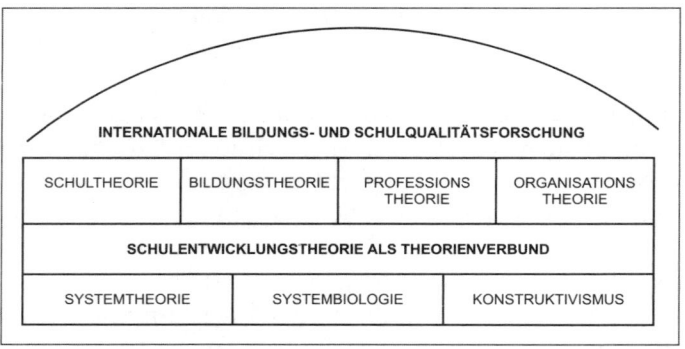

Abbildung 2

Schulentwicklungstheorie als Theorienverbund trifft Aussagen zu

- Einzelschulen als soziale Systeme im Erziehungssektor;
- Schulreformmethoden;
- Reformzielen;
- Lehrerbildungsmaßnahmen;
- Steuerungsmöglichkeiten.

Durch die breite theoretische Fundierung ist die Schulentwicklungstheorie ein Beitrag zur Minderung des beklagten Theoriedefizits in der Pädagogik. Als Theorienverbund reflektiert sie gesellschaftlichen Wandel ebenso wie kontinuierlichen Zuwachs an empirischen Erkenntnissen; insofern befindet sie sich in einem permanenten Theoriegenerierungsprozess. Auf der Grundlage empirischer Daten wird damit Wissen um Genese, Funktion und Steuerung des Schulwesens hin zu Guter Schule erweitert. Die Schulentwicklungstheorie spielt dabei mit Möglichkeiten einer Variation der Bildungsidee. Gemeinsamer Nenner aller Aussagen zu System, Methode, Zielen, Maßnahmen und Steuerungsmöglichkeiten ist der Bildungsgedanke als normativer Entwurf. Schulentwicklungstheorie ist über Schulberatung und Lehrerbildung in diesem Sinne herunter zu brechen auf die Ebene der Praxis. Diese zu verbessern bleibt Ziel aller theoretischer Konstrukte innerhalb des Erziehungssektors.

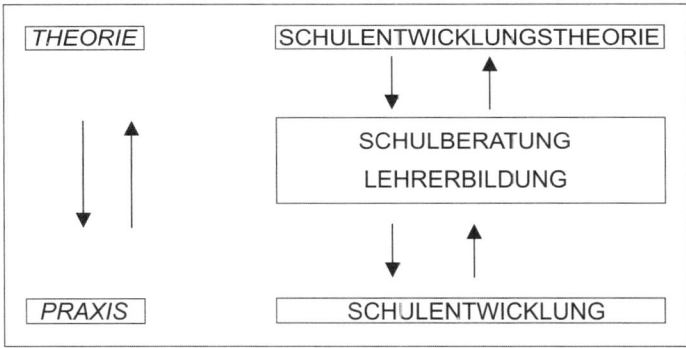

Abbildung 3

Die Reichweite der benannten erkenntnistheoretischen Bezugswissenschaften und Nachbardisziplinen endet dort, wo erziehungswissenschaftliche Ansprüche, die sich aus der Geschichte der Pädagogik ableiten lassen, verlassen werden. Organisationstheoretische und systemische Modelle sind damit guter Praxis verpflichtet. Der pädagogische Anspruch auf theoretische Fundierung einer Schulreform ist eine ideale Setzung, die einen offenen Ausgang von Bildungsprozessen ausschließt. Unter systemtheoretischer Perspektive mag das Absehen von Absichten der handelnden Personen zugunsten einer Beobachterperspektive bereichernd wirken; im schulpädagogischen Reflexions- und Handlungszusammenhang zwischen Theorie und Praxis ist eine solche Sicht nicht tragfähig. In der Systemtheorie ist dies erkannt und bejaht worden: »... eine Pädagogik könnte nicht zu arbeiten beginnen, wenn sie unterstellte, Erziehung sei sinn- und hoffnungslos oder sie sei kein Gegenstand lohnender wissenschaftlicher Beschäftigung. Und auch nicht, wenn sie Erziehung nur ›erziehungswissenschaftlich‹, nur als einen der vielen, in der Gesellschaft vorkommenden Handlungsbereiche auffasste, als Gegenstandsfeld, in dem ein Wissenschaftler interessante Entdeckungen machen und vergleichende Analysen durchführen kann.« (Luhmann 2002, S. 201)

Erziehungswissenschaftliche Fundierung der Schulreform kann damit Erforschung der Genese von Reformzielen, den Gelingensbedingungen und der Erreichung von Bildungsansprüchen bedeuten, unter pädagogischem Gesichtspunkt jedoch nicht den Verzicht auf ideale Ansprüchlichkeiten. Wissenschaftlich fundierte Schulreform macht demnach Anleihe bei Bezugs- und Hilfswissenschaften, ohne ihre historisch entwickelte Idealität um Bildungskontexte aufzugeben. Eine gute erziehungswissenschaftliche Theorie muss sich im Sinne Kuhns eben auch an ihrer Problemlösefähigkeit messen lassen (Kuhn 1977). Dies erfordert eine Funktionalisierung der Bezugswissenschaften zur Erhellung pädagogischer Sachverhalte. Fruchtbar ist die Theorie der Schulentwicklung dann, wenn sie letztlich beiträgt zu einer Verbesserung der Schule als historisch entwickelter Bildungseinrichtung.

6.3 Bildungskonzepte als Orientierungsrahmen

Als Theorienverbund innerhalb einer Theorie der Schule, der sich mit Einzelschulen als sozialen Systemen und Möglichkeiten einer qualitätsorientierten Reform beschäftigt, ist die Theorie der Schulentwicklung ein heterogener Verbund von Sätzen über schulische Einrichtungen. Allen theoretischen Aussagen zur Schulentwicklung gemeinsam ist die Bildungsidee. Sie durchzieht historische Reformdiskurse, organisationstheoretische Schulentwicklungsmodelle, Schul- und Unterrichtsentwicklungsforschung, internationale Bildungsforschung ebenso wie Professionalisierungs- und Steuerungsmodelle. Selbst Anleihen bei systemtheoretischen und konstruktivistischen Erkenntnistheorien werden in den Dienst des Bildungsgedankens gestellt. Nur so lassen sich Sinnfragen, die in der Pädagogik gestellt werden müssen, schlüssig beantworten.

Die Theorie der Schulentwicklung trägt zur Behebung des erziehungswissenschaftlichen Theoriedefizits bei und verbessert das empirische Wissen um schulische Entwicklungsverläufe, Professionalisierungsmaßnahmen und Bildungsergebnisse, bewahrt jedoch ihre historisch tradierte Normativität. Die Aussagen der Schulentwicklungstheorie können in ihrer Vielfältigkeit als Variationen innerhalb eines Theoriengefüges betrachtet werden. Gemeinsamer Nenner ist die historisch entwickelte Bildungsidee. Diese bewahrt die Schulentwicklungstheorie vor Rezeptologie, die durch empirisch gewonnene Orientierungsdaten und Technologien der Schulentwicklung nahe gelegt sein könnte. Sowohl die Schulberatung als auch die Lehrerbildung bleiben idealen Vorstellungen verpflichtet. Sie weisen auf ideale Praxis, die als historisch entwickeltes Produkt verstanden werden muss.

In der Geschichte der Schule ist Bildung als Sollwert und Orientierung für staatliche Institutionen immer auch kontrovers diskutiert worden. Für eine Theorie der Schulentwicklung bedarf es eines Bewusstseins um die Kontinuität einer Streitkultur um Bildung, die sich im Zuge ihrer systemimmanenten Reflexivität weiterentwickeln kann. Der Streit um das, was Gute Schule ausmacht, ist ein historischer Prozess und beginnt keineswegs erst am Ende des 20. Jahrhunderts. Die Schulpädagogik als erziehungswissenschaftliche Disziplin muss die empirisch fundierte Debatte also auch als politischen Diskurs führen. Als bloßer Wettbewerb um exzellente Outputs bleibt sie hohl und entbehrt notwendiger Substanz. Erziehungswissenschaftliche Fundierung der Schulreform bedeutet damit auch immer bildungstheoretische und schulgeschichtliche Kontextualisierung.

Bildung beschreibt eine komplexe Erwartungshaltung, die sich nicht auf Kompetenzerwerb reduzieren lässt (Oelkers 2003a). Sie ist nicht alleinige Domäne der Schule, und sie ist niemals abgeschlossen. Sie setzt den Erwerb von Wissensstandards voraus, impliziert jedoch kontinuierlichen Umgang mit Erfahrungen in der Welt. Dies bedeutet die Notwendigkeit ständiger Neuorientierungen. Die Benennung von Zielen in Schule und Lehrerprofessionalisierung stellt Weichen für das von allen zu Erreichende, ohne das Erstrebenswerte umfassend bestimmen zu können. Angehäufte Erfahrungsgüter sind beschleunigtem Verfall unterworfen; die Entwertung der Erfahrungen ist Bestandteil heutiger Bildungsreflexion. Das Humboldtsche Bildungsideal, versehen mit dem Versprechen der Selbstbildung des Subjektes, ist einer Dezentrierung der Erfahrung und der Notwendigkeit einer immer neuen Orientierung in heterogenen Welten gewichen. Bildungschancen liegen demzufolge im Umgang mit dem Neuen, dem Fremden, dem Ungewissen (Hörster 1996).

Die Formulierung von Grundkompetenzen, die in internationalen Schulleistungsvergleichsstudien zugrunde gelegt werden, formulieren Ansprüche an eine Grundbildung für alle. Der Bezugspunkt Literacy beschreibt Dispositionen zur kulturellen Teilhabe, Möglichkeiten, im gesellschaftlichen Alltag zu agieren. Grundbildungskonzeptionen formulieren Ansprüche, die von allen Schülerinnen und Schülern erreicht werden sollten. Kompetenzen werden in diesem Zusammenhang als Potenzial verstehender Zuwendung zur Welt verstanden. Dazu gehört der Umgang mit vielfältigen Aufgaben, die eine umfassende flexible Problemlösung herausfordern. PISA 2003 legt entsprechend deskriptive Befunde für Bildungsergebnisse in Deutschland vor (PISA-Konsortium 2003). Aufgrund der Testorientierung werden notwendig Reduktionen im anspruchlichen Bildungssektor vorgenommen. Das Herunterbrechen von Bildung auf Kompetenzen führt zur Auflistung von Handlungsdispositionen, die nur im Hinblick auf bestimmte Aufgaben in Fachgebieten gelten (Oelkers 2003a). Haltungen zur Welt, die zu einem flexiblen Umgang mit Wandel befähigen, sind komplexer und widerstehen einer Testkultur. Dies ist kein Argument gegen internationale Output-Messungen, wohl aber gegen den Versuch, Bildung in Bildungsstandards einzufrieren. Schulische Bildung kann Voraussetzungen schaffen für den Mut, es mit gesellschaftlichen Herausforderungen aufzunehmen. Diese Voraussetzungen können transparent und verbindlich gemacht werden. Dies gilt gleichermaßen für die Lehrerbildung, die nur als Entwicklungsauftrag auf der Basis von formulierten Mindeststandards umfassenden Bildungsansprüchen gerecht werden kann.

In Bildungstheorien der Gegenwart wird der Stellenwert von Bildung als Haltung gegenüber gesellschaftlicher Orientierungslosigkeit affirmiert. Dabei wird die Möglichkeit einer Auflistung von Bildungsgütern kontrovers diskutiert. Von Hentig bezieht Position zugunsten eines umfassenden Bildungsbegriffs, der die Personwerdung des Menschen behandelt. Dieser Prozess der Formung und Werdung muss in der Bildungstheorie neu verhandelt werden. »... Die Antwort auf unsere behauptete oder tatsächliche Orientierungslosigkeit ist Bildung – nicht Wissenschaft, nicht Information, nicht die Kommunikationsgesellschaft, nicht moralische Aufrüstung, nicht der Ordnungsstaat ... Für die Bestimmung der Bildung, die dies leistet, sind die Kanonisierung von Bildungsgütern, die Entscheidung für ein bestimmtes Menschenbild, die Analyse der gegenwärtigen und zukünftigen Lebensverhältnisse (zur Ermittlung der geforderten ›Qualifikationen‹) gleichermaßen untauglich.« (von Hentig 2004a, S. 13) Bildung wird als Dialektik von Selbstbildungsprozessen des Menschen und gesellschaftlichen Bedingungen verstanden. Zu erreichen ist die pädagogische Zurückeroberung des Bildungsbegriffes. In der Formel »Die Menschen stärken und die Sachen klären« (von Hentig 2004a, S. 55) liegt der Anspruch, in Bildungsprozessen kulturelles Wissen und Können zu vermitteln genauso wie die Entfaltung persönlicher Potenziale zu fördern. Damit wäre ein neu zu denkender Bildungsbegriff weder ausschließlich auf gesellschaftlichen Nutzen hin angelegt noch tradierten Bildungsidealen verpflichtet. Bildung schlägt die Brücke zwischen kulturellen Traditionen und aktuellem Kompetenzbedarf der Gesellschaft. Die von von Hentig formulierten Bildungskriterien skizzieren Verhaltenshorizonte, die sowohl auf individuelles Wachstum als auch auf das Gemeinwohl weisen (von Hentig 2004a, S. 74ff.):

- Abscheu und Abwehr von Unmenschlichkeit;
- Wahrnehmung von Glück;
- Fähigkeit und Wille, sich zu verständigen;
- Bewusstsein von der Geschichtlichkeit der eigenen Existenz;
- Wachheit für letzte Fragen;
- Bereitschaft zu Selbstverantwortung und Verantwortung in der res publica.

Entsprechend der historisch entwickelten Streitkultur um Bildungsideale hat der Hentigsche Entwurf als Idealbild des Gebildeten Widerspruch gefunden. H. Giesecke kritisiert die reformpädagogisch getönten Ansprüche als Illusionen, die in der Schule als Ort des Lernens nicht verwirklicht werden können. Giesecke stellt dem die Notwendigkeit einer distanzierten Betrachtung von Welt mit Hilfe einer Wissenschaftsorientierung gegenüber. Bildung wäre demnach die Möglichkeit, sich als Mensch einen Standpunkt zu verschaffen, um Variationen in der eigenen Lebensgestaltung zu ermöglichen. Aber:»... Bildung ist per se kein Konzept für Gutmenschentum« (Giesecke 1998, S. 28). In der Schule bedarf es eines Unterrichts, der die bildende Erschließung der Welt unternimmt, der jedoch auch eine Distanz zum Alltag wahrt.

Sowohl die Position von Hentigs als auch die Gieseckes schließen an historische schultheoretische Konzepte um die Normierung und Gestaltung von Schule an. Sie stehen beispielhaft für Kontroversen um Bildungsansprüche und Konzeptualisierung von schulischen Einrichtungen. Zugrunde liegen differente Maßstäbe für Bildung. Während die Hentigsche Position unterstreicht, dass Bildungsinhalte in Unterrichtsfächer einfließen können, jedoch nicht in diesen und in operationalisierten Zielen des Unterrichts aufgehen, betont der Ansatz Gieseckes die Möglichkeit einer Bildung durch schulischen Unterricht, der zur Auseinandersetzung mit neuen Perspektiven zwingt.

Die Theorie der Schulentwicklung erfährt mit bildungstheoretischen Überlegungen eine Erweiterung ihres Horizontes im Sinne einer Selbstvergewisserung über ihre disziplinäre Matrix. In der Theorie der Schulentwicklung versammeln sich Modelle, die Sätze über die Verbesserung von Bildungsinstitutionen formulieren. Mit der Qualitätsdebatte stehen sie in der Tradition der Pädagogik, die seit Jahrhunderten Diskurse um Bildung führt. Wege zur Guten Schule führen über die Auseinandersetzung mit diesen historischen Ansätzen. Diese münden nicht nur in didaktische Modelle (Klafki 2002), sondern auch in Konturen von Reformschulen, in denen Bildungsansprüche in die Praxis umgesetzt werden können.

Die von der Bildungskommission NRW vorgestellte Zukunftsschule stellt ein solches bildungstheoretisch fundiertes Reformmodell dar. Sie wird definiert als teilautonomes Gebilde, in dem Vertrauen in Möglichkeiten des Lernens aufgebaut wird. Die Schule als Haus des Lernens

- »… ist ein Ort, an dem alle willkommen sind, die Lehrenden wie die Lernenden in ihrer Individualität angenommen werden, die persönliche Eigenart in der Gestaltung von Schule ihren Platz findet;
- ist ein Ort, an dem Zeit gegeben wird zum Wachsen, gegenseitige Rücksichtnahme und Respekt voreinander gepflegt werden;
- ist ein Ort, dessen Räume einladen zum Verweilen, dessen Angebote und Herausforderungen zum Lernen, zu selbsttätigen Auseinandersetzung locken;
- ist ein Ort, an dem Umwege und Fehler erlaubt sind und Bewertungen als Feedback hilfreiche Orientierungen geben,
- ist ein Ort, wo intensiv gearbeitet wird und die Freude am eigenen Lernen wachsen kann;
- ist ein Ort, an dem Lernen ansteckend wirkt.« (Bildungskommission NRW 1995, S. 86)

Den Empfehlungen der Kommission liegt die Vorstellung eines individuellen auf Gesellschaft bezogenen Bildungsvorganges zugrunde. In dessen Verlauf wird die Befähigung erworben,

- »…den Anspruch auf Selbstbestimmung und die Entwicklung eigener Lebens-Sinnbestimmungen zu verwirklichen,
- diesen Anspruch auch für alle Mitmenschen anzuerkennen,
- Mitverantwortung für die Gestaltung der zwischenmenschlichen Beziehungen und der ökonomischen, gesellschaftlichen, politischen und kulturellen Verhältnisse zu übernehmen und
- die eigenen Ansprüche, die Ansprüche der Mitmenschen und die Anforderungen der Gesellschaft in eine vertretbare, den eigenen Möglichkeiten entsprechende Relation zu bringen.« (Bildungskommission NRW 1995, S. 31)

Entsprechend der skizzierten bildungstheoretischen Kontroverse erfährt der von der Bildungskommission vorgelegte Entwurf eine kritische Würdigung. Der Schule als Haus des Lernens wird ein Kult der Subjektivität unterlegt; sie hebe ab auf Bedürfnisse und Interessenlagen der Schülerinnen und Schüler und erweitere die Erziehungsfunktion der Schule, anstatt ihre Bildungsfunktion zu akzentuieren. Unter dem Stichwort ›Überwältigung der Bildung durch Erziehung‹ wird die Erweiterung des Handlungsfeldes im Sinne eines Lern- und Lebensraumes kritisiert. Fortgeschrieben würde hier die reformpädagogische Tradition einer Definition von Schule als pädagogischem Wunschbild. Dem sei erfahrungsorientierter, methodisch durchdachter Unterricht entgegen zu stellen (Giesecke 1998, S. 139ff.).

Schulentwicklung ist vor dem Hintergrund der Kontroversen in der Pädagogik zu betrachten. Sie stellt weder eine bloße reformpädagogische Variante der Reformschule dar, noch verfolgt sie vorrangig Bildungsideen des 19. Jahrhunderts. Im Zuge einer Internationalisierung des Bildungsgedankens steht sie zwar einerseits in historischen Kontexten, andererseits zeigt sie Ansätze zur Operationalisierung des Bildungsanspruches. Bildung wird in internationalen Kontexten definiert und gemessen. Einzelne Schulen sind aufgefordert, ihre Bildungsidee zu formulieren und die Erfolge zu messen. Im Bewusstsein der Unmöglichkeit, Bildung in ihrer Komplexität zu erfassen, wird sie in Standards beschrieben. Damit hat Bildung eine pragmatische Dimension gewonnen, ohne ihre Idealität aufzugeben. Ein solcher Umgang mit Idealorientierungen ist aus dem angelsächsischen Bereich bekannt (Beetz/Cramer 2000).

Gleichzeitig muss ein komplexer Theorienverbund zur Schulreform mit Auflösungstendenzen im Bildungsbegriff rechnen. Die Beschwörung von Bildungsinhalten als Grundorientierungen von Schule stemmt sich gegen einen Glaubwürdigkeitsverlust von Bildung als Möglichkeit, sich in komplexen, medial bestimmten Welten zu orientieren. Die Formulierung von Bildungskatalogen für Schule stellt den Versuch dar, unverzichtbare Aufgaben von Bildung als Problemlösungsversuch zu behaupten. Schulentwicklungstheorie umfasst damit einen widerständigen und dennoch notwendigen Bildungsanspruch. Als Teildisziplin einer Theorie der Schule muss sie sich dabei auch einer kontroversen Bildungstheoriedebatte stellen(Gruschka 2001; Schwanitz 2002).

Im Zuge einer Entwicklung nationaler Bildungsstandards, die in der Schulentwicklungsdebatte eine orientierende Funktion übernehmen, wird die Problematik einer Begründung von Bildungszielen aufgerollt. Bildungsansprüche sind in der Geschichte der Schule immer als zukunftsweisende Utopien formuliert worden. Gefehlt hat bislang das Know-how, diese Idealvorstellungen vor Ort reformulieren zu lassen und mit Organisationsentwicklungsverfahren in die Tat umzusetzen. Die Entwicklung von Expertise in deregulierten Systemen zielt auf die Umsetzung von Ansprüchen, die im Wissen um Legitimationsproblematik und Reduktionismusvorwürfen formuliert werden. Die Theorie der Schulentwicklung umfasst Verfahren zur Unterstützung der Schulen als lernenden Systemen, kombiniert mit differenzierten Output-Messungen als einer Variante der Schulreform zur Erreichung komplexer Bildungsziele. Diese sind in sich widersprüchlich und brüchig, innerhalb einer Theorie der Schule jedoch zu behaupten. Sie formulieren seit Entstehung des staatlichen Schulwesens beharrlich Idealzustände, die bis zu Grundüberzeugungen der Aufklärung zurückreichen. Gesehen werden Problematiken einer Zielbestimmung (Bundesministerium für Bildung und Forschung 2003, S. 58ff.):

- Unentscheidbarkeit der pädagogischen und anthropologischen Prämissen;
- Offenheit der Zukunft für Individuen und Gesellschaft;
- Unbestimmtheit der Aufgaben und Anforderungen;
- Pluralität und Konflikthaftigkeit der Erwartungen;
- Utopieüberschuss und Realisierungsprobleme.

Bildungsmodelle können keinen in sich stimmigen und normierenden Entwurf von Menschsein formulieren; sie müssen mit zukünftigen Ungewissheiten und Unbestimmtheiten genauso rechnen wie mit der Heterogenität von Erwartungen, die sich an Individuen richten. Schließlich besteht ein schroffer Gegensatz zwischen den in Schule formulierten Bildungszielen und der Realität, in der eine Erreichung der Utopien weit entfernt scheint. Diese Beobachtung wird in der Systemtheorie unter dem Stichwort ›Technologiedefizit‹ diskutiert. Erziehung und Unterricht sind nicht auf Ursache-

Wirkungszusammenhänge im Sinne naturwissenschaftlicher Kausalketten zu reduzieren. So besteht immer Ungewissheit darüber, worauf unzureichende Leistungen zurückzuführen sind. »Daraus hat sich im weiteren Verlauf die Gewohnheit entwickelt, das Technologieproblem durch ein Technologieverdikt zu lösen. Mechanisches Bewirken von Wirkungen sei für Umgang mit Menschen inadäquat. Was man nicht kann, will man gar nicht erst können ...« (Luhmann/Schorr 1999, S. 134)

Auch wenn nach wie vor wenig empirisches Wissen über Kausalbezüge zwischen Input und Output vorliegen, wird in der gegenwärtigen Bildungspolitik der Versuch unternommen, über Standardisierung Vereinheitlichung im Sinne einer Hebung der Leistungen im Bildungssektor zu erreichen. Dabei wird im Zuge der innovativen Steuerungsverfahren die Verantwortung für das Nicht-Technologisierbare an die einzelnen Bildungsinstitutionen übertragen – die Outputs lassen dann Rückschlüsse auf die Qualität der Einrichtung zu. Zu warnen ist vor einer Unterlegung von Kausalitäten, die durch deskriptive Studien nicht belegt werden können (Rauin 2004). Als autonome Normalerscheinung ist die lernende Schule dennoch aufgefordert, das Machbare zu definieren und in die Tat umzusetzen. Im Zuge der Entwicklung nationaler Bildungsstandards wird nämlich das Auseinanderklaffen von komplexen Bildungszielen und realen Leistungsmöglichkeiten der Schule als Schwäche kritisiert. »Es macht ... die Schwäche der Schule und der bildungstheoretischen und bildungspolitischen Debatten aus, dass sie auf die Komplexität und Diffusion der Erwartungen und Ziele, die aus dieser Situation resultieren, eher mit der Übersteigerung von Erwartungen und der Überbietung von Ansprüchen als mit Nüchternheit und Pragmatik reagieren.« (Bundesministerium für Bildung und Forschung 2003, S. 62) Unter bildungstheoretischem Aspekt ist die Qualitätsentwicklung in deregulierten Systemen ein Versuch, der historischen Wunschdebatte ein Ende zu setzen, ohne Bildungsziele aufzugeben. Hier wird die deutsche historische Bildungsdebatte erkennbar belebt durch den internationalen und vor allem den angelsächsischen Literacy-Ansatz, in dem Zukunftsdenken auf Verhaltensebenen herunter gebrochen wird. Dies bedeutet allerdings keineswegs, dass mit internationalen Schulleistungsvergleichsstudien eine vollständige Erforschung von Bildungsprozessen in der Schule behauptet werden kann (Gruschka 2004).

6.4 Reflexion der Bilanzen der Schulreform

Erfahrungen der Schulreform weisen hin auf die Problematik einer zentralen Lenkung von schulischen Innovationen. Schulische Reformansätze zur Erneuerung von Bildungsangeboten sind in ihrer internationalen Wechselwirkung zu betrachten. Bei großer ideengeschichtlicher Varianz zeigen die historischen Schulreformmodelle eine Gemeinsamkeit in der Kritik der staatlichen Regelschule (Röhrs 2001). Gerade anthropologisch ausgerichtete Zukunftsmodelle einer Schule setzen sich kritisch auseinander mit dem Zwangscharakter der Schule. In Reformmodellen des frühen 20. Jahrhunderts werden deshalb auch radikale Anfragen an die Existenzberechtigung staatlicher Bildungseinrichtungen gestellt. Die Schule, verstanden als unterste Ebene einer Verwaltungshierarchie, widerspricht komplexen (historischen) Bildungskonzepten. Die zentrale Steuerung von Erneuerungen der Praxis via Verfügungen und Schulgesetzen scheint grundsätzlich kaum vereinbar mit Innovationen, in denen pädagogische Interaktionen in den Dienst einer Entfaltung der Individuen gestellt werden.

Staatliche ›Normalpädagogik‹ im Modernisierungsprozess vollzieht sich jedoch zunächst in verwalteten Räumen. Dem stehen Sondersituationen gegenüber, in denen Reformexperimente erprobt werden (Benner/Kemper 2003). Die Geschichte der Reformpädagogik dokumentiert pädagogische Reformdiskussionen vor allem in Gegenräumen zum staatlichen Schulwesen. Theorie und Praxis der Reformpädagogik leben von der Abgrenzung gegen staatliche Regelschulpädagogik. Die überhöhten Vorstellungen von Autonomie als Voraussetzung für eine Pädagogik vom Kinde aus werden in zahlreichen Schulreformvarianten in alternativen Nischen praktiziert (Oelkers 1992). Auch die Tradition der Versuchsschule gründet auf dem Versuch, die ›alte Schule‹ zu überwinden und ein hohes Maß an pädagogischer, organisatorischer und personeller Autonomie zu erreichen (Amlung et al. 1993). In der Erhöhung des Hoffnungsträgers ›Autonome Schule‹ werden Ansprüche einer Reformpädagogik als Ansatz zur Entfaltung kindlicher Potenziale formuliert. Der reformpädagogische Impetus hebt ab auf

- das freie Kind,
- selbst bestimmte Lehrerinnen und Lehrer,
- selbst verwaltete Bildungseinrichtungen,
- autonome pädagogische Bezüge.

In Reformpädagogiken des 19./20. Jahrhunderts werden autonome Schulen notwendig zu Gegenmodellen zur staatlichen Zwangsanstalt. Sie gründen auf ihrer parteilichen Distanzierung von Regelschulen und sind deshalb nur in Gegenräumen denkbar. In Reformexperimenten wird Schulentwicklung als Alternativpädagogik diskutiert und praktiziert.

Die Mitte des 20. Jahrhunderts entwickelte Alternativschulbewegung knüpft an historische Vorlagen an (Göhlich 1997). Tragend die Überzeugung, etwas Besseres als den herkömmlichen Schulunterricht erfinde man allemal. Die Kritik gilt der Lebensferne und der Leistungsorientierung der Regelschule; angestrebt wird die Einrichtung von Lebensräumen, die sich auch als gesellschaftliche Orte definieren. Alternativschulen verstehen sich als selbst verwaltete Einrichtungen. Eltern, Lehrerinnen und Lehrer, Schülerinnen und Schüler pflegen einen demokratischen Umgang miteinander und beabsichtigen die gemeinsame Gestaltung von Welt. Die Prinzipien Freiheit, Solidarität/Gemeinschaft, Individualität und Alltagsdemokratie werden in Alternativschulkonzepten als handlungsleitend betrachtet (Göhlich 1997, S. 138ff.).

Während in der Alternativschulbewegung der Gedanke des Gegenraumes zu Regelschulen eine wesentliche Rolle spielt, erklärt die Demokratisierungsdebatte der 70er-Jahre des 20. Jahrhunderts Partizipation und Demokratie programmatisch zum Regelfall für staatliche Einrichtungen. Die demokratische Schule ist eine eigengesetzliche Einrichtung, die Kinder und Jugendliche zu gesellschaftlicher Teilhabe befähigt. Die Schule als Staat im Kleinen ist eine politische Institution, die in ihren Mitbestimmungsstrukturen gesellschaftliche Realitäten transzendiert. Sie hebt ab auf Veränderung gesellschaftlicher Missstände und versteht sich damit als Ort politischen Agierens. Die Empfehlungen des Deutschen Bildungsrates von 1970 und 1973 sowie der Entwurf des Deutschen Juristentages von 1981 diskutieren das Konzept verstärkter Selbstständigkeit der Schulen als notwendige Perspektive für Reformprozesse in einer demokratisch verfassten Gesellschaft (Beetz 1997). Gerade aus verwaltungsrechtlicher Perspektive werden in diesem Zusammenhang Bedenken gegen die Vorstellung von Schule als verwaltungsfernem staatsfreien Raum vorgetragen (Richter 1984). Die Auseinandersetzungen um die eigengesetzliche Schule sind politische Debatten, in denen Möglichkeiten, über Schule Gesellschaft zu demokratisieren, erörtert werden. In der Bilanz erweisen sich zentrale Schulreformziele der 70er-Jahre des 20. Jahrhunderts als uneingelöst, vor allem auch, was die erhöhte Selbstständigkeit der Einzelschule anbelangt (Klemm/Rolff/Tillmann 1985).

Die Erfahrungen der Schulreform sind Bestandteil einer Theorie der Schulentwicklung. Sie belegen kontinuierlich vorgetragene Argumente für eine Verbesserung des Bildungsangebotes in jeweils differenten historisch-politischen Zusammenhängen. Dabei kann eine Annäherung an Schulutopien konstatiert werden. Die autonome Bildungseinrichtung, die sich selbst weiter entwickelt, stellte im 19. Jahrhundert eine Alternativlösung abseits von staatlichen Einrichtungen dar. Mit der Demokratisierungsdebatte und dem Erstarken einer neuen Alternativschulbewegung rückte sie kontinuierlich als staatlicher oder halbstaatlicher Schulentwurf in das öffentliche Bewusstsein.

Erfahrungsspuren der Schulreform können heute nachgewiesen werden. In einer Schulentwicklungstheorie innerhalb einer Theorie der Schule ist dieses Phänomen als Durchsetzung eines disziplineigenen Desiderates zu verbuchen. Dieses basiert auf der historisch entwickelten pädagogischen Prämisse von einer optimalen Förderung von Kindern und Jugendlichen in Bildungsinstitutionen. Dabei spielen anthropologische Überlegungen ebenso wie sozialwissenschaftliche und politische Prämissen eine Rolle. Schulische Einrichtungen müssen je nach Problemlage Lösungen für die Gestaltung von Schulen finden und bedienen sich dabei historischer, politischer, rechtlicher, ökonomischer und betriebswissenschaftlicher Perspektiven, um erziehungswissenschaftliche Fragen zu beantworten. In diesem Sinne mag in der Schulentwicklungstheorie von einer historischen Schulentwicklungsbewegung die Rede sein. Diese erklärt partizipative Modelle zur Normalpädagogik – eine Annäherung an konkrete Utopien wird möglich (Beetz 1997).

Das Eindringen von zunächst disziplinfremden Argumentationslinien in die Schulentwicklungsdebatte der Gegenwart wird zu Beginn der Reformulierung der Ziele zu Beginn der 90er-Jahre des 20. Jahrhunderts kritisch betrachtet. Befürchtet wird die Ökonomisierung eines Diskurses um eigengesetzliche Bildungseinrichtungen. Breit diskutiert werden mögliche Gefahren eines Wettbewerbs zwischen Schulen, und die organisationstheoretische Perspektive auf Bildungseinrichtungen unter dem Motto ›Schule als Betrieb‹ werden von pädagogischen Argumentationslinien unterschieden (Tillmann 1995). Die größere Selbstständigkeit der Schule im finanziellen, administrativen, rechtlichen, personellen und pädagogischen Bereich erfolgt jedoch nicht im Gegeneinander, sondern in der Ergänzung erziehungswissenschaftlicher und managementtheoretischer Perspektiven. Erst auf dieser Basis wird die mikropolitische Perspektive der gegenwärtigen Schulentwicklung konsensfähig. Aus der Geschichte der Schule bleiben allerdings Empfindlichkeiten, die aus historischen Erfahrungen einer verwalteten Schule resultieren. Die Verordnung von Schulentwicklung und Professionalisierung in Kombination mit der Vorgabe von Bildungsstandards stößt auch von daher in Schulen auf Skepsis (Rumpf 2004).

Auf der Ebene der Schulentwicklungstheorie müssen solche Vorbehalte als Niederschläge historischer Reformpraxis zur Kenntnis genommen werden. Methoden der schulischen Organisationsentwicklung können in der Beratung von Schulen nur dann greifen, wenn Erfahrungen der Schulreform mit berücksichtigt werden. Auf wissenschaftlicher Ebene ist die Heterogenität wissenschaftlicher Perspektiven im Kontinuum der Schulreform zu berücksichtigen. Auch in der Historie ist Schulentwicklung ein wissenschaftlich komplex untermauertes Unterfangen. Die Behauptung erziehungswissenschaftlichen Terrains kann demnach nur in Auseinandersetzung mit Prämissen anderer Theorien erreicht werden. Dabei liegt der Gewinn gerade in der Widerständigkeit alternativer Ansätze, die die schulpädagogische Debatte zum Beispiel um systemische und managementtheoretische Aspekte bereichert. Gerade diese tragen zur Konkretisierung von Schulprojekten bei.

Die 1974 gegründete Laborschule Bielefeld ist als staatliche Versuchsschule des Landes Nordrhein-Westfalen ein frühes Beispiel für die Umsetzung des Konzeptes einer teilautonomen Schule. Die Ganztagsschule, die von der Vorschule bis zur 10. Jahrgangsstufe reicht, ist als lernende Schule konzipiert und kann beispielhaft als Ort einer Erprobung von dezentraler Qualitätsentwicklung verstanden werden. In enger Kooperation mit der Wissenschaftlichen Einrichtung der Fakultät für Pädagogik an der Universität Bielefeld wird Schule als teilautonomer Lebens- und Erfahrungsraum praktiziert. Lernen in der Gemeinschaft, Lernen an und aus der Erfahrung, bedürfnis- und entwicklungsorientierter Tages- und Jahresrhythmus des Schullebens prägen die Arbeit der Versuchsschule, die sich damit in die Tradition reformpädagogischer Einrichtungen stellt. Sie ist Praxis der Reform und Feld wissenschaftlicher Untersuchungen. Die Laborschule arbeitet unter der Prämisse ›Autonomie‹. Als Einrichtung mit repräsentativer Population und weitgehender Gestaltungsfreiheit versteht sie sich als selbst reflexives, lernendes System. In der kollegialen Schulleitung, der Selbstverwaltung und der kontinuierlichen Teamarbeit werden Möglichkeiten demokratischer Gestaltung pädagogischer Praxis gesehen (von der Groeben 1997). Die Universitätsschule definiert sich ausdrücklich in der Tradition der Versuchsschulpädagogik, die einen intensiven Austausch zwischen Erziehungswissenschaft und Praxis vorsieht (Tillmann 1997).

Gerade auch im Modell des Lehrer-Forschers wird damit seit Jahrzehnten am Aufbau reflexiver Haltungen der Professionellen gearbeitet (von Hentig 1994b). Die Laborschule beansprucht als Ort der Erkenntnis aus Erfahrung den Zukunftsentwurf der Bildungskommission Nordrhein-Westfalen als Haus des Lernens für sich. Thurn/Tillmann begründen dies: in der Laborschule

- »gehören Schulentwicklung und Profilierung zum ständigen Auftrag,

- besteht bereits eine weitgehende Selbstständigkeit, sodass eigene Wege in der pädagogischen Arbeit gegangen werden können,
- werden neue und selbst gestaltete Lernmöglichkeiten erprobt,
- sind Fehler erlaubt, weil sie weiterführen können,
- wird nach der Lösung der pädagogischen Probleme gesucht, die sich durch veränderte Kindheiten ergeben,
- wird an der Ausgestaltung der ›reflexiven Koedukation‹ gearbeitet,
- besteht eine ständige Berichtspflicht, die ernst genommen wird,
- werden Formen der Selbstevaluation und der externen Bewertung seit Jahren praktiziert,
- wird die Zusammenarbeit mit der Erziehungswissenschaft in Forschung und Entwicklung intensiv betrieben.« (Thurn/ Tillmann 1997, S. 15ff.)

Die andere Schule ist damit ein Ort, an dem Erfahrungen der Schulreform reflektiert und in wissenschaftlich gestützte Zukunftsperspektiven überführt wird. Methoden strukturierter Schulentwicklung, wie etwa die Schulprogrammentwicklung, werden in ein Kontinuum pädagogischer Reformarbeit gestellt. Damit erhält der heterogene Verbund von Sätzen über schulische Einrichtungen eine Zusammenfügung. Die Laborschule Bielefeld entwickelt als Reformschule einen innerdisziplinären Argumentationszusammenhang für die Reform.

Von Hentig, der Begründer der Laborschule Bielefeld, diskutiert das Versuchsschulmodell als Antwort auf gesellschaftliche Herausforderungen. Die Schule neu denken ist eine schultheoretisch fundierte Reflexion, die entsprechend bildungstheoretischen Überlegungen von Hentigs unter dem Motto ›Die Menschen stärken, die Sachen klären‹ erfolgt (von Hentig 1993, S. 231). Unter Anknüpfung an reformpädagogisches Gedankengut werden minima paedagogica (das Leben zulassen – mit Unterschieden leben – in der Gemeinschaft leben – der ganze Mensch – eine Brücke zwischen der kleinen und der großen Welt – die Schule bleibt eine Schule) formuliert. Die neu gedachte Schule als Lebensraum knüpft an Erfahrungen pädagogischer Reformpraxis an und entwickelt sie unter dem Eindruck gesellschaftlicher Herausforderungen weiter. Die

Schule als polis ist ein von der Gemeinschaft der Lernenden und Lehrenden gestalteter Lebensraum, der Autonomie beansprucht. Als humane Schule stellt sie sich den Lebensproblemen der Schülerinnen und Schüler und betreibt (politische) Bildung (von Hentig 2004a). In dieser spielt die Übernahme von Verantwortung eine wesentliche Rolle. Die autonome, selbst gestaltete Schule eröffnet Möglichkeiten einer Distanzierung zur Welt über Bildung. Dabei knüpft sie an historische Reformvorlagen an und gestaltet sie eigenverantwortlich neu.

Dem von von Hentig vorgelegten schultheoretischen Entwurf steht die Schultheorie Gieseckes entgegen, der das öffentliche Interesse der Bildungsinstitutionen akzentuiert und eine Übernahme der Verantwortung für die Entwicklung der Kinder beschränkt. Aufgabe der Schule wäre die Eröffnung von Lernchancen via Unterricht, vorzugsweise in einem gegliederten Schulsystem (Giesecke 1995). Reformpädagogische Orientierungen und Konzeptionen einer lernenden Schule werden demgegenüber als sozialromantische Verklärung der Aufgaben von Schule betrachtet. Die Kontroverse demonstriert einen pädagogischen Streitdiskurs um Erfahrungen der Schulreform, der durch die Hinzuziehung von Beiträgen der Bezugswissenschaften innerhalb einer Schulentwicklung gewinnen kann. Vor allem organisationstheoretische Erkenntnisse scheinen dazu angetan, historisch entwickelte Streitkulturen im Sinne einer internationalen Qualitätsentwicklungsinitiative im Bildungsbereich zu entzerren.

Die Schule international neu zu denken setzt die Berücksichtigung einer Heterogenität nationaler Schulreformerfahrungen voraus. Internationale Qualitätsentwicklungsinitiativen basieren auf solchen nationalen Erfahrungen einer Schulreform in differenten Kontexten und müssen Interdependenzen zwischen Schul- und Gesellschaftsentwicklung in Rechnung stellen. Pädagogische Handlungstheorien und pädagogische Praxis sind in ihren jeweiligen historischen Kontexten zu rekonstruieren, um die Kontinuität des Diskurses um Schulentwicklung zu erkennen. Das Konstrukt ›Gute Schule‹ lässt sich damit auch bildungshistorisch erschließen. Gleichzeitig erfolgt mit der Bilanzierung der Reform die Rückgewinnung bildungstheoretischen Terrains in der Qualitätsentwicklungsdebatte. Die Theorie der Schulentwicklung als Theorienverbund zur Schulreform kann die Erweiterung des Theorienhorizontes damit auch im Sinne einer disziplinären Selbstvergewisserung nutzen. Dies mag einer Verengung des Bildungsbegriffs auf messbare Kompetenzniveaus ebenso entgegenwirken wie einer Überschätzung von Steuerungsmöglichkeiten des Bildungssektors über Output-Messungen. Ohne bildungshistorische Verortung in einer Theorie der Schule können Fragen der Schulautonomie erziehungswissenschaftlich nicht umfassend verhandelt werden.

Zusammenfassung: Die Theorie der Schulentwicklung ist ein komplexer Verbund von wissenschaftlichen Aussagen zur Schulreform. Sie ist innerhalb einer Theorie der Schule zu platzieren. Als System von Aussagen zur Einzelschule als lernendem System bezieht sie sich auf Sätze zur Gesamtwirklichkeit von Bildungsinstitutionen. Ergebnisse der Schul- und Unterrichtsforschung sowie der internationalen Bildungsforschung führen zur empirischen Fundierung von Schulentwicklungsinitiativen. Diese bedienen sich theoretischer Konstrukte aus Systemtheorie, Systembiologie und Konstruktivismus, sofern Passungen mit Schulentwicklungsmodellen möglich und sinnvoll erscheinen. Bildungstheorien stellen das Fundament der in der Schulentwicklungstheorie versammelten wissenschaftlichen Aussagen dar. Schulen als lernende Systeme sind der Bildungsidee verpflichtet. Bilanzen der Schulreform weisen sowohl auf Kontinuitäten als auch auf Neuorientierungen, die Niederschlag sowohl einer Erweiterung des Theorienhorizontes als auch einer Internationalisierung des Reformdiskurses sind.

7. Perspektiven einer Kritischen Schulentwicklungstheorie

Die Theorie der Schulentwicklung als komplexer Theorienverbund zur Schulreform steht im Bezugshorizont einer Kritischen Erziehungswissenschaft. Diese entwickelt ihre Position aus der Auseinandersetzung sowohl mit Perspektiven der Geisteswissenschaftlichen Pädagogik als auch mit der Empirischen Pädagogik. Die Kritische Erziehungswissenschaft beansprucht sowohl ein emanzipatorisches Interesse in der Betrachtung von Erziehungswirklichkeiten als auch die ideologiekritische Analyse von Entstehungs- und Verwertungszusammenhängen von empirischen Untersuchungen. Auf der Basis der Kritischen Theorie werden Erziehungszusammenhänge unter emanzipatorischem Erkenntnisinteresse behandelt und im Sinne einer Aufklärung über gesellschaftliche Verhältnisse diskutiert. Grundannahmen einer Kritischen Erziehungswissenschaft sind (Krüger 1997, S. 66ff.)

- das Emanzipationspostulat,
- Kontextualisierung pädagogischen Handelns in historischer gesellschaftlicher Praxis,
- Ideologiekritik,
- pädagogische Handlungsforschung,
- Gleichrangigkeit und Wechselbeziehungen zwischen Theorie und Praxis.

Die Kritische Erziehungswissenschaft verpflichtet sich individueller und gesellschaftlicher Emanzipation, und sie setzt auf die Möglichkeit einer Etablierung ethischer Diskurse zwischen den an pädagogischen Vollzügen Beteiligten. Erziehung und Gesellschaft werden dabei dialektisch aufeinander bezogen und in historischen Praxen kontextualisiert. Ideologiekritische Beiträge beabsichtigen in diesem Zusammenhang die Aufdeckung von gesellschaftlichen Interessen, die sich hinter Handlungsorientierungen verbergen. Die insofern gerichtete Wissenschaft entwickelt Ansätze der Aktionsforschung, die die Möglichkeit des Eingreifens in Praxis involviert. Erziehungswissenschaftliche Theorie und pädagogische Praxis entwickeln sich in kooperativen, gleichberechtigten Austauschprozessen weiter.

Kritische Schulentwicklungstheorie bewegt sich innerhalb des skizzierten Rahmens. Sie versteht sich nicht nur als Theorienkonglomerat, in dem weite Theorienhorizonte aufscheinen, sondern sie verhandelt die in ihr versammelten Angebote kritisch. Ihr reflexives Potenzial gründet auf der Diskussion von

- Bildung,
- Qualität,
- Expertise,
- System.

Klassische Bildungstheorien bilden einen Orientierungsrahmen für die Formulierung eines zeitgemäßen Bildungsbegriffs. Dieser lässt sich mit Klafki als Befähigung zu vernünftiger Selbstbestimmung (Emanzipation von Fremdbestimmung), zu Autonomie, zu Freiheit des eigenen Denkens und moralischen Entscheidens definieren (Klafki 1996, S. 19). Mit dem Anspruch, Bildung für alle zu gewährleisten, verpflichten sich öffentliche Schulen, allen Kindern und Jugendlichen Möglichkeiten zu eröffnen, Voraussetzungen für eine konstruktive Auseinandersetzung mit Welt zu erlangen. Sie sollen in die Lage versetzt werden, mit den Herausforderungen der Gegenwart konstruktiv umzugehen und damit kulturelle Entwicklungen einzuleiten.

Bildung ist ein Anspruch an und von Schule, der nur dann eingelöst werden kann, wenn Bildungsinstitutionen sich als gesellschaftliche Institutionen definieren und ihre Funktionen aus gesellschaftlichen Entwicklungen heraus ableiten. Anforderungen an Bildung und Schule können nur vor dem Hintergrund einer Analyse der Dynamik gesellschaftlichen Wandels und der Weiterentwicklung sozialer Systeme erbracht werden. Schulischer Bildung wird eine emanzipatorische Funktion zugerechnet. Sie ist nicht bloßes Abbild gesellschaftlich anerkannter Notwendigkeiten, sondern sie befähigt zur kritischen Auseinandersetzung mit Welt. Selbstbestimmung, Anerkennung von Heterogenität, Mitverantwortung und Abgleich unterschiedlicher Bedürfnisse und Ansprüche stellen Orientierungen eines zeitgemäßen Bildungsbegriffs dar (Bildungskommission NRW 1995, S. 31ff.).

Wenn Bildung der Umgang mit gesellschaftlichen Herausforderungen, wie etwa den neuen Medien, ökologischen Fragen, Interkulturalität, Internationalisierung, bedeutet, dann ergibt sich für Schule, in der Bildungsangebote gemacht werden sollen, eine Erweiterung des Aufgabenspektrums. Auch wenn sie in Konkurrenz mit alternativen Bildungsangeboten tritt und familiäre Kontexte nicht ersetzen kann, ist sie doch ein Ort, an dem vielfältige Lernangebote gemacht werden können. Ein Bildungsangebot für alle stellt in heterogenen gesellschaftlichen Zusammenhängen einen hohen normativen Anspruch dar.

In einer Kritischen Schulentwicklungstheorie müssen solche Normativitäten, die sich zum Beispiel in einer Pädagogik der Vielfalt niederschlagen, diskutiert werden. Theoretisch zu erwägen sind etwa Fragen der Gleichheit und Verschiedenheit in heterogenen Schulentwicklungskontexten (Prengel 1995). Schulentwicklungstheorie stellt sich demnach komplexen Forschungsfragen zur normativen Fundierung von Bildungsansprüchen. Die Bestimmung von Qualität im Bildungsbereich und die Operationalisierung im Sinne einer Definition von Standards sind Wertfragen, die diskursiv beantwortet werden müssen. Komplexe Bildungstheorien bilden in diesem Zusammenhang einen Orientierungsrahmen, innerhalb dessen um das, was Bildung ausmacht, gestritten werden kann. Dies betrifft auch die Bestimmung von notwendigen Kompetenzen und Kompetenzstufen. Die Überführung komplexer Bildungsansprüche in fachlich determinierte Verhaltenskategorien bedürfen einer sorgfältigen Prüfung. In Operationalisierungen enthaltene Normativitäten müssen vor Ort diskutiert und in Schulentwicklungsstrategien, die in Unterrichtsentwicklung münden, überführt werden. Schulentwicklungstheorie stellt insoweit keine neutrale Beobachtungswissenschaft dar. Sie fundiert demgegenüber Schulentwicklung als Unterfangen, das den Diskurs der Professionellen in Theorie und Praxis intendiert.

Die Formulierung von nationalen Standards für Bildung stellt in diesem Zusammenhang eine Herausforderung dar. Bildungsstandards als Instrument einer Qualitätssteuerung im Bildungswesen dienen der Orientierung von Kollegien im Prozess der Auseinandersetzung mit Zielvorstellungen pädagogischer Interventionen. Bildungsstandards scheinen dazu angetan, die systematische Förderung von Kompetenzen in den Mittelpunkt schulischer Planungsaktivitäten zu stellen. Sie zwingen zur Abstimmung von curricularen Angeboten und schulischen Fördermaßnahmen für alle Schülerinnen und Schüler. Im Zuge von Schulentwicklung können Schulen daran gehen, ihre Freiräume zu nutzen und geeignete organisatorische, fachliche und personelle Ressourcen zur Verfügung zu stellen, um Kompetenzziele zu erreichen. Sie haben also große Freiheiten zur Erreichung hoher Leistungs-Outputs.

Damit ergeben sich neue Anforderungen an professionelle Lerngemeinschaften und Leadership. Schulautonomie und Output-Orientierung, die auch zu regelmäßigen Inspektionen der Schulen führen können, stehen im Spannungsverhältnis von Freiheit und Kontrolle. Ein professioneller Umgang mit Rückmeldungen über schulische Leistungsergebnisse, wie sie neueren Steuerungsansätzen entspricht, erfordert die Bereitschaft einer Verantwortungsübernahme für Leistungsergebnisse seitens der Professional Community. Vor dem Hintergrund von Erfahrungsspuren einer verwalteten öffentlichen Schule stellt dieses einen hohen Anspruch an Lehrkräfte und Schulaufsicht dar. Kritische Schulentwicklungstheorie kann an dieser Stelle ihr reflexives Potenzial entfalten, weil sie Reformpostulate und tradierte Anweisungspraxis in ihren historisch entwickelten Spannungsverhältnissen rekonstruieren und in Bezug zu aktuellen bildungspolitischen Initiativen setzen kann. Die Programmatik der Schulentwicklung und die behördliche Normierungspraxen sind nicht kongruent; dies kann schultheoretisch in der Geschichte der Schule begründet werden.

Auch in der Lehrerbildung setzt sich Standarddenken durch, und es existieren Initiativen zum kontinuierlichen Aufbau von Expertise in lernenden Organisationen. Auch hier sind komplexe Entwicklungen zu verzeichnen. Während auf der einen Seite Wirksamkeitsforschung betrieben wird, Kerncurricula formuliert werden, professionelle Kompetenzen vorgegeben werden, wandelt sich auf der anderen Seite das Bild des Professionellen hin zu einem/r Lehrer-Forscher/Forscherin, der/die Phänomene der Praxis sondiert und Reforminitiativen auf Praxisforschung aufbaut. Professionelle Lerngemeinschaften bestünden demnach aus Lehrkräften, die sich kontinuierlich schulentwicklungsrelevante Qualitäten aneignen, andererseits in Praxisforschungsprojekten ein hohes Maß an professioneller Autonomie entfalten. Mit dem Modell des Research Teachers werden Anschlussmöglichkeiten zwischen Theorie und Praxis reklamiert. Die Behauptung forschungsgestützten Handelns der Professionellen führt einen historischen Diskurs um komplexe Theorie-Praxisverhältnisse als unvermeidbaren Spannungsfeldern weiter. Aufgefordert wird zur Bearbeitung der Differenz von Theorie- und Handlungswissen mit dem Ziel einer Verbesserung von Praxis. Mit der Normierung schulentwicklungsrelevanter Kompetenzen, verbunden mit einer Erhöhung von Ansprüchen an Professionelle, ist auch das Versprechen eines Reputationszuwachses verbunden. Kritische Schulentwicklungstheorie beschäftigt sich mit dem ideologischen Gehalt eines solchen Versprechens ebenso wie mit den Möglichkeiten, über Schulentwicklungsmaßnahmen zu einer Aufwertung der Lehrprofession zu gelangen.

Unter schulentwicklungstheoretischer Perspektive rückt die Professionalisierung der Lehrkräfte in das Zentrum einer Steuerung von Schulen als lernenden Systemen. Der Ausbau professioneller Kompetenzen und die Übergabe von Verantwortung an Lehrerteams stehen im Zentrum aller Maßnahmen. Die Entwicklung von Expertise in lernenden Organisationen ist unter Berücksichtigung nicht nur historischer Erfahrungen, sondern auch management- und organisationstheoretischer Erkenntnisse zu leisten. Ebenso wie die Diskussion um nationale Bildungsstandards ist die Lehrerbildungsdebatte geprägt von einem historisch entwickelten Bildungsverständnis. Dieses ist zu ergänzen und zu überhöhen im Sinne einer Professionalisierung als Entwicklungsauftrag, der die gesamte Berufstätigkeit durchzieht. Die hinzu gewonnene organisationstheoretische Perspektive, in der Professionelle auch als Organisationsentwickler agieren, ist unter der Frage zu diskutieren, ob zugemutete Neuorientierungen letztlich einer nachhaltigen Professionalisierung des Berufsstandes dienen. Ideologiekritische Argumente, die eine Deprofessionalisierung des Berufsstandes durch organisationstheoretisches Know-how erwägen, sind sorgfältig zu prüfen. Darüber hinaus ist in Erinnerung zu bringen, dass die pädagogische Autonomie in historischen Reformkontexten ein unverzichtbares Desiderat darstellt. Neueren Perspektiven auf Professionelle gemeinsam ist die Akzentuierung der Verantwortungsübernahme von Organisationsmitgliedern im Sinne eines community building.

Die empirische Schul- und Unterrichtsforschung sowie internationale Bildungsforschung spielen in Schulentwicklungsinitiativen eine herausragende Rolle. Daten zur Qualitätsentwicklung in OECD-Staaten ebenso wie Forschungen zu Gelingensbedingungen in Schule und Unterricht orientieren die Debatte und geben Aufschluss über erreichte Bildungsziele. Strukturierte Schulentwicklung bedarf der empirischen Aufklärung. Evaluationsstudien und Fallanalysen übernehmen in diesem Zusammenhang Aufklärungsarbeit und orientieren Maßnahmen zur Qualitätsentwicklung vor Ort. Im Gefolge verlagert sich der Akzent staatlicher Steuerungsmaßnahmen auf eine Output-Orientierung, auf deren Basis Qualitätsentwicklung auch im internationalen Kontext gesteuert werden kann. Aus der Perspektive einer Kritischen Erziehungswissenschaft muss diese Akzentverlagerung im Sinne einer Konzentration auf empirische Bildungsforschung als Monokultur kontrovers diskutiert werden. Aufgrund überragender öffentlicher Resonanz wird Ranking-Prozessen in der Öffentlichkeit ein bedeutsamer Platz eingeräumt. Zu diskutieren ist in diesem Zusammenhang, ob mit der Output-Orientierung eine Reduktion des wissenschaftlichen Bildungsverständnisses einhergeht. Die inputorientierte deutsche Bildungsdebatte ist ein historisch entwickeltes Unterfangen, das Bildung als komplexes Geschehen begreift und differenzierte Diskussionen um Prozessverläufe führt. Kritische Schulentwicklungstheorie bezieht solche Diskurse in ihre Überlegungen mit ein und wirkt damit regulierend. Sie bringt in Erinnerung, dass Qualität eine normative Größe ist und des Diskurses bedarf.

Schulentwicklungstheoretisch betrachtet liegt ein großer Gewinn in der Internationalisierung der Qualitätsentwicklungsdebatte. Schulreformen in Deutschland, die in der Geschichte traditionell makropolitisch angegangen wurden, profitieren nicht nur von der organisationstheoretischen und systemischen Perspektive auf Organisationen als sozialen Gefügen und elaborierten Qualitätsentwicklungsmodellen, sondern auch von Aufklärung über Outputs durch internationale Schulleistungsvergleichsstudien. In der angloamerikanischen Tradition um Etablierung von Best Practice liegt ein pragmatischer Zugriff, der der deutschen Schulreformpolitik bisweilen gefehlt hat. Qualitätsindikatoren signalisieren Gute Schule und sind überprüfbar. Damit verändert sich die komplexe Bildungsdebatte in Deutschland durch die Internationalisierung der Bildungsverhältnisse im Sinne einer Verfolgung des Machbaren. Die Schulentwicklungsprogrammatik ist voller Hinweise auf solch pragmatisches Denken, das in organisationstheoretisch fundierte Schritte zur Erreichung von Schulprogrammzielen umgesetzt werden kann. Die Internationalisierung der Bildungsidee ist darüber hinaus angesichts komplexer Herausforderungen der Gegenwart ohnehin unabdingbar.

Dennoch sind ideologiekritische Potenziale der historischen Bildungsdebatte weiterhin zu nutzen. Im Zusammenhang mit der Eruierung konstruktivistischer und systemtheoretischer Perspektiven auf Schulentwicklung ist das Aufklärungspotenzial der Theorieangebote zu prüfen. Vor allem in der Schulberatungsliteratur versammeln sich Ansätze, die mit umfassenden Weltbildern arbeiten. Gerade auch in Konzepten der betrieblichen Unternehmensberatung im Schulentwicklungssektor transportieren einige Modelle ganzheitliche Sichtweisen, die harmonisierend im Sinne einer Unternehmensphilosophie wirken. Der pädagogische Sektor ist empfänglich für solche Orientierungen, wie sich an seiner Reformgeschichte belegen lässt. Gerade auch deshalb hat Kritische Schulentwicklungstheorie die Funktion einer Aufdeckung von interessengeleiteten Orientierungen, die dazu angetan scheinen, Antinomien pädagogischen Handelns zu verdecken.

Literatur- und Quellenverzeichnis

Ackermann, H./Wissinger, J. (Hrsg.) (1998): Schulqualität managen. Neuwied: Luchterhand.

Ackermann, H./Rahm, S. (Hrsg.) (2004): Kooperative Schulentwicklung. Wiesbaden: Verlag für Sozialwissenschaften.

Altrichter, H. (2000): Konfliktzonen beim Aufbau schulischer Qualitätsentwicklung und Qualitätssicherung. In: Zeitschrift für Pädagogik, 41. Beiheft, S. 93–110.

Altrichter, H. (2004): Die mikropolitische Perspektive im Studium schulischer Organisationen. In: Böttcher, W./Terhart, E. (Hrsg.): Organisationstheorie in pädagogischen Feldern. Wiesbaden: Verlag für Sozialwissenschaften, S. 85–102.

Altrichter, H./Feindt, A. (2004): Zehn Fragen zur LehrerInnenforschung. In: Rahm, S./Schratz, M. (Hrsg.): LehrerInnenforschung. Theorie braucht Praxis. Braucht Praxis Theorie? Innsbruck/Wien/München/Bozen: Studien-Verlag, S. 84–104.

Altrichter, H./Posch, P. (1998): Lehrer erforschen ihren Unterricht. Bad Heilbrunn: Klinkhardt.

Altrichter, H./Schley, W./Schratz, M. (Hrsg.) (1998): Handbuch zur Schulentwicklung. Innsbruck/Wien: StudienVerlag.

Amlung, U./Haubfleisch, D./Link, J.-W./Schmitt, H. (1993): »Die alte Schule überwinden«. Reformpädagogische Versuchsschulen zwischen Kaiserreich und Nationalsozialismus. Frankfurt a.M.: Dipa.

Apel, H.J./Sacher, W. (2002): Studienbuch Schulpädagogik. Bad Heilbrunn: Klinkhardt.

Arnold, E./Bastian, J./Combe, A./Schelle, C./Reh, S. (2000): Schulentwicklung und Wandel der pädagogischen Arbeit. Hamburg: Bergmann + Helbig.

Arnold, E./Faber, K. (2000): Qualität entwickeln – aber wie? Seelze: Kallmeyer.

Bätz, R. (2003): Metatheoretische Überlegungen zur Didaktik. Frankfurt a.M.: Lang.

Bastian, J. (1998): Pädagogische Schulentwicklung. Schulprogramm und Evaluation. Hamburg: Bergmann + Helbig.

Bastian, J./Helsper, W./Reh, S./Schelle, C. (Hrsg.) (2000): Professionalisierung im Lehrerberuf. Opladen: Leske + Budrich.

Bastian, J./Helsper, W. (2000): Professionalisierung im Lehrberuf – Bilanzierung und Perspektiven. In: Bastian, J./Helsper, W./Reh, S./Schelle, C. (Hrsg.): Professionalisierung im Lehrerberuf. Opladen: Leske + Budrich, S. 167–192.

Bastian, J./Combe, A./Hellmer, J./Hellrung, M./Merziger, P. (2003): Forschungswerkstatt Schulentwicklung. Das Hamburger Modell. In: Obolenski, A./Meyer, H. (Hrsg.): Forschendes Lernen. Bad Heilbrunn: Klinkhardt.

Bauer, K.-O./Kopka, A./Brindt, S. (^{2}1999): Pädagogische Professionalität und Lehrerarbeit. Weinheim und München: Juventa.

Bauer, K.-O. (2002): Vom Allroundtalent zum Professional. In: Pädagogik, Heft 11, S. 18–22.

Bayer, M./Bohnsack, F./Koch-Priewe, B./Wildt, J. (Hrsg.) (2000): Lehrerin und Lehrer werden ohne Kompetenz? Bad Heilbrunn: Klinkhardt.

Bayerisches Staatsministerium für Unterricht und Kultus (2001): Innere Schulentwicklung in Bayern. München.

Becker, H. (1993): Die verwaltete Schule (1954). In: Recht der Jugend und des Bildungswesens, 41. Jg., Heft 2, S. 130–147.

Beetz, S. (1997): Hoffnungsträger ›Autonome Schule‹. Zur Struktur der pädagogischen Wünschdebatte um die Befreiung der Bildungsinstitutionen. Frankfurt a.M.: Lang.

Beetz, S. (2000): Beunruhigend beruhigende Botschaften. In: Zeitschrift für Pädagogik, 46. Jg., Heft 3, S. 439–451.

Beetz, S./Cramer, H. (2000): Schritt für Schritt zur Guten Schule. In: Pädagogik, Heft 10, S. 55–59.

Behrens, E./Papke, M./Schultze, J. (2004): Reflexive Koedukation als Chance für Mädchen und Jungen. Schulbegleitforschung über den Sportunterricht. In: Ackermann, H./Rahm, S. (Hrsg.): Kooperative Schulentwicklung. Wiesbaden: Verlag für Sozialwissenschaften, S. 183–200.

Beisbart, O./Faust, G./Rahm, S. (2005): Neukonzeption der Grundschullehrerausbildung an der Universität Bamberg – unterstützt vom Stifterverband für die Deutsche Wirtschaft/Stiftung Mercator. In: Verband Bildung und Erziehung (Hrsg.): Lehrerprofessionalität und Lehrerbildung. (Im Druck).

Benner, D./Kemper, H. (^{2}2003): Theorie und Geschichte der Reformpädagogik. Teile 1 und Teil 2. Weinheim und Basel: Beltz UTB.

Bildungskommission NRW (1995): Zukunft der Bildung – Schule der Zukunft. Neuwied: Luchterhand.

Blömeke, S. (2002): Universität und Lehrerausbildung. Bad Heilbrunn: Klinkhardt.

Blömeke, S. (2004): Empirische Befunde zur Wirksamkeit der Lehrerbildung. In: Blömeke, S./Reinhold, P./Tulodziecki, G./Wildt, J. (Hrsg.): Handbuch Lehrerbildung. Kempten: Klinkhardt, S. 59–91.

Blömeke, S./Reinhold, P./Tulodziecki, G./Wildt, J. (2004): Handbuch Lehrerbildung. Kempten: Klinkhardt.

Bloom, B.S. (1972): Taxonomie von Lernzielen im kognitiven Bereich. Weinheim: Beltz.

Böhme, J./Kramer, R.-T. (2001): Partizipation in der Schule. Opladen: Leske + Budrich.

Böttcher, W./Terhart, E. (Hrsg.) (2004): Organisationstheorie in pädagogischen Feldern. Wiesbaden: Verlag für Sozialwissenschaften.

Böttcher, I. (1999): Schulkulturen an ausgewählten Gymnasien in Bayern und Thüringen. In: Combe, A./Helsper, W. (Hrsg.): Forum qualitative Schulforschung 1. Weinheim: Deutscher Studien Verlag, S. 91–110.

Bonsen, M. (2002): Schulleitungshandeln aus Lehrersicht – Einschätzungen zu schulentwicklungsbezogenen Handlungsdimensionen. In: Wissinger, J./Huber, S. (Hrsg.): Schulleitung – Forschung und Qualifizierung. Opladen: Leske + Budrich, S. 63–78.

Bonsen, M. (2003): Schule, Führung, Organisation. Münster: Waxmann.

Brohm, M. (2004): Management des Wandels. In: Böttcher, W./Terhart, E. (Hrsg.): Organisationstheorie in pädagogischen Feldern. Wiesbaden: Verlag für Sozialwissenschaften, S. 173–190.

Büeler, X. (2000): Schulentwicklung – Praxis und Wissenschaft? In: journal für schulentwicklung, 4. Jg., Heft 4, S. 17–31.

Bundesministerium für Bildung und Forschung (Hrsg.) (2003): Zur Entwicklung nationaler Bildungsstandards. Eine Expertise. Berlin.

Burkhard, C./Eikenbusch, G. (Hrsg.) (2003): Schulentwicklung international. Hamburg: Bergmann + Helbig.

Combe, A. (^{2}1997): Pädagogische Professionalität, Hermeneutik und Lehrerbildung. Am Beispiel der Berufsbelastung von Grundschullehrkräften. In: Combe, A./Helsper, W. (Hrsg.): Pädagogische Professionalität. Frankfurt a.M.: Suhrkamp, S. 501–520.

Combe, A./Helsper, W. (Hrsg.) (^{2}1997): Pädagogische Professionalität. Frankfurt a.M.: Suhrkamp.

Dalin, P. (1986): Organisationsentwicklung als Beitrag zur Schulentwicklung. Innovationsstrategien für die Schule. Paderborn: Schöningh.

Dalin, P. (1991): Das Institutionelle Schulentwicklungs-Programm. In: schulmanagement, 2, S. 12–18.

Dalin, P. (1997): Schule auf dem Weg in das 21. Jahrhundert. Neuwied: Luchterhand.

Dalin, P. (1999): Theorie und Praxis der Schulentwicklung. Neuwied: Luchterhand.

Deutsche Gesellschaft für Erziehungswissenschaft (2005): Strukturmodell für die Lehrerbildung im Bachelor-Master-System. www.dgfe.pleurone.de.

Deutscher Bildungsrat (^{4}1972): Empfehlungen der Bildungskommission. Strukturplan für das Bildungswesen. Stuttgart.

Deutscher Bildungsrat (1981): Empfehlungen der Bildungskommission. Zur Reform von Organisation und Verwaltung im Bildungswesen. Teil I: Verstärkte Selbständigkeit der Schule und Partizipation der Lehrer, Schüler und Eltern. Bonn.

Deutsches PISA-Konsortium (Hrsg.) (2001): PISA 2000. Opladen: Leske + Budrich.

Diederich, J./Tenorth, H.E. (1997): Theorie der Schule. Berlin: Cornelsen.

Ditton, H. (2000): Qualitätskontrolle und Qualitätssicherung in Schule und Unterricht. Ein Überblick zum Stand der empirischen Forschung. In: Zeitschrift für Pädagogik, 41. Beiheft, S. 73–92.

Dörner, D. (2003): Die Logik des Misslingens. Strategisches Denken in komplexen Situationen. Reinbek: Rowohlt.

Dubs, R. (2003): Qualitätsmanagement für Schulen. Studien und Berichte des IWP, Band 13. St. Gallen.

Dühlmeier, B. (2004): Und die Schule bewegte sich doch. Unbekannte Reformpädagogen und ihre Projekte in der Nachkriegszeit. Bad Heilbrunn: Klinkhardt.

Esslinger, I. (2002): Berufsverständnis und Schulentwicklung. Bad Heilbrunn: Klinkhardt.

Faust, G. (2004): Leistet die Grundschule die Grundlegung der Bildung? In: Bayerische Schule, 11, S. 21–25.

Fend, H. (1994): Was ist eine gute Schule? In: Tillmann, K.-J. (Hrsg.): Was ist eine gute Schule? Hamburg: Bergmann + Helbig, S. 14–25.

Fend, H. (^{3}1976): Gesellschaftliche Bedingungen schulischer Sozialisation. Weinheim: Beltz.

Fend, H. (2000): Qualität und Qualitätssicherung im Bildungswesen. In: Zeitschrift für Pädagogik, 41. Beiheft, S. 55–72.

Fend, H. (2001): Bildungspolitische Optionen für die Zukunft des Bildungswesens. Erfahrungen aus der Qualitätsforschung. In: Zeitschrift für Pädagogik, 43. Beiheft, S. 37–48.

Fichten, W./Gebken, U. (2004): Teamforschung als Beitrag zur kooperativen Schulentwicklung. In: Ackermann, H./Rahm, S. (Hrsg.): Kooperative Schulentwicklung. Wiesbaden: Verlag für Sozialwissenschaften, S. 269–292.

von Foerster, H. (^{2}2002): Short Cuts. Frankfurt a.M.: Zweitausendeins.

Fuchs, H.-W. (2004): Schulentwicklung und Organisationstheorie. In: Böttcher, W./Terhart, E. (Hrsg.): Organisationstheorie in pädagogischen Feldern. Wiesbaden: Verlag für Sozialwissenschaften, S. 206–220.

Fullan, M. (2000): Schulentwicklung im Jahr 2000. In: journal für schulentwicklung, 4. Jg., Heft 4, S. 9–16.

Garlichs, A. (1998): Perspektiven für Reformschulen. In: Tillmann, K.-J./ Wischer, B.(Hrsg.): Schulinterne Evaluation an Reformschulen. Impuls, Band 30. Bielefeld, S. 200–203.

Gebauer, G./Wulf, C. (1998): Spiel – Ritual – Geste. Reinbek: Rowohlt.

Giesecke, H. (1999): Wozu ist die Schule da? (1995). In: Grunder, H.-U./ Schweitzer, F. (Hrsg.): Texte zur Theorie der Schule. Weinheim und München: Juventa, S. 299–312.

Giesecke, H. (1998): Pädagogische Illusionen. Stuttgart: Klett-Cotta.

Göhlich, M. (Hrsg.) (1997): Offener Unterricht – Community Education – Alternativschulpädagogik – Reggiopädagogik. Weinheim und Basel: Beltz.

Göhlich, M. (1997): Alternativschulpädagogik. Geschichte und Konzeption. In: Göhlich, M. (Hrsg.): Offener Unterricht – Community Education – Alternativschulpädagogik – Reggiopädagogik. Weinheim und Basel: Beltz, S. 127–140.

Grimm, A. (Hrsg.) (1997):»Betrieb Schule – Haus des Lernens«. Loccumer Protokolle 1/97. Dokumentation einer Tagung der Evangelischen Akademie Loccum vom 31. Januar bis 2. Februar 1997, Loccum.

von der Groeben, A. (1997): Die Laborschule. In: Thurn, S./Tillmann, K.-J. (Hrsg.): Unsere Schule ist ein Haus des Lernens. Reinbek: Rowohlt, S. 333–354.

Grunder, H.-U./Schweitzer, F. (Hrsg.) (1999): Texte zur Theorie der Schule. Weinheim und München: Juventa.

Gruschka, A. (2001): Bildung: Unvermeidbar und überholt, ohnmächtig und rettend. In: Zeitschrift für Pädagogik, 47. Jg., Heft 5, S. 621–640.

Gruschka, A. (2004): Empirische Bildungsforschung – das muss keineswegs, aber es kann die Erforschung von Bildungsprozessen bedeuten. Oder: Was lässt sich zukünftig von der forschenden Pädagogik erwarten? In: Pädagogische Korrespondenz, Heft 32/2004. Herausgegeben vom Institut für Pädagogik und Gesellschaft e.V. Münster. Wetzlar: Büchse der Pandora, S. 5–35.

Gudjons, H. (2000): Belastungen und neue Anforderungen. In: Bastian, J./ Helper, W./Reh, S./Schelle, C. (Hrsg.): Professionalisierung im Lehrerberuf. Opladen: Leske + Budrich, S. 33–54.

Haindl, M. (2003):»Total Quality Management« in Schulen. Innsbruck: StudienVerlag.

Harvey, L./Green, D. (2000): Qualität definieren. Fünf unterschiedliche Ansätze. In: Zeitschrift für Pädagogik, 41. Beiheft, S. 17–40.

Heid, H. (2000): Qualität. Überlegungen zur Begründung einer pädagogischen Beurteilungskategorie. In: Zeitschrift für Pädagogik, 41. Beiheft, S. 41–54.

Helmke, A. (2003): Unterrichtsqualität erfassen, bewerten, verbessern. Seelze: Kallmeyer.

Helsper, W. ([2]1997): Antinomien des Lehrerhandelns in modernisierten pädagogischen Kulturen. Paradoxe Verwendungsweisen von Autonomie und Selbstverantwortlichkeit. In: Combe, A./Helsper, W. (Hrsg.): Pädagogische Professionalität. Frankfurt a.M.: Suhrkamp, S. 521–569.

von Hentig, H. (1993): Die Schule neu denken. München und Wien: Hanser.

von Hentig, H. ([5]2004a): Bildung. Ein Essay. Weinheim und Basel: Beltz.

von Hentig, H. (2004b): Der Lehrer-Forscher reconsidered. In: Rahm, S./ Schratz, M. (Hrsg.): LehrerInnenforschung. Theorie braucht Praxis. Braucht Praxis Theorie? Innsbruck/Wien/München/Bozen: StudienVerlag, S. 31–34.

Herrmann, U. (2000): Der lange Abschied vom »geborenen Erzieher«. In: Bastian, J./Helsper, W./Reh, S./Schelle, C. (Hrsg.): Professionalisierung im Lehrerberuf. Opladen: Leske + Budrich, S. 15–32.

Heyer, P./Sack, L./Preuss-Lausitz U. (2003): Schule in anderen Ländern. In: Heyer, P./Sack, L./Preuss-Lausitz, U. (Hrsg.): Länger gemeinsam lernen. Frankfurt a.M.: Arbeitskreis Grundschule – Der Grundschulverband e.V., S. 102–105.

Holtappels, H.G. (2003): Schulqualität durch Schulentwicklung und Evaluation. München/Unterschleißheim: Luchterhand.

Hörster, R. (^{2}1996): Bildung. In: Krüger, H.-H./Helsper, W. (Hrsg.): Einführung in Grundbegriffe und Grundfragen der Erziehungswissenschaft. Opladen: Leske + Budrich, S. 43–52.

Huber, L. (2004): LehrerInnenforschung an einer Versuchsschule – oder: Die Mühen der Ebene am Teutoburger Wald. In: Rahm, S./Schratz, M. (Hrsg.): LehrerInnenforschung. Theorie braucht Praxis. Braucht Praxis Theorie? Innsbruck/Wien/München/Bozen: StudienVerlag, S. 35–57.

Huizinga, J. (1987): Homo Ludens. Reinbek: Rowohlt.

Huschke-Rhein, R. (2003): Einführung in die systemische und konstruktivistische Pädagogik. Weinheim/Basel/Berlin: Beltz UTB.

Idel, S. (1999): Die empirische Dignität der Einzelschule – Schulporträts als Gegenstand qualitativer Schulforschung. In: Combe, A./Helsper, W. (Hrsg.): Forum qualitative Schulforschung 1. Weinheim: Deutscher Studien Verlag, S. 29–60.

Idel, S. (1999): Fallstricke der Schulentwicklung – der Niederschlag von Strukturproblemen im Schulprogramm einer reformorientierten Schule. In: Combe, A./Helsper, W. (Hrsg.): Forum qualitative Schulforschung 1. Weinheim: Deutscher Studien Verlag, S. 173–196.

Ipfling, H.-J. (2002): Schule – ihre Geschichte, ihre Funktionen und ihre Organisation. In: Apel, H.J./Sacher, W. (Hrsg.): Studienbuch Schulpädagogik. Bad Heilbrunn: Klinkhardt, S. 35–64.

Helmke, A. (2003): Unterrichtsqualität. Seelze: Kallmeyer.

Holtappels, H.G. (2003): Schulqualität durch Schulentwicklung und Evaluation. München/Unterschleißheim: Luchterhand.

Joint Committee on Standards for Educational Evaluation/Sanders, J.R. (Hrsg.) (1999): Handbuch der Evaluationsstandards. Opladen: Leske + Budrich.

Joschke, B./Stemmann, P. (1995): Zen und Management. München: MVG-Verlag.

Kempfert, G./Rolff, H.-G. (1999): Pädagogische Qualitätsentwicklung. Weinheim und Basel: Beltz.

Keuffer, J./Oelkers, J. (Hrsg.) (2001): Reform der Lehrerbildung in Hamburg. Weinheim und Basel: Beltz.

Kiper, H. (2001): Einführung in die Schulpädagogik. Weinheim/Basel: Beltz.

Kiper, H. (2002): Schultheorien. In: Kiper, H./Meyer, H./Topsch, W.: Einführung in die Schulpädagogik. Berlin: Cornelsen, S. 24–35.

Kiper, H./Meyer, H./Topsch, W. (2002): Einführung in die Schulpädagogik. Berlin: Cornelsen.

Klafki, W. ([5]1996): Neue Studien zur Bildungstheorie und Didaktik. Weinheim und Basel: Beltz.

Klafki, W. (2002): Schultheorie, Schulforschung und Schulentwicklung. Herausgegeben von Koch-Priewe, B./Stübig, H./Hendricks,W. Weinheim und Basel: Beltz.

Klemm, K./Rolff, H.-G./Tillmann, K.J. (1985): Bildung für das Jahr 2000. Bilanz der Reform, Zukunft der Schule. Reinbek: Rowohlt.

Klemm, K. (2003): Vier starke empirische Befunde zur gemeinsamen Schule. In: Heyer, P./Sack, L./Preuss-Lausitz, U. (Hrsg.): Länger gemeinsam lernen. Frankfurt a.M.: Arbeitskreis Grundschule – Der Grundschulverband e.V., S. 49–55.

Klieme, E. (2004): Begründung, Implementation und Wirkungen von Bildungsstandards: Aktuelle Diskussionslinien und empirische Befunde. In: Zeitschrift für Pädagogik, 50. Jg., Heft 5, S. 625–634.

Klippert, H. (1998): Schule entwickeln – Unterricht neu gestalten. In: Bastian, J.: Pädagogische Schulentwicklung. Schulprogramm und Evaluation. Hamburg: Bergmann + Helbig, S. 45–60.

KMK (Avenarius, H. et al.) (2003): Bildungsbericht für Deutschland. Opladen: Leske + Budrich.

König, E./Zedler, P. ([2]2002): Theorien der Erziehungswissenschaft. Weinheim und Basel: Beltz UTB.

Köller, O./Trautwein, U. (Hrsg.) (2003): Schulqualität und Schülerleistung. Evaluationsstudie über innovative Schulentwicklung an fünf hessischen Gesamtschulen. Weinheim und München: Juventa.

Kösel, E. ([3]1997): Die Modellierung von Lernwelten. Elztal-Dallau: Laub.

Kraul, M. (2004): Kerncurriculum Erziehungswissenschaft – Grundlage der Lehrerausbildung. In: journal für lehrerInnenbildung, 4. Jg., Heft 2, S. 16–22.

Kreienbaum, M.A. et al. (1997): Bildungslandschaft Europa. Bielefeld: Kleine Verlag.

Kretschmann, R. (Hrsg.) (2000): Stressmanagement für Lehrerinnen und Lehrer. Weinheim und Basel: Beltz.

Krüger, H.-K. (1997): Einführung in Theorien und Methoden der Erziehungswissenschaft. Opladen: Leske + Budrich.

Kuhn, T.S. (1976): Die Struktur wissenschaftlicher Revolutionen. Frankfurt a.M.: Suhrkamp.

Kuhn, T.S. (1977): Die Entstehung des Neuen. Frankfurt a.M.: Suhrkamp.

Kultusministerkonferenz (2003): Bildungsbericht für Deutschland. Opladen: Leske + Budrich.

Kunze, I. (2004): Schülerpartizipation im Unterricht – Zugeständnis, Handlungsmaxime oder paradoxe Aufforderung? In: Ackermann, H./Rahm, S. (Hrsg.): Kooperative Schulentwicklung. Wiesbaden: Verlag für Sozialwissenschaften, S. 293–316.

Lam, T. (2003): Issues and Strategies in Standards-Based School-Reform: the Canadien Experience. In: Fitzner, T. (Hrsg.): Bildungsstandards. Internationale Erfahrungen – Schulentwicklung – Bildungsreform. Bad Boll: Evangelische Akademie, S. 103–149.

Larcher, S./Oelkers, J. (2004): Deutsche Lehrerbildung im internationalen Vergleich. In: Blömeke, S./Reinhold, P./Tulodziecki, G./Wildt, J. (Hrsg.): Handbuch Lehrerbildung. Kempten: Klinkhardt, S. 128–150.

Lay, W.A. (1920): Experimentelle Didaktik. Leipzig: Quelle & Meyer.

Lehberger, R. (2004): Wege aus der Starre. In: Spiegel Special: Lernen fürs Leben, 3, S. 16–17.

Lemmermöhle, D./Schellack, A. (2004): Modularisierung – Zauberformel für die Lehrerbildung. In: journal für lehrerInnenbildung, 4. Jg., Heft 2, S. 7–15.

Liket, T. (1993): Freiheit und Verantwortung. Das niederländische Modell des Bildungswesens. Gütersloh: Bertelsmann.

Lingkost, A./Kramer, R.T. (1999): Schulische Partizipationsstrukturen im Spannungsfeld zwischen Autonomieermöglichung und Autonomienegation – Zur Rekonstruktion schulischer Partizipationsstrukturen anhand der Analyse einer Gesamtkonferenz. In: Combe, A./Helsper, W. (Hrsg.): Forum qualitative Schulforschung 1. Weinheim: Deutscher Studien Verlag, S. 245–262.

Linnakylä, P. (2003): Educational ›Standards‹ in Finland: Opportunities and Threats. In: Fitzner, T. (Hrsg.): Bildungsstandards. Internationale Erfahrungen – Schulentwicklung – Bildungsreform. Bad Boll: Evangelische Akademie, S. 43–53.

Luhmann, N./Schorr, K.E. (^{2}1999): Reflexionsprobleme im Erziehungssystem. Frankfurt a.M.: Suhrkamp.

Luhmann, N. (2002): Das Erziehungssystem der Gesellschaft. Frankfurt a.M.: Suhrkamp.

MacBeath, J. (1999): Schools Must Speak For Themselves. London.

Mager, R.F. (1977): Lernziele und Unterricht. Weinheim und Basel: Beltz.

Mammes, I./Rahm, S. (2004): Teachers Beliefs about Teaching and Learning in Science. Veröffentlichtes Manuskript. Universität Bamberg.

Maturana, H./Varela, F.J. (1987): Der Baum der Erkenntnis. Bern und München: Scherz.

Marlovits, A.M./Schratz, M. (2003): Zwischen Unbelehrbarkeit und Wandlungsbereitschaft. Eine morphologische Annäherung an die Wahrnehmung der Wirkung curricularer Konzepte durch Studierende in der LehrerInnenausbildung. In: journal für lehrerInnenbildung, 3. Jg., Heft 3, S. 61–70.

Melzer, W./Schubarth, W./Ehninger, F. (2004): Gewaltprävention und Schulentwicklung. Bad Heilbrunn: Klinkhardt.

Meumann, E. (1914): Abriss der experimentellen Pädagogik. Leipzig: Engelmann.

Meyer, H. (1997): Schulpädagogik. Bände 1 und 2. Berlin: Cornelsen.

Meyer, M./Baumert, J./Rauschenbach, T. (2000): Editorial. Schwerpunkt: Wandel pädagogischer Institutionen. In: Zeitschrift für Erziehungswissenschaft, 3. Jg., Heft 1, S. 3–5.

Moser, H. (2003): Instrumentenkoffer für die Praxisforschung. Ettenheim: Lambertus.

Neuweg, G.H. (2002): Lehrerhandeln und Lehrerbildung im Lichte des Konzeptes des impliziten Wissens. In: Zeitschrift für Pädagogik, 48. Jg., Heft 1, S. 10–29.

Nölle, K. (2002): Probleme der Form und des Erwerbs unterrichtsrelevanten pädagogischen Wissens. In: Zeitschrift für Pädagogik, 48. Jg., Heft 1, S. 48–67.

Obolenski, A./Meyer, H. (Hrsg.) (2003): Forschendes Lernen. Bad Heilbrunn: Klinkhardt.

OECD (2004): Anwerbung, berufliche Entwicklung und Verbleib von qualifizierten Lehrerinnen und Lehrern. Länderbericht: Deutschland, www.oecd.org/document.

Oelkers, J. (1987): System, Subjekt und Erziehung. In: Oelkers, J./Tenorth, H.E. (Hrsg.): Pädagogik, Erziehungswissenschaft und Systemtheorie. Weinheim und Basel: Beltz, S. 175–201.

Oelkers, J. (^{2}1992): Reformpädagogik. Weinheim und München: Juventa.

Oelkers, J. (1995): Schulreform und Schulkritik. Würzburg: Ergon.

Oelkers, J. (2001): Wenn die Theorie nicht stimmt: Anspruch und Wirklichkeit in der Schule. Vortrag auf der VAZ-Tagung 2001 in der Interkantonalen Hochschule für Heilpädagogik Zürich am 10. November 2001.

Oelkers, J. (2003a): Wie man Schule entwickelt. Weinheim/Berlin/Basel: Beltz.

Oelkers, J. (2003b): Zum Problem von Standards aus historischer Sicht. In: Fitzner, T. (Hrsg.): Bildungsstandards. Internationale Erfahrungen – Schulentwicklung – Bildungsreform. Bad Boll: Evangelische Akademie, S. 11–42.

Oelkers, J./Tenorth, H.E. (1987): Pädagogik, Erziehungswissenschaft und Systemtheorie: Eine nützliche Provokation. In: Oelkers, J./Tenorth, H.E. (Hrsg.): Pädagogik, Erziehungswissenschaft und Systemtheorie. Weinheim und Basel: Beltz, S. 13–54.

Oerter, R. (1995): Entwicklung. In: Enzyklopädie Erziehungswissenschaft, Bd.1: Theorien und Grundbegriffe der Erziehung und Bildung. Herausgegeben von Lenzen, D./Mollenhauer, K. Stuttgart/Dresden: Klett, S. 379–382.

Oser, F./Oelkers, J. (Hrsg.) (2001): Die Wirksamkeit der Lehrerbildungssysteme: von der Allrounderbildung zur Ausbildung professioneller Standards. Chur/Zürich: Rüegger.

Oser, F. (2002): Standards in der Lehrerbildung – Entwurf einer Theorie kompetenzbezogener Professionalisierung. In: journal für lehrerInnenbildung, 2. Jg., Heft 1, S. 8–19.

Oser, F. (2004): Standardbasierte Evaluation der Lehrerbildung. In: Blömeke, S./Reinhold, P./Tulodziecki, G./Wildt, J. (Hrsg.): Handbuch Lehrerbildung. Kempten: Klinkhardt, S. 184–206.

Ostermeier, C./Prenzel, M. (2002): Standards in der Lehrerinnen- und Lehrerbildung. In: journal für lehrerInnenbildung, 2. Jg., Heft 1, S. 55–60.

Pädagogik (2000): Schulprogramme in Beispielen. Pädagogik, 52. Jg., Heft 10.

Peters, T.J./Waterman, H. (^{9}2003): Auf der Suche nach Spitzenleistungen. Frankfurt a.M.: Redline Wirtschaft.

Petri, G. (2004): Schulentwicklung auf empirisch-wissenschaftlicher Grundlage. Innsbruck: StudienVerlag.

Philipp, E. (1992): Gute Schule verwirklichen. Weinheim und Basel: Beltz.

PISA-Konsortium Deutschland (2004): PISA 2003. Münster/New York/München/Berlin: Waxmann.

Prengel, A. (1995): Pädagogik der Vielfalt. Opladen: Leske + Budrich.

Rahm, S. (2002): Schulentwicklung als Aufgabe und Handlungsfeld der Schulleitung. In: Wissinger, J./Huber, S. (Hrsg.): Schulleitung – Forschung und Qualifizierung. Opladen: Leske + Budrich, S. 79–96.

Rahm, S. (2004): Empirische Schulbegleitforschung – ein Beitrag zur Entwicklung einer Evaluationskultur in Deutschland? In: Ackermann, H./Rahm, S. (Hrsg.): Kooperative Schulentwicklung. Wiesbaden: Verlag für Sozialwissenschaften, S. 49–64.

Rahm, S./Schratz, M. (Hrsg.) (2004): LehrerInnenforschung. Theorie braucht Praxis. Braucht Praxis Theorie? Innsbruck/Wien/München/Bozen: StudienVerlag.

Rahm, S./Schröck, N. (2004): Mitwirkung an der Schulentwicklung. In: Blömeke, S./Reinhold, P./Tulodziecki, G./Wildt, J. (Hrsg.): Handbuch Lehrerbildung. Kempten: Klinkhardt, S. 531–544.

Rahm, S./Schröck, N. (2005): Schulentwicklung – von verwalteten Schulen zu lernenden Organisationen. In: Apel, H.J./Sacher, W. (Hrsg.): Studienbuch Schulpädagogik. Bad Heilbrunn: Klinkhardt, S. 153–174.

Rauin, U. (2004): Die Pädagogik im Bann empirischer Mythen – Wie aus empirischen Vermutungen scheinbare pädagogische Gewissheit wird. In: Pädagogische Korrespondenz, Heft 32/2004. Herausgegeben vom Institut für Pädagogik und Gesellschaft e.V. Münster. Wetzlar: Büchse der Pandora, S. 39–49.

Redeker, S. (1993): Belastungserleben im LehrerInnenberuf. Frankfurt a.M.: Lang.

Reh, S./Schelle, C. (2000): Biographie und Professionalität. In: Bastian, J./ Helsper, W./Reh, S./Schelle, C. (Hrsg.): Professionalisierung im Lehrerberuf. Opladen: Leske + Budrich, S. 107–124.

Reh, S./Schelle, C. (2004): Fallorientierte Schulentwicklungsforschung – was Schulen dabei über sich erfahren können. In: Ackermann, H./Rahm, S. (Hrsg.): Kooperative Schulentwicklung. Wiesbaden: Verlag für Sozialwissenschaften, S. 240–268.

Richter, I. (1995): Verfassungsrechtliche Grundlagen des Bildungswesens. In: Enzyklopädie Erziehungswissenschaft. Herausgegeben von Baethge, M./ Nevermann, K., Band 5. Stuttgart: Klett-Cotta, S. 226–243.

Rolff, H.-G. (1991): Schulentwicklung als Entwicklung von Einzelschulen? In: Zeitschrift für Pädagogik, 37. Jg., Heft 6, S. 865–886.

Rolff, H.-G. (1993): Wandel durch Selbstorganisation. Weinheim und Basel: Beltz.

Rolff, H.-G. (1994): Schule als lernende Organisation. In: Bund-Länder-Kommission für Bildungsplanung und Forschungsförderung: Was können Schulen für die Schulentwicklung leisten? Bonn: Köllen Verlag.

Rolff, H.-G. (2002): Qualität sichern und entwickeln. In: Pädagogik, Heft 6, S. 39–41.

Rolff, H.-G./Buhren, C.G./Lindau-Bank, D./Müller, S. (1998): Manual Schulentwicklung. Weinheim und Basel: Beltz.

Rumpf, H. (2004): Diesseits der Belehrungswut. Weinheim und München: Juventa.

Rutter, M./Maughan, B./Mortimer, P./Ouston, J. (1980): 15000 Stunden. Schulen und ihre Wirkung auf die Kinder. Weinheim: Beltz.

von Saldern, M. (1998): Grundlagen systemischer Organisationsentwicklung. Hohengehren: Schneider.

Sandfuchs, U. (2004): Geschichte der Lehrerbildung in Deutschland. In: Blömeke, S./Reinhold, P./Tulodziecki, G./Wildt, J. (Hrsg.): Handbuch Lehrerbildung. Kempten: Klinkhardt, S. 14–36.

Scheibe, W. ([12]1999): Die reformpädagogische Bewegung. Weinheim und Basel: Beltz.

Scheuerl, H. ([12]1994): Das Spiel. Untersuchungen über sein Wesen, seine pädagogischen Möglichkeiten und Grenzen, Band 1. Weinheim und Basel: Beltz.

Schley, W. (1998): Change Management: Schule als lernende Organisation. In: Altrichter, H./Schley, W./Schratz, M. (Hrsg.): Handbuch zur Schulentwicklung. Innsbruck und Wien: StudienVerlag, S. 13–53.

Schley, W./Schratz, M. (2004): Ergebnisorientierte Führungsverantwortung als Antwort auf PISA. In: Lernende Schule 7, S. 1–4.

Schley, W./Schratz, M. (2005): Leadership als Haltung. Soziale, emotionale, personale Intelligenz – wohin geht der Weg? In: Erziehung und Unterricht, Heft 3-4, 155. Jg., S. 250-260.

Schlömerkemper, J. (1996): Schultheorie und alltägliches Handeln. In: Pädagogik und Schulalltag, 51. Jg., Heft 2, S. 241–248.

Schlömerkemper, J. (1999): Schulprogramm: Wünsche und Wirkungen. In: Pädagogik, 51. Jg., Heft 11, S. 28–30.

Schön, D. (1983): The Reflective Practitioner. How Professionals think in Action. London: Temple Smith.

Schönig, W. (2003): Lehrer und Lehrerinnen im Prozess der Schulentwicklung. In: Initiativ-Impulse, 03, S. 3–9.

Schratz, M. (2003): Qualität sichern. Schulprogramme entwickeln. Seelze: Kallmeyer.

Schratz, M. (2004): »Research as a basis for teaching« – Der Beitrag von Lawrence Stenhouse zur LehrerInnenforschung. In: Rahm, S./Schratz, M. (Hrsg.): LehrerInnenforschung. Theorie braucht Praxis. Braucht Praxis Theorie? Innsbruck/Wien/München/Bozen: StudienVerlag, S. 58–68.

Schratz, M./Steiner-Löffler, U. (1999): Die lernende Schule. Weinheim und Basel: Beltz.

Schratz, M./Wieser, I. (2002): Mit Unsicherheiten souverän umgehen lernen. Zielsetzungen und Realisierungsversuche einer professionalisierenden LehrerInnenbildung. In: Brunner, H./Mayr, E./Schratz, M./Wieser, I. (Hrsg.): Lehrerinnen- und Lehrerbildung braucht Qualität. Und wie? Innsbruck: StudienVerlag, S. 13–43.

Schwänke, U. (1988): Der Beruf des Lehrers. Professionalisierung und Autonomie im historischen Prozess. Weinheim und München: Juventa.

Schwanitz, D. (^{12}2002): Bildung. Alles, was man wissen muß. München: Goldmann.

Senge, P.M. (1996): Die Fünfte Disziplin. Stuttgart: Klett-Cotta.

Senge, P.M. (2000): The Dance of Change. Wien und Hamburg: Signum.

Steffens, U./Bargel, T. (1993): Erkundungen zur Qualität von Schule. Neuwied: Luchterhand.

Stern, C./Döbrich, P. (Hrsg.) (1999): Wie gut ist unsere Schule? Gütersloh: Bertelsmann.

Strittmatter, A. (1998): »Eine knüppelharte Sache«. Schulen erproben Selbstevaluation. In: Bastian, J.: Pädagogische Schulentwicklung. Schulprogramm und Evaluation. Hamburg: Bergmann + Helbig, S. 211–220.

Tacke, V. (2004): Organisation im Kontext der Erziehung. In: Böttcher, W./Terhart, E. (Hrsg.): Organisationstheorie in pädagogischen Feldern. Wiesbaden: Verlag für Sozialwissenschaften, S. 19–42.

Tenorth, H.E. (1987): Kann Erziehungswissenschaft esoterisch sein? In: Oelkers, J./Tenorth, H.E. (Hrsg.): Pädagogik, Erziehungswissenschaft und Systemtheorie. Weinheim und Basel: Beltz, S. 330–349.

Tenorth, H.E. (2004): Bildungsstandards und Kerncurriculum. In: Zeitschrift für Pädagogik, Heft 5, S. 650–661.

Terhart, E. (2000): Perspektiven der Lehrerbildung in Deutschland. Weinheim und Basel: Beltz.

Terhart, E. (2002): Wie können die Ergebnisse von vergleichenden Leistungsstudien systematisch zur Qualitätsverbesserung in Schulen genutzt werden? In: Zeitschrift für Pädagogik, 48. Jg., Heft 1, S. 91–110.

Terhart, E. (2003): Wirkungen von Lehrerbildung: Perspektiven einer an Standards orientierten Evaluation. In: journal für lehrerInnenbildung, 3. Jg., Heft 3, S. 8–19.

Terhart, E. (2004): Struktur und Organisation der Lehrerbildung in Deutschland. In: Blömeke, S./Reinhold, P./Tulodziecki, G./Wildt, J. (Hrsg.): Handbuch Lehrerbildung. Kempten: Klinkhardt, S. 37–59.

Thonhauser, J. (2004): Meilensteine und Stolpersteine der Evaluation von Schulentwicklung. In: Ackermann, H./Rahm, S. (Hrsg.): Kooperative Schulentwicklung. Wiesbaden: Verlag für Sozialwissenschaften, S. 65–86.

Thurn, S./Tillmann, K.-J. (Hrsg.) (1997): Unsere Schule ist ein Haus des Lernens. Reinbek: Rowohlt.

Tillmann, K.-J. (Hrsg.) (1994): Was ist eine gute Schule? Hamburg: Bergmann + Helbig.

Tillmann, K.-J. (1995): Schulentwicklung und Lehrerarbeit. Hamburg: Bergmann + Helbig.

Tillmann, K.-J. (1997): »Autonomie« – eine Schule regelt ihre Angelegenheiten selbst. In: Thurn, S./Tillmann, K.-J. (Hrsg.): Unsere Schule ist ein Haus des Lernens. Reinbek: Rowohlt, S. 98–119.

Tillmann, K.-J./Wischer, B.(Hrsg.) (1998): Schulinterne Evaluation an Reformschulen. Impuls, Bd. 30. Universität Bielefeld.

Tillmann, K.-J. et al. (^{2}2000): Schülergewalt als Schulproblem. Weinheim und München: Juventa.

Türk, K. (1989): Neuere Entwicklungen in der Organisationsforschung. Stuttgart: Enke.

Watzlawick, P. (1995): Vom Unsinn des Sinns oder Vom Sinn des Unsinns. München: Piper.

Watzlawick, P./Weakland, J.H./Fisch, R. (^{6}2001): Lösungen. Bern Göttingen Toronto Seattle: Huber.

Weber, M. (^{5}1976): Wirtschaft und Gesellschaft. Herausgegeben von Winckelmann, J., Tübingen.

Weber, T.P. (2003): Soziobiologie. Frankfurt a.M.: Fischer.

Weick, K.E. (1985): Der Prozess des Organisierens. Frankfurt a.M.: Suhrkamp.

Weinert, F.E. (2000): Lehr-Lernforschung an einer kalendarischen Zeitenwende. Im alten Trott weiter oder Aufbruch zu neuen wissenschaftlichen Horizonten? In: Unterrichtswissenschaft, 28. Jg., Heft 1, S. 44–48.

Wenger, E. (1998): Communities of Practice. Cambridge: Cambridge University Press.

Wiater, W. (2002): Theorie der Schule. Donauwörth: Auer.

Willke, H. ([3]1999): Systemtheorie II: Interventionstheorie. Stuttgart: Lucius & Lucius.

Willke, H. (2000): Systemtheorie I: Grundlagen. Stuttgart: Lucius & Lucius.

Wissinger, J. (2000): Rolle und Aufgaben der Schulleitung bei der Qualitätssicherung und -entwicklung von Schulen. In: Zeitschrift für Pädagogik, 46. Jg., Heft 6, S. 851–866.

Wissinger, J. (2002): Schulleitung im internationalen Vergleich – Ergebnisse der TIMSS-Schulleiterbefragung. In: Wissinger, J./Huber, S. (Hrsg.): Schulleitung – Forschung und Qualifizierung. Opladen: Leske + Budrich, S. 45–62.

Stichwortregister

Reihe »Beltz Studium«

Wolfgang Barthel
Prüfungen – kein Problem!
Bewältigung von Prüfungsangst –
effektive Prüfungsvorbereitung –
optimales Verhalten.
2001. 135 Seiten. Broschiert.
ISBN 3-407-25232-3

Ein fundierter, allgemein verständ-
licher und praxisnaher Ratgeber,
äußerst hilfreich bei der Vorbereitung, Durchführung und Bewältigung von Prüfungen.

Philipp Mayring
**Einführung in die
qualitative Sozialforschung**
5. Auflage 2002. 170 Seiten.
Broschiert.
ISBN 3-407-25252-8

Eine übersichtliche und leicht ver
ständliche Einführung in die Denk-
haltung und die Methoden der
qualitativen Sozialforschung, die
für Studierende aller sozial- und
humanwissenschaftlichen Disziplinen geeignet ist.

BELTZ Beltz Verlag · Postfach 100154 · 69441 Weinheim
Weitere Infos und Ladenpreise: www.beltz.de

Reihe »Beltz Studium«

Christoph Wulf
**Einführung in die
Anthropologie der Erziehung**
2000. 229 Seiten. Broschiert.

ISBN 3-407-25233-1

Eine Einführung in die Anthropologie der Erziehung mit einem
Überblick über den Diskussionsstand
historisch-pädagogischer Anthropologie.

Hanna Kiper
**Einführung in die
Schulpädagogik**
2001. 176 Seiten. Broschiert.

ISBN 3-407-25240-4

Der Band diskutiert verschiedene
Schulperspektiven, bietet eine Einführung in das Bildungssystem der
Bundesrepublik Deutschland und
einen Überblick über Aufgaben im
Lehrer/innenberuf. Es werden Hinweise auf die Planung und Analyse
von Unterricht unter Berücksichtigung verschiedener Modelle der
Didaktik und von Unterrichtsmethoden sowie Medien gegeben.

BELTZ Beltz Verlag · Postfach 100154 · 69441 Weinheim

Weitere Infos und Ladenpreise: www.beltz.de

Reihe »Beltz Studium«

Klaus Hurrelmann/Heidrun Bründel
**Einführung in die
Kindheitsforschung**
2., völlig überarbeitete Auflage 2003.
240 Seiten. Broschiert.
ISBN 3-407-25282-X

Eine Einführung in den immer
wichtiger werdenden Forschungs-
bereich »Kindheit« mit seinen
schnellen Veränderungen in den
sozialen Lebensbereichen der Kinder
(Familie, Tageseinrichtungen, Schule,
Freizeit- und Medienbereich).

Klaus Hurrelmann
**Einführung in die
Sozialisationstheorie**
8., völlig überarb. Auflage 2002.
328 Seiten. Broschiert.
ISBN 3-407-25271-4

Der Autor zeichnet die wichtigsten
Theorien und Methoden der Sozialisationsforschung in leicht verständ-
licher Form nach und stellt die
wesentlichen Untersuchungsergeb-
nisse zur Sozialisation in Familien,
Erziehungs- und Bildungssystemen,
Gleichaltrigengruppen und Medien
zusammen.

BELTZ Beltz Verlag · Postfach 100154 · 69441 Weinheim

Weitere Infos und Ladenpreise: www.beltz.de

Reihe »Beltz Studium«

Bernhard Rosemann / Sven Bielski
**Einführung in die
Pädagogische Psychologie**
2001. 207 Seiten. Broschiert.
ISBN 3-407-25238-2

Der Band bietet eine an der Praxis
orientierte Einführung in relevante
Teilgebiete der Pädagogischen
Psychologie.

Ralf Vollbrecht
**Einführung in die
Medienpädagogik**
2001. 239 Seiten. Broschiert.
ISBN 3-407-25234-X

Eine Einführung in medienpädago-
gisches Denken, in medienwissen-
schaftliche Theorien und grundlegende empirische Erkenntnisse
über Mediennutzung.

BELTZ Beltz Verlag · Postfach 100154 · 69441 Weinheim
Weitere Infos und Ladenpreise: www.beltz.de

Reihe »Beltz Studium«

Klaus Ulich
**Einführung in die
Sozialpsychologie der Schule**
2001. 187 Seiten. Broschiert.
ISBN 3-407-25237-4

Schulalltag ist immer auch Beziehungs-, Leistungs- und Lernalltag.
Besonders die Leistungsbewertung –
als Erfahrung von Erfolgen, Misserfolgen oder gar Versagen – hat
nachhaltige psychosoziale Folgen
für Selbstkonzept und Motivation
der Schüler/innen.

Dagmar Hänsel / Hans J. Schwager
**Einführung in die
sonderpädagogische
Schultheorie**
2003. 232 Seiten. Broschiert.
ISBN 3-407-25267-6

Eine Einführung in die wichtigsten
Ansätze einer sonderpädagogischen
Schultheorie mit Fallstudien von
Kindern in Schule oder Heim.

BELTZ Beltz Verlag · Postfach 100154 · 69441 Weinheim

Weitere Infos und Ladenpreise: www.beltz.de